中南财经政法大学
经济学院博导论丛

U0507783

国际经济视角下的
我国低碳经济研究

Guoji Jingji Shijiaoxia de
Woguo Ditan Jingji Yanjiu

罗良文 著

中国财经出版传媒集团
经济科学出版社
Economic Science Press

图书在版编目（CIP）数据

国际经济视角下的我国低碳经济研究/罗良文著．
—北京：经济科学出版社，2019.10
（中南财经政法大学经济学院博导论丛）
ISBN 978 - 7 - 5218 - 0966 - 4

Ⅰ.①国… Ⅱ.①罗… Ⅲ.①中国经济 - 低碳
经济 - 经济发展 - 研究 Ⅳ.①F124.5

中国版本图书馆 CIP 数据核字（2019）第 210957 号

责任编辑：周秀霞
责任校对：郑淑艳
版式设计：齐　杰
责任印制：李　鹏

国际经济视角下的我国低碳经济研究
罗良文　著
经济科学出版社出版、发行　新华书店经销
社址：北京市海淀区阜成路甲 28 号　邮编：100142
总编部电话：010 - 88191217　发行部电话：010 - 88191522
网址：www. esp. com. cn
电子邮件：esp@ esp. com. cn
天猫网店：经济科学出版社旗舰店
网址：http: //jjkxcbs. tmall. com
北京季蜂印刷有限公司印装
710 × 1000　16 开　16.5 印张　330000 字
2019 年 10 月第 1 版　2019 年 10 月第 1 次印刷
ISBN 978 - 7 - 5218 - 0966 - 4　定价：63.00 元
（图书出现印装问题，本社负责调换。电话：010 - 88191510）
（版权所有　侵权必究　打击盗版　举报热线：010 - 88191661
QQ：2242791300　营销中心电话：010 - 88191537
电子邮箱：dbts@ esp. com. cn）

目　录

上篇 我国低碳经济面临的基本问题

气候变化的经济影响研究进展 / 3

"十二五"时期中国碳生产率的因素分解与增长动力
　　——基于 LMDI – PDA 分解法 / 26

地方政府竞争下环境规制对区域碳生产率的非线性影响
　　——基于门槛特征与空间溢出视角 / 43

技术进步、产业结构与中国工业碳排放 / 60

中国区域工业企业绿色技术创新效率及因素分解 / 69

区域绿色技术创新效率对生态效率的影响分析 / 83

中篇 国际贸易与低碳经济

对外贸易技术效应与中国工业 CO_2 排放绩效 / 103

对外贸易技术效应与中国工业碳排放
　　——基于产业关联的视角 / 114

FDI、国际贸易技术效应与中国省际碳排放绩效 / 125

FDI 行业结构对中国对外贸易隐含碳排放的影响
　　——基于指数因素分解的实证分析 / 135

温室气体减排视角的国际技术溢出研究述评 / 147

下篇 国际投资与低碳经济

FDI 技术外溢的垂直效应与中国工业碳排放 ／ 159

FDI、吸收能力与制造业产业结构优化：以湖北省为例 ／ 176

国际资本流动对我国低碳经济发展的影响研究
　　——基于主成分分析法的实证分析 ／ 191

国际研发资本技术溢出对中国绿色技术创新效率影响的
　　空间效应 ／ 203

国际研发资本技术溢出对绿色技术创新效率影响的门槛效应
　　——基于人力资本视角 ／ 222

中国 OFDI 推动低碳经济的路径构建 ／ 239

国际研发资本技术溢出对绿色技术创新效率的动态效应 ／ 251

◆上 篇◆

我国低碳经济面临的基本问题

气候变化的经济影响研究进展

一、引言

自 20 世纪 50 年代以来，全球气候变暖毋庸置疑，例如，大气和海洋持续升温，雪量和冰量不断下降，海平面逐步上升，低温极端事件开始减少而高温极端事件则逐渐增多，这些变化在此前几十年甚至几千年间都前所未有（IPCC，2014）。作为气候变化的关键驱动因子，温室气体的累积排放将会导致气候系统所有组成部分进一步变暖并出现长期变化，也会增加气候变化对人类生活、生态系统以及社会经济发展造成严重、普遍和不可逆影响的可能性。虽然人们已经知晓上述气候变化造成的种种后果，但是这些变化的趋势并不会就此停止。迄今为止，地球上还有 25 亿人处于极端贫困中，仍然依赖于传统方式来烹饪和取暖等，其中，尚有约一半的人依旧无法获得电力供给，这些人的能源需求的数量和增长的潜力是巨大的。预计到 2040 年，全球能源需求将会增长 1/3，而所有新增的能源需求都由快速增长的发展中经济体所驱动，绝大多数的新兴国家的经济增长则源于传统能源的消耗（BP，2018）。

上述情况不容乐观，已经引起了国际组织和各国政府的高度重视。1988 年，世界气象组织（WMO）和联合国环境规划署（UNEP）联合建立了联合国政府间气候变化专门委员会（IPCC），以评估气候变化对社会和经济的潜在影响，进而提出如何适应和减缓气候变化的对策。1992 年，联合国大会通过了《联合国气候变化框架公约》（UNFCCC），其终极目标是"将大气温室气体浓度维持在一个稳定水平，在该水平上人类活动不会对气候系统产生危险性干扰"。1997 年，《京都议定书》签订，这是人类历史上第一个以法规形式限制温室气体排放的文件。2015 年，《巴黎协定》确立了全球行动的目标，即将 21 世纪全球平均气温的上升幅度控制在 2℃以内。在这样的大背景下，学术界也随之对气候变化的影响效应开展了大量研究，并取得了丰硕的成果。

通过整理和分析气候变化对经济活动影响效应的相关文献，本文发现现有研究主要围绕以下三个方面展开讨论。一是研究气候变化对经济增长的影响。该类文献主要从理论模型和实证研究两个方面探究气候变化对经济增长的影响，其中，实证研究部分出现了大量检验环境库兹涅茨曲线是否存在的文献。二是研究气候变化对农业的影响。这类文献着重归纳了研究气候与农业之间关系的方法，并在此基础上集中分析了气候变化对农作物产量、价格、分布以及农民收入的影响。三是研究气候变化对劳动力市场的影响。此类文献主要从劳动生产率、劳动力流动以及劳动力结构这三个层面进行考察。通过对以上大量研究成果的梳理，本文发现气候变化的影响范围非常广泛，对诸如经济增长、农业、死亡率、劳动生产率、国内冲突和移民等均存在不同程度的影响，同时上述影响的经济代价是巨大的，尤其是对于发展中国家。故而，在最后一部分，本文对减缓和适应气候变化政策的相关研究进行了介绍。

二、气候变化对经济增长的影响

目前，准确估计气候变化给全球经济造成的影响仍较为困难，但经济学家们一致认为，总经济损失会随温度的不断上升而增加，气候变化会影响经济发展的速度，延长现有的贫困时间并产生新的贫困困境（IPCC，2014）。基于诺德豪斯（Nordhaus）在气候变化经济学方面的开创性工作，研究气候变化对经济增长影响的宏观经济学开始变得流行。在理论方面，几十年来，诸多学者从综合评估的视角进行研究，目的在于确定最佳的排放路径，且随着问题的凸显，不断地对模型进行修正，从而为气候变化与经济增长关系的实证检验奠定了基础。本部分梳理了气候变化对经济增长影响的理论和实证研究。

（一）气候变化对经济增长影响的理论模型

诺德豪斯于1991年提出了第一个温室气体减排的成本收益模型，这是一个静态的综合分析，但在第二年，他就建立了气候与经济的动态模型（DICE）。随后，诸多学者开始了关于气候变化对经济增长影响的理论研究，并构建了大量的模型。以下是对这些模型的介绍。

1. 以DICE模型为基础的增长模型。气候与经济的动态综合模型（Dynamic Integrated model of Climate and the Economy，DICE）是由诺德豪斯（1992，1993，1994）提出的，该模型采用最大化的福利函数，确立了资本投资和温室气体排放的最优路径，其中，无限期当事人的未来效用取决于一定的折现率、储蓄率和投资的内生性。之后，诺德豪斯和杨自力（Nordhaus & Yang，1996）在DICE模型的框架下加入了区域因素，提出了气候与经济的区域综合模型（Regional Inte-

grated model for Climate and the Economy，RICE），研究发现：虽然区域合作会增加高收入国家的损失，但是却能有效地减少温室气体的排放。由于上述文献未能考虑技术进步，在接下来的研究中，诺德豪斯等（2002）加入了技术进步等因素，构建了 R&DICE 模型，政策模拟的结果表明，在不考虑技术创新的溢出效应和转移效应的情况下，技术进步对 CO_2 减排的贡献程度取决于碳排放技术的投资回报率。

2. 以 Ramsey - Cass - Koopmans 模型为基础的增长模型。以 Ramsey - Cass - Koopmans 模型为基础的最优增长模型，将温度等衡量气候变化的指标纳入了效用函数和资本累积方程。范克豪泽和托勒（Fankhauser & Tol，2005）采用此类模型分析了气候对经济活动的影响，认为其影响主要有四个方面：（1）市场效应，即气候变化会降低其令人愉悦的价值；（2）生产力效应，即气候变化会降低生产力，造成产出下降；（3）健康效应，即气候冲击会影响人类健康、婴儿死亡率等，进而降低人力资本水平；（4）资本贬值效应，即剧烈的气候变化要求多次数的资本调整，会削减资本的使用寿命，加速资本贬值。莱科克和沙利齐（Lecocq & Shalizi，2007）在上述研究的基础上做了延伸，分析了极端天气事件对经济增长的影响，并有如下发现：首先，虽然龙卷风、海啸等天气冲击造成资本存量的一次性下降，短期内会影响储蓄率和总产出的增长率，但长期经济增长并没有受到影响。其次，资本生产力的暂时改变，如短期的干旱，并不会影响均衡增长的路径，但由技术变化引发的生产力水平的长期下降将会导致稳态均衡点的降低，稳态时的产出增长率、储蓄率、人均资本和人均消费均会下降。

3. 世代交叠模型。随着研究的不断深入，无限期增长模型的缺陷渐显。由于气候变化影响的滞后性，在涉及代际风险转移时，无限期模型难以对其进行合理的解释和说明，气候的世代交叠模型应运而生。安苏阿特吉和埃斯瓦卡（Ansuategi & Escapa，2002）在模型中加入了温室气体排放的滞后效应，将海平面上升等因素看作是气温升高的一期滞后结果和温室气体排放的二期滞后结果，同时构建了一个福利函数，用以描述当代和下一代之间利益分配的社会偏好，长期优化的目标在于使社会资源和消费分配在不同时代人群中实现均衡。在均衡时，个体的跨期消费替代率等于资本投资的回报率，社会消费依据于每代人的消费量对社会福利的边际贡献，温室气体减排的边际成本等于排放的边际损害。从上述研究中总结出如下结论：（1）温室气体随收入增加或减少的变化速率取决于污染发生的时间。（2）社会规划者的利己主义程度是影响气候变化与经济增长关系的重要因素。（3）要消除温室气体对经济的负面影响，富有远见的制度设计十分必要，政府需要保证代际风险转移的公正性。一方面，对温室气体征收适当的排放税，以补偿其未来可能造成的损害，最优的税率应该等于消除污染排放的边际成本与现期污染排放对将来经济造成损害的边际现值之和；另一方面，须针对不同代际群体设计适宜的转移支付金额，以最大化社会福利水平。

4. 内生增长模型。在之前的模型中，学者们普遍将气候因素视为外生，仅仅将减少污染排放的成本进行折现，并未考虑气候变化对经济增长影响的时间路径变化。针对上述不足，格雷内尔（Greiner, 2004）提出了 AK 类型的内生增长模型，即 $Y = A * K * D(T(t) - T_0)$，其中，A 指代常量，K 指代物质资本和人力资本之和，$D(T(t) - T_0)$ 表示一个温度变化的函数，其数值取决于气温偏离正常温度的差值。模型中重要的政策工具是排放税率，它不仅能够影响均衡路径上的温度变化，也会影响经济增长的动态均衡过程。该模型假定，世界各地的温度变化和其所造成的损害是相同的。但事实并非如此，故格雷内尔（2005）在接下来的研究中，考虑了区域之间的差异，分析了多个区域合作与不合作的情形，构建了具有多个区域的内生经济增长模型，研究结果表明，无论区域之间是否合作，环境政策均能影响各经济变量的水平，还能够影响其长期增长率，故遭受更多污染和破坏的国家应该投入更多的资金，以减少温室气体的排放。上述文献并未考虑国际要素流动，而阿尔霍（Alho, 2006）最大的创新点便在此处，他在分析气候政策对经济增长的影响效应时，首先区别了要素固定和要素流动这两种情形，并借助数据推断碳泄漏等要素流动如何影响气候政策的效果，研究发现，当要素能够自由流动时，政策对实际工资的负面影响较小，对 GDP 的负面影响则较大。然后，他分析了环境政策与低污染能源技术引入之间的关联，这部分的结论如下：（1）在污染较少的能源技术上进行诱导性研发，仅能略微减轻气候政策的经济负担；（2）在国际可交易排放许可证的制度下，内生性技术变革对污染权价格的反应十分剧烈；（3）在市场经济条件下，对清洁能源技术进行最优补贴的现象具有相当大的规模。

综上，评估气候变化对经济增长影响的理论研究已经取得了很大的进步，这些模型也成为此后诸多学者进行实证研究的基础。但是，这些模型本身也存在诸多缺陷：（1）某些参数的输入过于随意，如贴现率，但它对模型的估计结果却具有巨大的影响。（2）关于气候变化影响的描述缺乏理论或实证基础。此类模型包含两种重要转化，第一种转化是将 CO_2 浓度增加转变为温度升高，被称为气候敏感性，第二种转化则是将升高的温度换算成 GDP 的减少量和成本的增加量，用损害函数来表示。但是，无论是在确定气候敏感性的物理机制中还是在计算经济损失的损害函数中，决定反馈路径的比例参数在很大程度上是不确定的。（3）忽略了灾难性气候结果的可能性。对于气候经济学家来说，"灾难"通常采取高温结果的形式，如到了 2100 年温度上升了 7℃ 或 8℃，其关注的是温度升高本身，而非它的影响。但在有些情形下，即使气温上升了很小的幅度，也可能极大地增加碳的社会成本。（4）设定的运行时间过长。学者们通常将气候与经济的模型的估计和预测的运行时间设定为几百年，但是气候变化对社会经济的影响却在未来的几十年里发生（Pindyck，2013；Vale，2016）。

（二） 气候变化对经济增长影响的实证研究

随着理论模型的不断完善和数据类型的逐渐增多，旨在评估气候变化对经济增长影响的实证类文献开始增加。现有的经验研究多采用温度、降水作为常见气候变化的衡量指标，几乎全部都佐证了炎热与贫困之间的密切关系。例如，戴尔等（2009）采用美洲12个国家的数据，探究了温度与收入之间的关系，发现气温每升高1℃，人均国民收入下降8.5%。兰扎法梅（Lanzafame，2014）利用1962~2000年间36个非洲国家的年度数据，调查了温度和降雨量对非洲经济增长的影响，发现气温对人均收入的负面影响在短期和长期均存在，但几乎没有数据支持降雨影响经济的论断。

在进一步的研究中，多数学者发现气候变化对经济增长的影响效应存在区域差异。戴尔等（2012）采用全球50年温度和降水的数据，发现气温升高会对贫困国家产生广泛的影响，不仅会降低总产出、农业产值、工业产值和总投资，甚至会削弱政治稳定性等。但是上述影响在发达国家并不会出现，而降水对所有国家的经济均不存在显著影响。之后，伯克等（Burke et al.，2015）的实证研究也表明，富裕国家和地区的经济增长速度并未对温度的变化作出明显的反应，而贫穷地区却恰恰相反，并预计到2100年，全球的平均收入将减少约23%，全球收入的不平等程度也将扩大。

也有学者对气候影响效应存在区域差异的观点提出异议，认为在富裕国家中，气候变化与经济增长也密切相关。德鲁吉纳和祥（Deryugina & Hsiang，2014）选取美国各县40年间的日气温和年收入的数据进行研究，发现日气温高于15℃时，温度每升高1℃，日生产率下降约1.7%，温度高于30℃时，每人平均多花费20美元。科拉西托等（Colacito et al.，2015）的研究则记录了季节性温度对美国经济的影响，发现夏季平均气温每增加1℃，美国的总产出的年增长率将下降0.15%~0.25%，并认为气温上升可能会在下个世纪致使美国的产出减少1/3。

从上述文献中可知，现有的实证研究主要关注的是温度、降水等一般性气候变化对经济增长的影响，缺乏飓风、洪水等极端气候事件对经济影响的研究。这主要是因为，一方面，极端事件发生的频率很低，能够获得的数据较少；另一方面，即使有可用的数据，也很难分离排放与经济损害之间的因果关系。

（三） 环境库兹涅茨曲线是否存在

20世纪50年代，诺贝尔经济学奖获得者库兹涅茨在研究经济增长与收入分配时，发现可以利用"倒U"型曲线来描述二者之间的关系，进而提出了库兹涅茨假说。该假说一经提出，就受到了学术界的广泛关注，随后诸多学者在不同的研究领域进行了衍生和拓展。

20 世纪 90 年代初期，第一批学者展开了对环境库兹涅茨曲线（Environmental Kuznets Curve, EKC）的研究。格罗斯曼和克鲁格（Grossman & Krueger, 1991）在分析北美贸易壁垒的环境效应时，选取 SO_2、烟尘等空气质量数据和人均 GDP 等经济增长数据，研究发现污染与经济增长之间基本上存在一种倒 "U" 型的关系，即环境先随收入增长而退化，但当收入达到 4000 ~ 5000 美元的转折点后，会随收入增长而改善。之后，沙菲克和班约帕德哈伊（Shafik & Bandyopadhyay, 1992）分别利用线性对数、对数平方和对数立方这三种方程式，对十项不同的环境指标进行了 EKC 的估计，其中，浮游粒子状物质（SPM）和二氧化硫（SO_2）这两种空气污染指数符合 EKC 假说，倒 "U" 型曲线的转折点在 3000 ~ 4000 美元之间。然而，首次使用 EKC 这一术语的却是帕纳约托（Panayotou, 1993），他采用跨国数据的研究表明，某些污染指标与人均收入之间呈现明显的倒 U 型关系，认为在较高发展水平上，产业多趋向信息密集型行业和服务业，从而污染物水平降低，环境质量得到改善。

近期的文献也证实了 EKC 的存在。穆拉利等（Al - Mulali et al., 2015）采用 1980 ~ 2010 年间的国际面板数据，探讨了经济增长、可再生能源消费和金融发展对 CO_2 排放的影响，回归结果显示 GDP 和 CO_2 排放量之间存在倒 "U" 型关系。杰布里等（Jebli et al., 2016）考察了人均 CO_2 排放量、GDP、可再生能源和非可再生能源消耗与国际贸易之间的因果关系，长期完全修正的普通最小二乘（FMOLS）和动态的普通最小二乘（DOLS）估计均表明，EKC 假说在 OECD 国家的这个样本中得到验证。

当然，上述文献也存在着些许不足。首先，EKC 假说的基本观点是，在经济达到适当的水平之后，进一步的经济增长可以减少环境的恶化。从中得到的一个非常重要的推论是：发展中国家应该快速增长，而不是实施有利于环境的政策。采用这个推论致使：席卷全球的环境变化的速度，比之前预想的更快（Don et al., 2010）。其次，EKC 的相关研究存在一些计量问题：（1）库兹涅茨曲线中的非线性变化通常是有问题的。在以往多数的经典文献中，实证研究是不包含协整过程的。（2）面板独立性的假设有待考证。到目前为止，所有研究采用的方法都是基于横截面数据独立性这个假设的，但是有些检验结果却表明 GDP 和 CO_2 排放量之间是非平稳的。（3）即使采用了单位根和协整方法以避免上述两个问题，但在多数研究中，上述方法的使用是不严格的，估计结果也会产生偏差（Wagner, 2008）。

三、气候变化对农业的影响

鉴于环境与农业生产之间的天然关联，气候变化对农业的影响最为深远和直接，相关文献也较翔实。众多经济学家的研究表明，气候因素主要是通过影响农作物的产量进而对农业经济产生影响。作物产量的变化，不仅取决于温度、降水、风速、湿度等直接气候因素，也与作物的种类、作物所在的地理位置以及 CO_2 施肥效应的假设密切相关。更进一步的研究则发现，气候变化在影响农业产量的同时，也影响农作物的价格、贸易和农民的收入水平。当遭遇气候冲击而造成损失时，农民会采取一些适应性行为，如谨慎地选择合适的农作物，以减弱气候变化的负面影响，但是实施的防御性措施并不能够完全抵消气候冲击的负面影响。这时候，需要政府给予适当的激励和支持，如投资灌溉设施、推广节水和新的耕作技术。以下内容回顾并归纳了气候变化对农业经济的上述影响。

（一）气候变化对农业影响的研究方法

在研究气候变化对农业影响的相关文献中，主要存在两种研究方法：一种是生产函数方法，另一种是李嘉图方法。李嘉图方法是在生产函数方法的基础上做了改进，考虑到了农民对气候变化的适应性行为。

1. 生产函数方法。生产函数方法界定了气候与农业产出之间的关系，并利用这一估计来模拟气候变化对农业的影响。例如，亚当斯等（Adams et al.，1995）采用生产函数方法评估了长期气候变化对美国农业经济的影响，发现气候变化会影响作物产量、作物需水量和灌溉用水等，进而会导致经济福利发生变化。在上述影响过程中，CO_2 的增产效应是潜在的经济后果的重要决定因素，该效应引发的世界粮食生产和国内粮食出口的变化，通常对美国农业有积极的影响。虽然生产函数方法能够分析气候对农业的影响，但是它并没有真实地模拟农民的适应性行为，例如，许多研究假定，不允许农民在温度发生变化时更换新的农作物，也不允许农民将耕地转化为牲畜或非农业用途（亚当斯，1998）。

2. 李嘉图方法。门德尔松等（Mendelsohn et al.，1994）提出了第二种方法，即李嘉图方法。该方法采用农业效益作为度量指标，即用农业生产价值或纯收益来分析气候对农业的影响。李嘉图模型的最大优点在于，考虑了农民在面对气候变化时的适应性行为。虽然它没有明确地说明农民在气候变化时，怎样实施调整，但它对经济效益的度量已隐含了农民响应气候变化时所有调整的结果。但是，李嘉图方法也同样存在局限性：（1）由于分析技术的长期性，该方法不能够反映过渡成本，亦不能区分适应的短期弹性和长期弹性（Easterling，1996）。

（2）模型假定农作物的价格不随时间而变化，这种情况在现实中是不合理的（Cline，1996）。（3）应对气候变化的适应性调整是无成本的假设，会使估计结果产生偏差（Quiggin & Horowitz，1999）。（4）模型存在潜在的遗漏变量，这可能会导致损害的低估或收益的高估。对该方法的一个有效的批评是灌溉没有明确列入方程，而多数学者认为，供水和灌溉是影响农作物产量和利润的关键因素，没有测量会使方程的系数出现误差（Schlenker et al.，2005）。

基于上述文献，后续的方法类研究可以做如下改进：一是区分农民的短期和长期的适应行为。例如，凯利等（Kelly et al.，2005）在计量经济模型中，同时引入了长期气候变量和短期天气变量。二是优化对价格的处理。虽然要素价格和产品价格等对气候波动相当敏感（Falco & Veronesi，2014），但相关文献十分匮乏。

（二）气候变化对农作物的影响

针对气候变化与农作物的关系，学者们多集中于分析温度、降水、极端气候事件及温室气体排放等因素对作物产量、作物分布和作物价格的影响。

在研究气候对农作物产量影响的文献中，多数学者采用温度和降水的数据，研究结果表明，在一般情形下，较高的温度会降低产量，而较多的降水则会增加产量（戴尔，2014）。但也有学者对此提出质疑，认为气候变化与农作物产量之间并不存在明显的关联（Deschênes & Greenstone，2007）。除温度和降水外，也有学者选取其他数据进行分析。例如，章等（Zhang et al.，2017）探讨了湿度和风速对农作物生长的重要性，发现忽略湿度往往会造成气候影响成本的高估，而遗漏风速则可能造成低估。此外，温室气体排放对作物产量的影响效应也颇受关注。一方面，CO_2 等气体对作物有施肥作用，这种效应会使产量增加；另一方面，温室气体排放增多，会引发全球升温，进而会使作物产量下降。相关研究也佐证了上述两种影响效应的存在。例如，摩尔等（Moore et al.，2017）研究发现，当不存在施肥效应时，即使农民采取适应性行为，粮食产量在预测期内仍会下降，而当考虑施肥效应时，农产品产量的升幅会增加或降幅会减少。

在自由贸易体系中，气候变化对农作物价格的影响主要分为两个层面。一方面，天气冲击通过影响农作物产量，进而影响作物价格，如过高的温度，会降低农业产量，致使粮食价格上涨。另一方面，冲击引发的区域间的价格差会诱发贸易，从而形成新的作物价格。琼斯和奥尔肯（Jones & Olken，2010）采用温度数据进行研究，结果表明：市场一体化能够影响农产品对天气冲击的敏感性，贸易在原则上可以抑制或加剧生产力损失的局部影响。为了削减当地冲击的价格影响，农产品出口至国外市场，帮助当地消费者，致其以低价获取商品，但这也伤害了当地生产者，致其无法提价。伯吉斯和唐纳森（Burgess & Donaldson，2010）

选取降水量数据进行分析，同样证实了上述观点。

近年来，气候影响农作物分布的研究逐渐增多。拉赫曼（Rahman，2016）分析了气候变化、农业生态和社会经济因素对农业土地利用多样性的影响，研究结果表明，在气候因素中，降水量会增加土地利用多样性。哈布特马里亚姆等（Habtemariam et al.，2017）研究发现，小麦等作物会从寒冷地区的气候变化中受益，而在温暖地区，小麦等作物会受损而玉米将受益。由于上述不同作物敏感性的差异，为使气候变化的影响最小化，政府适当的农业干预是至关重要的。

需要注意的是，虽然相比于气候变化对经济影响的其他研究，该类文献较为翔实，但是政策启示作用较弱。现实生活中存在大量异质性的情况，气候对农作物的影响效应可能会因区域、人群、地质等因素而不同，不能一概而论。故而，有必要进行更为细致且深入的研究，以获取更多农民有效适应行为的信息。此外，同样受限于数据的可得性，故缺乏极端气候事件等对农业生产影响的研究。

（三）气候变化对农民收入的影响

收入关系国计民生。尽管气候因素对农作物的影响最为直接，但其对农民收入水平的影响却最为重要。在下面的讨论中，本文梳理了气候变化影响农民收入的相关文献。此类研究多基于李嘉图方法，并逐渐细化农民的适应性行为。

首次采用李嘉图方法研究气候对农民收入影响的是门德尔松等（1994），他们选用美国3000个县的截面数据进行分析，研究结果表明，除了秋季，所有季节的高温都会降低农场价值，但秋季以外的更多降水却能增加农民收入，而将模型应用于全球变暖情景时发现，无论是否存在 CO_2 的施肥效应，全球变暖都能给农业带来经济效益。

之后，大量学者在前期成果的基础上进行了细化和拓展的研究。汪等（2008）选取温度和降水作为衡量气候的指标，将农民区分为灌溉类和非灌溉类，具体的结论如下：（1）温度每升高1℃，将导致每公顷年净收入减少10美元，而降水量每月增加1毫米，会使每年每公顷土地的净收入增加15美元。（2）全球变暖有利于灌溉类农民，却有害于非灌溉类农民，但降水对两种农民的影响几乎是相同的。（3）当区分季节时，秋季和春季的高温对灌溉类农场有害，其他季节则相反；非灌溉类农场只能受益于寒冷的冬季，其他季节的高温会造成净收入的下降。而春、秋季更多的降水量将伤害两类农民，但夏季的降水会增加灌溉类农民的收入，减少非灌溉类农民的收入。（4）天气冲击对农民收入的影响是因地区而异的。高温对于地处东南和西南地区的灌溉农场是明显有利的，对于中部地区的灌溉农场具有温和效益，也可能帮助雨水充沛的农民在寒冷的地方免受伤害。但是对于其他地区，尤其是温度本身较高且供水不足的地区，高温是有害的。恩尤尔等（Nyuor et al.，2016）区别了农作物的种类，研究结果表明，旱季降水对高粱有益，对玉米有害，但中季降水则能够促进玉米生产。除中季外，所有季节的升温都会对两种作物的净收入产生负面影响，中季的高温会对高粱的净收入产生积极影响。

也有文献通过对农作物产量和价格的研究，进而阐明了气候变化对农民收入的影响。例如，汪等（2009）的分析结果表明，当不存在 CO_2 施肥效应时，温度升高会引起稻米、小麦和玉米的产量下降和价格上涨，但是，由于价格上涨超过生产的减少，所以农民收入在整体上是增加的；而当存在施肥效应时，农民的收入却并未增加，该现象是由于虽然粮食产量会随 CO_2 的积极贡献而上升，但市场价格会更显著地下降。

以上文献主要是对历史事实进行验证和分析，后续的相关研究不仅分析既有数据，还利用理论模型对未来气候变化造成的损害值进行预测，并强调适应性行为的重要性。例如，德雷萨和哈桑（Deressa & Hassan，2009）采用 CGM2、HaDCM3 和 PCM 三个模型，对 2050 年和 2100 年的气候影响损害进行了预测，认为到 2050 年和 2100 年，每公顷作物的净收入将减少，并且 2100 年时净收入的减少将超过 2050 年的损失值，而除非通过适应来减轻这种负面影响，否则气候变化引起的损害将随时间而增加。虽然上述研究已经指明了今后学者须拓展的方向，但文献中仍存在许多遗憾尚待解决。首先，极端气候事件数据的缺失，以及一些潜在气候变量的遗漏，可能会导致估计结果的偏差。其次，气候与经济效益模型中存在诸多不确定性，无法非常准确地度量和预测气候变化的经济损害。最后，缺乏更为细致的适应性行为的研究，以致能够给农民和政府的指导性建议较少。

四、气候变化对劳动力市场的影响

气候变化对经济增长和农业的影响直接明显，而对劳动力市场的影响则相对间接隐晦。通过梳理和分析相关文献，本文发现目前关于气候变化对劳动力市场的影响作用的探讨主要集中在以下三个方面：一是气候变化对劳动生产率的影响；二是气候变化对劳动力流动的影响；三是气候变化对劳动力结构的影响。

（一）气候变化对劳动生产率的影响

气候变化对劳动生产率产生影响的论断由来已久。早在 1915 年，地理学家埃尔斯沃思（Ellsworth）在其《文明与气候》一文中，第一次明确地阐述了气候与劳动生产率之间存在联系，选取不同类型的工人作为研究对象，经验证据表明，在气候温和的春季和夏季时，这些工人的劳动生产率最高，而在极端高温的夏季和极端低温的冬季时，劳动生产率则最低。随后，一些专家学者开始从各个角度分析气候变化对劳动生产率的影响作用，总结起来主要分为两类：第一类文献研究的是气候变化对劳动生产率的直接影响；第二类文献主要通过分析气候冲击对人类健康的影响，进而得出气候变化与一个国家或地区的劳动效率之间的关联。

在研究气候变化对劳动生产率直接影响的文献中，学者多采用实验经济学的方法。格雷瑟（1973）和帕潘恩（2006）等将受试者随机分配到不同温度的房间里，并要求他们执行相应的任务，实验室环境能够显示出受试者对高温的认知反映，包括估计时间、警惕性、心算能力等，研究发现：当温度超过25℃时，气温每升高1℃，各种认知任务的生产力约损失2%。尼梅莱等（Niemelä et al.，2002）研究了呼叫中心人员在不同温度下的生产率，发现在22~29℃的温度范围内，气温每增加1℃，劳动生产率降低约1.8%，同时指出气候变化与生产率之间的关系比较复杂，其很可能受湿度、室外环境质量以及CO_2水平等因素的影响。沃戈基和怀恩（Wargocki & Wyon，2007）选取了10~12岁的学生群体作为研究对象，令教室的温度每周在适宜温暖（约25℃）和正常（约20~21℃）之间随机变化，同样发现：较低的温度能提升生产率。此外，天气的好坏也会影响工作效率。相关研究表明，在室外天气不适宜休闲的日子里，职工具有更高的生产效率，而好天气则会让人们分心，以致劳动生产率下降（Lee et al.，2014）。

众所周知，人类的健康状况与劳动生产率密切相关，而气候变化会增加人们患病甚至死亡的风险。迄今为止，许多学者选取死亡率、出生率、婴儿体重以及平均寿命等指标来衡量人类的健康水平，进而分析气候对劳动生产率的影响。德舍纳（Deschenes，2014）整理了温度、健康与适应行为的经典文献，发现多数文献采用死亡率来衡量健康水平，研究结论也均表明极端温度会通过降低健康水平来影响劳动生产率。德舍内斯等（Deschênes et al.，2009）发现妇女在怀孕期间暴露于极端高温，会导致婴儿出生体重下降，估计结果表明：到21世纪末，白人婴儿的平均出生体重将减少0.22%，黑人婴儿的平均出生体重则将降低0.36%；此外，影响作用的概率分布也存在差异，白人婴儿中出现低体重的概率会增加5.9%，黑人婴儿中低体重的概率则增加5%。长谷川等（Hasegawa et al.，2016）认为天气冲击会影响粮食产量，进而增加总人口中营养不良的比例，造成婴儿体重的普遍下降，最终会加大人类患病和死亡的风险，降低一个国家或地区的劳动生产率。

上述文献选取了不同的工具变量，从多个视角分析了气候变化对劳动生产率的影响作用，其最大的不足之处在于缺乏理论基础。无论是关于直接影响的研究还是间接影响的研究，均是通过数据检验而得出结论。故而，后续的研究有必要拓展定性分析，构建作用机理。

（二）　气候变化对劳动力流动的影响

从一般意义上讲，劳动力流动是为了获取更高的报酬。气候变化对劳动力市场产生影响的第二个层面主要体现在对劳动力流动的影响。诸如降水、温度以及极端气候事件等因素的变化，会引发劳动力在地区间、产业间、部门间、就业状态间乃至工作间进行转移。诸多文献对上述影响作用进行了研究，主要体现在以下三个方面。

1. 劳动力的地区间流动。气候变化不仅能引发国家内部区域之间的劳动力转移，而且会导致国与国之间的劳动力流动。在研究国内区域间劳动力流动的文献中，德舍内斯和莫尔蒂（Deschênes & Moretti, 2009）研究发现极端热和极端冷的天气状况会导致死亡率增加，且死于寒冷的人数是美国总死亡人数的1.3%，为此，部分人会从寒冷的东北部迁移到温暖的西南部，以提高预期寿命。冯等（Feng et al., 2010）估计结果显示，气候变化会导致玉米和大豆产区的产量下降，故而，这两个产区发生了大量农民向外迁移的现象。在研究国际间迁移的文献中，冯等（2010）采用墨西哥各州的面板数据，研究温度、降水等气候因素与美国移民之间的关系，估计结果显示，由温度和降水引起的较低的作物产量，会使向美国移民的人数增加。格雷和米勒（Gray & Mueller, 2012）研究了1994~2010年间孟加拉国向外移民的数量与气候变化之间的关系，发现洪水会造成民众的适度迁移，但由降雨造成的农作物歉收则会造成大规模的迁移。霍恩贝克（Hornbeck, 2012）研究表明，沙尘暴也会引发大量的迁移行为。

2. 劳动力的产业间流动。气候变化对不同产业的影响作用是有差异的，对一些产业产生负面影响，但也会增加某些行业的产值，引发劳动力在产业间流动的现象。基希贝格尔（Kirchberger, 2017）利用印度尼西亚家庭生活调查（IF-LS）、DesInventar数据库、美国地质调查局（USGS）等多个数据库的数据，探讨了自然灾害对劳动力市场的影响，研究表明：在自然灾害发生后，劳动力会从农业部门转移到建筑业等部门。科尔苏兹和叶尔丹（Kolsuz & Yeldan, 2017）选取土耳其的数据进行实证研究，发现环境税收、技术和体制创新均会促使劳动力向绿色产业流动。

3. 劳动力的就业状态间流动。一些研究发现气候变动会影响人们的工作状态选择。例如，康诺利（Connolly, 2008）采用时间序列数据检验了降水对美国工人休闲选择的影响，估计结果表明，如果天空一直下雨，人们会倾向于选择比平时更多的休闲时光，每天多休息30分钟。

综上，本文发现，现有关于气候与劳动力流动的文献大多关注的是劳动力的区域间流动，较少涉及劳动力在产业间、部门间尤其是就业状态间的流动。因此，有必要从多个角度丰富此类研究。

（三） 气候变化对劳动力结构的影响

依据劳动力结构的特点，本部分将气候变化对劳动力结构影响的研究归纳为：气候变化对劳动力年龄结构的影响、对劳动力产业结构的影响以及对劳动力地域结构的影响这三个方面。

1. 劳动力年龄结构。气候变化对不同年龄段人群的影响作用不同。有证据显示，气候变化将导致死亡率的增加，如果"一切照旧"，至21世纪末，死亡率将从0.5%上升至1.7%，其中，受影响最大的是婴儿（Deschênes & Greenstone，2011）。巴雷卡等（Barreca et al.，2013）的研究表明，在1900～1959年间，每年由超过90℉的高温而造成的婴儿死亡数约为3600例，而在1960～2004年间，即使空调技术已经逐渐普及，每年仍有600例婴儿因此死亡。此外，有学者发现，由于气候变化对经济的影响作用存在区域差异，故而会出现劳动力迁移的现象，而在这类迁移人口中，绝大多数是年轻人（Feng et al.，2014）。

2. 劳动力产业结构。基于已有文献，气候变化对劳动力产业结构的影响主要分为两个方面。一方面，气候冲击能够直接影响该结构。例如，祥（Hsiang，2010）研究表明，极端高温会对非农业部门产生负面影响，旋风尤其是异常高能量的旋风对采矿业、公用事业以及经济中的其他部门具有负面影响效应，抵消了建筑业积极的产出影响。戴尔等（Dell et al.，2012）发现了温度和工业之间的密切关联。齐文和奈德尔（Zivin & Neidell，2014）的研究结果显示，在炎热的天气尤其是极端高温下，暴露于室外的劳动力供应减少了，农业、林业、采矿业和建筑业等行业的就业量发生明显下降。另一方面，应对气候变化的政策也会使劳动力的产业结构发生变化。侯等（Hoe et al.，2008）分析了碳税对经济的影响发现，碳税对就业的负面效应会随时间的推移而下降，但是在不同行业中，就业量的下降幅度不同。阿尔迪和皮泽尔（Aldy & Piezer，2011）研究发现，虽然估计结果显示碳税的总体影响不大，但是一些电力密集型制造业却受到严重的损害。

3. 劳动力的地域结构。研究气候因素与劳动力地域结构的文献是多角度的。伦巴第（Lombard，2002）实证分析了1970年和1977年《清洁空气法》修正案前后制造业的相关数据，估计结果表明在法案生效的前15年，相较于污染物排放达标的县，未达标的县损失了约59万个工作岗位。伯吉斯等（Burgess et al.，2013）探究了天气冲击对农村和城市人口死亡率的影响，发现高温会增加农村的年人口死亡率，但是对城市地区近乎没有影响。

相比于气候因素对经济增长和农业影响的分析，气候变化对劳动力结构影响研究的最大的不同点在于劳动力结构没有一个"最好的"标准。此类研究无法判断天气冲击对劳动力结构的影响是好还是坏，最多只能大致得出影响作用的趋势。所以，进一步的研究则需要逐渐明晰上述问题，以期提出应对负面影响的政策建议。

五、减缓和适应气候变化的政策

福利经济学第一定理表明，完全竞争市场所达到的均衡分配必定是帕累托有效的，任何干预都将打破帕累托最优的状态，但也有许多例外，外部性就是其中一个。气候问题具有极强的外部性，排放 CO_2 等污染物是无意识的，但是引起的气候变化却能够影响地球上所有人的福利，并且大多数受影响的人没有获得补偿。这种外部性的规模和复杂性是前所未有的，故而国际组织和政府的干预是势在必行的。目前，针对气候变化的政策措施主要分为两类：减缓的政策和适应的政策。减缓政策旨在实现更少的气候变化，而适应政策的目标在于削弱气候变化的影响，二者相辅相成。

（一）减缓气候变化的政策

政府部门能够采用许多措施来影响温室气体的排放，归纳起来，减缓的政策工具主要有以下四种：直接管制、税收、补贴和排污权交易。

1. 直接管制。直接管制也被称之为指令和控制，本质上讲，就是政府部门告诉家庭或企业能够做什么或不能够做什么，以及如何去做或如何不去做。如若能够知晓监管活动的详细信息，政府部门就能够在委托较少代理机构或运用少量技术的情况下进行监管。该方法基本上是"一刀切"的，对每个个体一视同仁，具体的实施方式有：（1）禁止生产过程中的某些输入或设置量化标准；（2）禁止某些技术的使用或设置执行标准；（3）限制某些活动时间和地点（Böhringer et al.，2008）。

2. 税收、补贴。基于自由市场的政策工具是直接监管的主要替代手段，其中税收和补贴是最为古老的工具。税收是对每单位的违规物质的使用、生产或排放进行征税或罚款，补贴是针对不使用、不生产、不排放的每单位违规物质进行货币奖励。从短期来看，两种政策工具对排放的影响相同，避免每一单位的污染物质的排放都会得到补贴的奖励，或者减少税收的负担；从中长期来看，由于税收是资本从私有部门流向政府，而补贴则是资本从政府流向私有部门，故而，税收会增加某一行业的成本，致使该行业萎缩，而补贴则会减少一些行业的成本，这些行业得到扩张（Gerlagh & Zwaan，2006；托，2014）。

3. 排污权交易。排污权交易是近些年新出现的一种监管部门可以选择的政策工具，目前为止，是直接管制的。该工具聚焦于排放量，就是将污染物的排放总量上限分成若干个单位，每个排放者只得到一定数量的排放许可，如果一个国家或公司认为它的排污权太少，可以从排污权较多的国家或公司购买额外的排污许可。实现排放权初始分配的方式有很多，主要有以下四种：（1）世袭制，也称之为祖父制。以最近的排放为基础，排污权免费分配，虽然排放大户面临监管，但也获得了大量的排污权。该制度受欢迎之处在于，承认现状；而不公正之处在于，过去的不良行为即大量排放，得到较多的排污权作为奖励，相反，良好的行为即较低的排放，却受到惩罚。（2）将补偿给予受害者。碳排放具有外部性，它是无意识和无补偿后果的。故而，将补偿给予受害者，即排放者向可能被排放物伤害的人购买权利，这将有助于恢复效率并兼顾了公平性。该方式的难点在于：需要识别受害者以及估计他们的相对损失。（3）以人均基础进行分配。该方式对应了一个基本的公平概念，即每个个体都被同等对待。但从更深层次的意义上来讲，这也可能一点也不公平，如居住在寒冷地区的人需要更多的资源。同时，人均分配的不现实性也在于其意味着巨大的财产转移。（4）组织拍卖。免费分配排放权的一个重要的问题在于市场没有初始价格。当排放许可证能够被进行组织拍卖时，交易者从中获悉价格，监管部门也可以获得大量的收入用来降低税收、补偿受害者或存入国库（莫雷尔，2007；托，2014）。

综上所述，每一种政策工具具有不同特点，实施后果也不尽相同。直接管制能够起到立竿见影的效果，但是，当监管对象之间存在大量的异质性，类似"一刀切"的做法，不仅不能够起到促进作用，还很可能对经济造成损害，同时，直接管制的结果很可能导致官僚机构的扩大（勃林格等，2008）。对于税收、补贴和排放权交易，如果选择环境效益作为衡量标准，使用排污权交易的效果会更好。因为排污权交易的方法会制定排放总量的上限，如果监管和执行得当，就能够知道多少排放将会被削减，而税收和补贴则没有这样的保证，并且随着时间的推移，补贴还会导致污染产业的扩张。如果从成本效益视角出发，采用税收的方法更为明智。由于被称为减排边际成本的排放税设置了总成本的上限，但是排污权交易的减排成本则是不可预测的（Requate & Unold，2003）。

究竟哪一种减排政策是有效的，答案莫衷一是。韦茨曼定理表明，如果边际收益曲线比边际削减成本曲线更加陡峭时，那么用量化工具产生的错误比用价格工具产生的错误的代价更加昂贵，反之则更加便宜。而对于像气候变化这样一个存量问题，价格（税收）与量化工具（排污权交易）相比，代价不是那么昂贵（Requate & Unold，2003）。此外，费希尔等（Fischer et al.，2003）从定性和定量两个方面比较了排放税、拍卖和祖父制的排污权许可证制度对福利的影响，研究表明，当创新作为内生变量时，选择这些政策工具中的任何一种都没有明确的理由，工具的相对福利排名取决于创新的成本、创新的可模仿程度、边际环境效益函数的斜率和水平以及污染企业的数量。费希尔和纽厄尔（Fischer & Newell，

2008）分析了减少 CO_2 排放和促进可再生能源的不同政策选择，并评估了它们在经济盈余、减排、可再生能源生产和研发方面的表现，发现碳排放价格是最有效的单一的减排政策，因为它同时可以激励化石能源生产者减少碳排放，激励消费者节约资源，激励可再生能源生产者扩大生产并增加对知识的投资，但是最优的政策组合将包括碳排放价格和针对技术研发和学习的补贴。

（二）适应气候变化的政策

适应性的政策使得气候变化的消极影响不那么糟糕，使得积极影响更好，甚至将消极影响转变为积极影响。米勒（1997）强调了制度的变化和更新对削减应对气候变化成本的重要性，认为如果已有的法案、法规、行政和执行的制度滞后于变化了的环境，那么适应过程的代价可能是高昂的，并且极容易发生冲突。布莱恩等（Bruin et al.，2009）采用综合评估模型研究了 10 年间环境与经济之间的相互作用，发现虽然大多数国家没有将适应的选项包含在应对气候变化的措施中，但是模型的推导结果表明，适应性政策是应对气候变化的有利选择，因为其无论在早期阶段还是在后期阶段都能够减少应对气候变化的大部分潜在成本。

气候变化的影响是多种多样的，适应是为了改变这些影响，因此，适应也是多种多样的。绝大多数的适应具有私人性质，如个体为了抵御高温从而选择浅色衣服以避免暴晒，某些群体选择在一天中最热的时间进行午餐并将主餐定在夜晚。而哈森（2010）从行为和实验经济学的视角分析了各国在减缓和适应方面投资的潜在均衡，研究结果也表明虽然减少温室气体排放可以被视为公共利益，但是适应气候变化的成本和收益却具有私人性质，只有采用适应性措施的国家或个体能够从中获益。也有一些适应涉及政府相关部门。例如，范克豪泽等（1999）认为一个能够有效地应对气候变化的策略必须要考虑到气候变化的长期的和普遍的不确定性，因此，提高系统应对气候冲击和极端事件的灵活性是十分必要的。此外，对于具有长寿命的投资，如基础设施建设、海岸带开发等，最好可以要求政府部门进行预防性调整，以提高结构的稳健性，或者提高折旧率并允许提早更换（范克豪泽等，1999）。少数适应是公共的，如海岸保护和共享水资源。门德尔松（2000）强调虽然在农业、能源、木材和娱乐等行业中的企业和个体能够为了自身的利益而采取实质性的适应措施以应对气候变化，但是在具有联合利益性质的水资源、海堤、生态管理等领域却迟迟未有行动，各个地区或国家需要开始考虑联合适应的政策，谨慎地设计出有效率的方案以防止公共领域气候问题的扩大。

一些适应是为了应对过去的气候变化，另一些适应则是由于预测到的未来的气候变化。修建堤坝和挖掘灌溉水等属于明显的传统适应方式，而提供未来气候的信息显然是后一种适应的方式，如发达国家或地区利用卫星操作、数据库、模型等来帮助贫苦国家或地区的农民在农作物选择、管理上做出更好的决策。凯勒（2005）将长期损失函数应用于农业中未观测到的气候变化情况下的成本调整计量的问题，模拟了未观测到的气候冲击的影响，并发现可以通过学习气候冲击从而获得先验知识，以更好地应对环境的变化。汪等（2009）的研究给出了更具体的例子，如果能够提前知晓一些地区中地表水分的减少，该地区的政府可以增加对灌溉基础设施的投资，该地区的农民也可以提前寻找地下水来维持农业生产力。

气候变化的影响存在地区差异，适应的成本也不尽相同。温暖地区的消费者对电力的依赖较大，对天然气、石油和其他燃料的依赖相对较小，气候变化更会增加其对空调等具有冷却效用的电力的消耗（Mansur，2008）。大多数炎热地区的国家是相对贫困的，因其经济结构的脆弱性，且缺乏资金和技术的支持，这些国家更容易受到气候变化的影响。在联合国气候变化框架公约下，许多政府已经制订了国家适应计划，即当前富裕的国家对贫困的国家进行资助，但是这里主要存在两个问题：（1）由于适应通常是私人行为，外部资金的进入会"挤出"内部资金，援助的效果为零；（2）适应资金可能分配不当，一部分资金被目的不纯的人所操控（哈森，2010）。

六、结论与展望

综上所述，近年来，气候变化对社会经济的各个领域均产生了重大的影响，大量学者对此进行了研究。通过对此类文献的梳理和归纳，本文发现气候变化对经济的影响作用主要体现在气候变化对经济增长的影响、对农业的影响以及对劳动力市场的影响这三个方面。首先，研究气候变化对经济增长影响的文献主要分为两类：理论研究和实证研究。理论部分主要进行的是基于气候与经济的动态模型的修正，实证部分佐证了气候因素与经济增长因素之间的关联，并且探究了环境库兹涅茨曲线（EKC）是否存在。其次，大量文献探究了气候变化对农业经济的负面影响。该类文献的研究方法主要有生产函数方法和李嘉图方法这两种，主要集中于分析天气冲击对农作物产量、作物分布、作物价格和农民收入的影响。最后，气候变化对劳动力市场的影响也受到了学者的广泛关注。这类文献主要分析了气候因素对劳动生产率、劳动力流动以及劳动力结构的影响效应。此外，由于气候变化的上述影响具有极强的外部性，出现了大量研究减缓政策和适应政策的文献，以期提出合理的政策建议，从而减少气候变化造成负面影响的程度和风险。

虽然目前关于气候变化对经济影响的研究已经取得了很多成果，但是本文从上述文献中也发现了一些不足：（1）模型的实用性。经济学的研究应该是经世济用的，但是由于气候对经济的影响机制的复杂性，模型难以将所有的变量都考虑在内，如还未出生的人的福利，并且即使是考虑在内的因素，也存在许多值得商榷的地方，如在评估气候变化对经济增长影响的模型中，贴现率的设定是任意的，但贴现率微小的差异就可能造成预估成本的严重低估或高估。故而，采用这些模型的估计结果只能作为简单的参考，而无法为正在发生并将持续发生的气候问题提供有效的解决方案。（2）数据的可得性。虽然学者对各种气候变化对经济的影响作用给予了广泛的关注，但是由于极端气候事件发生的频率，能够获得的数据类型非常有限。因此，现有实证研究多采用温度、降水等天气数据，缺乏极端气候事件的影响研究。（3）政策的效果。为削弱气候变化的影响作用，相关研究提出了许多减缓和适应的政策，但是政策实施的结果却不尽如人意。虽然适应性政策能够降低气候变化影响的风险，但是它更多的是强化未来的应对方案和准备，对于当期的气候问题，其效果有限。而无论是直接管制、税收、补贴还是排污权交易都能够起到立竿见影的作用，但却会对一个国家或行业的发展增加额外的成本，且现实中存在许多"搭便车"的现象（托，2014）。

　　基于上述的梳理和分析，本文认为关于气候变化对经济影响的未来研究可以从以下三个方向进行拓展：（1）关注灾难性气候对经济的影响。韦茨曼（Weitzman，2011）在模拟极端气候事件的影响时，明确提出了气候损害的概率密度函数是"厚尾分布"，认为飓风、洪水等超过传统模型阈值的灾难具有极高的发生概率，比预期设定的要大得多，其造成的经济损失也是不可估量的。但是迄今为止，关于极端气候事件的发生概率和经济损失的研究还相对较少。（2）重视气候问题的外部性，促进国际合作。气候问题具有极强的外部性，政策的"搭便车"行为非常普遍，即非参与国通过不减少排放而抵消了其他参与国的减排努力，所以，有时即使存在有效的减缓政策，政府也不会采用。此外，进行碳定价国家的主要担忧在于：经济增长和发展的机会将转移到其他国家（德舍纳，2010）。目前，还尚未出现能够解决上述问题的有效方法。故而，气候变化经济学后续研究的一个重要方面是如何促进国际合作，以贯彻落实节能减排的政策。（3）增加对适应性行为和政策的探讨。应对气候变化的适应性政策具有以下两个重要的特点：其一，它具有明显的私人性质，与缓解政策相比，适应政策较少受到"搭便车"行为的影响；其二，对于一些国家而言，气候变化造成的经济损失是巨大的，因此，面对未知而巨大的经济损失，这些国家即使没有合作行为也会参与减缓行动，意味着一些形式的适应性行为可能有利于国际合作（Buob & Stephan，2011）。故，加强对适应性行为和政策的探索是意义重大的。

参考文献

[1] Adams, R. M. et al., 1995：A reassessment of the economic effects of global climate

change on U. S. agriculture, Climatic Change, Vol. 30, No. 2.

［2］ Adams, R. M. et al. , 1998: Effects of global climate change on agriculture: An interpretative review, Climate Research, Vol. 11, No. 1.

［3］ Aldy, J. E. & W. A. Pizer, 2011: The Competitiveness Impacts of Climate Change Mitigation Policies, Harvard University, John F. Kennedy School of Government.

［4］ Alho, K. , 2006: Climate policies and economic growth, ETLA Discussion Papers, No. 1024.

［5］ Al‒Mulali, U. et al. , 2015: Estimating the environment Kuznets curve hypothesis: Evidence from Latin America and the Caribbean countries, Renewable & Sustainable Energy Reviews, No. 50.

［6］ Ansuategi, A. & M. Escapa, 2002: Economic growth and greenhouse gas emissions, Ecological Economics, Vol. 40, No. 1.

［7］ Barreca, A. I. et al. , 2013: Adapting to climate change: The remarkable decline in the U. S. temperature-mortality relationship over the 20th century, NBER Working Papers, No. 18692.

［8］ Böhringer, C. et al. , 2008: Efficiency losses from overlapping regulation of EU carbon emissions, Journal of Regulatory Economics, Vol. 33, No. 3.

［9］ Bruin, K. C. D. et al. , 2009: AD‒DICE: An implementation of adaption in the DICE model, Climatic Change, Vol. 95, No. 1‒2.

［10］ Buob, S. & G. Stephan, 2011: To mitigate or to adapt: How to confront global climate change, European Journal of Political Economy, Vol. 27, No. 1.

［11］ Burgess, R. & D. Donaldson, 2010: Can openness mitigate the effects of weather shocks? Evidence from India's famine era, American Economic Review, Vol. 100, No. 2.

［12］ Burgess, R. et al. , 2013: The unequal effects of weather and climate change: Evidence from mortality in India, Weatherhead School of Management Working Papers, No. 1323.

［13］ Burke, M. et al. , 2015: Global non-linear effect of temperature on economic production, Nature Vol. 527, No. 7577.

［14］ Cline, W. R. , 1996: The impact of global warming of agriculture: Comment, American Economic Review, Vol. 86, No. 5.

［15］ Colacito, R. et al. , 2015: Temperatures and growth: A panel analysis of the United States, Journal of Money, Credit, and Banking, Forthcoming.

［16］ Connolly, M. 2008: Here comes the rain again: Weather and the intertemporal substitution of leisure, Journal of Labor Economics, Vol. 26, No. 1.

［17］ Dell, M. et al. , 2009: Temperature and income: Reconciling new cross-sectional and panel estimates, American Economic Review, Vol. 99, No. 2.

［18］ Dell, M. et al. , 2012: Temperature shocks and economic growth: Evidence from the last half century, American Economic Journal: Macroeconomics, Vol. 4, No. 3.

［19］ Dell, M. et al. , 2014: What do we learn from the weather? The new climate-economy literature, Journal of Economic Literature, Vol. 52, No. 3.

［20］ Deressa, T. T. & R. M. Hassan, 2009: Economic impact of climate change on crop production in Ethiopia: Evidence from cross-section, measures, Journal of African Economies, Vol. 18, No. 4.

[21] Deryugina, T. & S. M. Hsiang, 2014: Does the environment still matter? Daily temperature and income in the United States, NBER Working Papers, No. 20750.

[22] Deschênes, O. & E. Moretti, 2009: Extreme weather events, mortality, and migration, Review of Economics and Statistics, Vol. 91, No. 4.

[23] Deschênes, O. & M. Greenstone, 2007: The economic impacts of climate change: Evidence from agricultural output and random fluctuations in weather, American Economic Review Vol. 97, No. 1.

[24] Deschênes, O. & M. Greenstone, 2011: Climate Change, mortality, and adaptation: Evidence from annual fluctuations in weather in the US, American Economic Journal: Applied Economics, Vol. 3, No. 4.

[25] Deschenes, O. et al. , 2009: Climate change and birth weight, American Economic Review, Vol. 99, No. 2.

[26] Deschenes, O. , 2010: Climate Policy and Labor Markets, NBER Working Papers, No. 16111.

[27] Deschenes, O. , 2004: Temperature, human health, and adaptation: A review of the empirical literature, Energy Economics, No. 46.

[28] Don, J. et al. , 2010: Environmental Kuznets curves: Mess or meaning? . International Journal of Sustainable Development & World Ecology, Vol. 17, No. 3.

[29] Easterling, W. E. 1996: Adapting North American agriculture to climate change, Agricultural & Forest Meteorology, Vol. 80, No. 1.

[30] Ellsworth, H. , 1915: Civilization and Climate, Yale University Press.

[31] Falco, S. D. & M. Veronesi, 2014: Managing environmental risk in presence of climate change: The role of adaptation in the Nile Basin of Ethiopia, Environmental & Resource Economics, Vol. 57, No. 4.

[32] Fankhauser, S. & R. S. J. Tol, 2005: On climate change and economic growth, Resource & Energy Economics, Vol. 27, No. 1.

[33] Fankhauser, S. et al. , 1999: Weathering climate change: Some simple rules to guide adaptation decisions, Ecological Economics, Vol. 30, No. 1.

[34] Feng, S. & S. H. Schneider, 2010: Linkages among climate change, crop yields and Mexico – US cross-border migration, Vol. 107, No. 32.

[35] Feng, S. et al. , 2014: Weather anomalies, crop yields, and migration in the US corn belt, IZA Working Papers, No. W8986.

[36] Fischer, C. & R. G. Newell, 2008: Environmental and technology policies for climate mitigation, Journal of Environmental Economics & Management, Vol. 55, No. 2.

[37] Fischer, C. et al. , 2003: Instrument choice for environmental protection when technological innovation is endogenous, Journal of Environmental Economics & Management, Vol. 45, No. 3.

[38] Gerlagh, R. & B. V. D. Zwaan, 2006: Options and instruments for a deep cut in CO_2

emissions：Carbon dioxide capture or renewables, taxes or subsidies? . Energy Journal, Vol. 27, No. 3.

［39］Gray, C. L. & V. Mueller, 2012：Natural disasters and population mobility in Bangladesh, Vol. 109, No. 16.

［40］Greiner, A. , 2004：Anthropogenic climate change in a descriptive growth model, Environment & Development Economics, Vol. 9, No. 5.

［41］Greiner, A. , 2005：Anthropogenic climate change and abatement in a multi-region world with endogenous growth, Ecological Economics, Vol. 55, No. 2.

［42］Grether, W. F. , 1973：Human performance at elevated environmental temperatures, Aerospace Medicine, Vol. 44, No. 7.

［43］Grossman, G. M. & A. B. Krueger, 1991：Environmental impacts of a North American Free Trade Agreement, NBER Working Papers, No. 3914.

［44］Habtemariam, L. T. et al. , 2017：Impact of climate change on farms in smallholder farming systems：Yield impacts, economic implications and distributional effects, Agricultural Systems, No. 152.

［45］Hasegawa, T. et al. , 2016：Economic implications of climate change impacts on human health through undernourishment, Climatic Change, Vol. 136, No. 2.

［46］Hasson, R. et al. , 2010：Climate change in a public goods game：Investment decision in mitigation versus adaptation, Ecological Economics, Vol. 70, No. 2.

［47］Ho, M. S. et al. , 2008：Impact of carbon price policies on U. S. industry, RFF Discussion Paper, No. 08 − 37.

［48］Hornbeck, R. , 2012：The enduring impact of the American dust bowl：Short-and long-run adjustments to environmental catastrophe, American Economic Review, Vol. 102, No. 4.

［49］Hsiang, S. M. , 2010：Temperatures and cyclones strongly associated with economic production in the Caribbean and Central America, PNAS, Vol. 107, No. 35.

［50］Jebli, M. B. et al. , 2016：Testing environmental Kuznets curve hypothesis：The role of renewable and non-renewable energy consumption and trade in OECD countries, Ecological Indicators, No. 60.

［51］Jones, B. F. & B. A. Olken, 2010：Climate shocks and exports, American Economic Review, Vol. 100, No. 2.

［52］Kelly, D. L. et al. , 2005：Adjustment costs from environmental change, Journal of Environmental Economics & Management, Vol. 50, No. 3.

［53］Kirchberger, M. , 2017：Natural disasters and labor markets, Journal of Development Economics No. 125.

［54］Kolsuz, G. A. & E. Yeldan, 2017：Economics of climate change and green employment：A general equilibrium investigation for Turkey, Renewable and Sustainable Energy Reviews, No. 70.

［55］Lanzafame, M. , 2014：Temperature, rainfall and economic growth in Africa, Empirical Economics, Vol. 46, No. 1.

［56］Lecocq, F. & Z. Shalizi, 2007：How might climate change affect economic growth in developing countries? A review of the growth literature with a climate lens, Policy Research Working Papers, No. 4315.

[57] Lee, J. J. et al. , 2014: Rainmakers: Why bad weather means good productivity, Journal of Applied Psychology, Vol. 9, No. 3.

[58] Lombard, P. , 2002: The impacts of environmental regulations on industrial activity: Evidence from the 1970 & 1977 Clean Air Act Amendments and the Census of Manufactures, Journal of Political Economy, Vol. 110, No. 6.

[59] Mansur, E. T. et al. , 2008: Climate change adaptation: A study of fuel choice and consumption in the US energy sector, Journal of Environmental Economics & Management, Vol. 55, No. 2.

[60] Mendelsohn, R. et al. , 1994: The impact of global warming on agriculture: A Ricardian analysis, American Economic Review, Vol. 84, No. 4.

[61] Mendelsohn, R. , 2000: Efficient adaptation to climate change, Climatic Change, Vol. 45, No. 3 – 4.

[62] Miller, K. A. et al. , 1997: Water allocation in changing climate: Institutions and adaptation, Climatic Change, Vol. 35, No. 2.

[63] Moore, F. C. et al. , 2017: Economic impacts of climate change on agriculture: A comparison of process-based and statistical yield models, Environmental Research Letters, Vol. 12, No. 6.

[64] Morrell, P. , 2007: An evaluation of possible EU air transport emissions trading scheme allocation methods, Energy Policy, Vol. 35, No. 11.

[65] Niemel, Ä. R. et al. , 2002: The effect of air temperature on labour productivity in call centres: A case study, Energy & Buildings, Vol. 32, No. 8.

[66] Nordhaus, W. D. & Z. Yang, 1996: A regional dynamic general-equilibrium model of alternative climate-change strategies, American Economic Review, Vol. 86, No. 4.

[67] Nordhaus, W. D. , 1991: To slow or not to slow: The economics of the greenhouse effect, Economic Journal, Vol. 101, No. 407.

[68] Nordhaus, W. D. , 1992: An optimal transition path for controlling greenhouse gases, Science, Vol. 258, No. 5086.

[69] Nordhaus, W. D. , 1993: Rolling the 'DICE': An optimal transition path for controlling greenhouse gase, Resource and Energy Economics, Vol. 15, No. 1.

[70] Nordhaus, W. D. , 1994: Managing the Global Commons: The Economics of Climate Change, The MIT Press.

[71] Nordhaus, W. D. , 2002: Induced technological change with applications to modeling of climate-change policies, US Department of Energy, No. FG02 – 96ER62283.

[72] Nyuor, A. B. et al. , 2016: Economic impacts of climate change on cereal production: Implications for sustainable agriculture in Northern Ghana, Sustainability Vol. 8, No. 8.

[73] Panayotou, T. , 1993: Empirical tests and policy analysis of environmental degradation at different stages of economic development, ILO Working Papers, No. WP238.

［74］ Pindyck, R. , 2013: Climate change policy: What do the models tell us? . Journal of Economic Literature, Vol. 51, No. 3.

［75］ Quiggin, J. & J. K. Horowitz, 1999: The impact of global warming on agriculture – A Ricardian analysis: Comment, American Economic Review, Vol. 89, No. 4.

［76］ Rahman, S. 2016: Impacts of climate change, agroecology and socio-economic factors on agricultural land use diversity in Bangladesh (1948 – 2008), Land Use Policy, No. 50.

［77］ Requate, T. & W. Unold, 2003: Environmental policy incentives to adopt advanced abatement technology: Will the true ranking please stand up?, European Economic Review, Vol. 47, No. 1.

［78］ Schlenker, W. et al. , 2005: Will U. S. agriculture really benefit from global warming? Accounting for irrigation in the hedonic approach, American Economic Review, Vol. 95, No. 1.

［79］ Seppanen, O. , 2006: Cost-benefit analysis of the night-time ventilative cooling in office building, Healthy Buildings, Vol. 27, No. 5.

［80］ Shafik, N. & S. Bandyopadhyay, 1992: Economic growth and environmental quality: Time series and cross-country evidence, World Bank Working Papers, No. WPS904.

［81］ Tol, R. 2014: Climate Economics: Economic Analysis of Climate, Climate Change and Climate Policy, Edward Elgar.

［82］ Vale, P. M. , 2016: The changing climate of climate change economics, Ecological Economics, No. 121.

［83］ Wagner, M. , 2008: The carbon Kuznets curve: A cloudy picture emitted by bad econometrics, Resource & Energy Economics, Vol. 30, No. 3.

［84］ Wang, J. et al. , 2008: The impact of climate change on China's agriculture, Agricultural Economics, Vol. 40, No. 3.

［85］ Wang, J. et al. , 2009: Understanding the water crisis in Northern China: What government and farmers are doing, International Journal of Water Resources Development, Vol. 25, No. 1.

［86］ Wargocki, P. & D. Wyon, 2007: The effects of moderately raised classroom temperatures and classroom ventilation rate on the performance of schoolwork by children (RP – 1257), Hvac & Research, Vol. 13, No. 2.

［87］ Weitzman, M. , 2011: Fat-tailed uncertainty in the economics of catastrophic climate change, Review of Environmental Economics and Policy, Vol. 5, No. 2.

［88］ Zhang, P. et al. , 2017: Economic impacts of climate change on agriculture: The importance of additional climatic variables other than temperature and precipitation, Journal of Environmental Economics & Management, No. 83.

［89］ Zivin, J. G. & M. Neidell, 2014: Temperature and the allocation of time: Implications for climate change, Journal of Labor Economics, Vol. 32, No. 1.

（原载《经济学动态》2018 年第 10 期）

"十二五"时期中国碳生产率的因素分解与增长动力

——基于 LMDI – PDA 分解法

一、研究背景

联合国气候变化专门委员会（Intergovernmental Panel on Climate Change，IPCC）统计数据显示，1978 年中国的碳排放总量达 14.22 亿吨，2013 年中国成为世界第一大碳排放国，碳排放总量超过欧盟和美国之和，突破 100 亿吨。中国政府于 2009 年在哥本哈根会议上郑重做出"2020 年碳排放强度比 2005 年下降 40% ~ 45%"的承诺（相当于碳生产率提升 67% ~ 82%）；2014 年在《中美气候变化联合声明》中进一步做出"2030 年单位 GDP 碳排放量比 2005 年下降 60% ~ 65%"的补充承诺（相当于碳生产率提升 150% ~ 186%）。可见，提升碳生产率成为碳排放总量绝对减少之前的首要选择。为实现上述目标，必须科学提取出影响中国碳生产率变化的关键因素，并根据关键因素制定适宜的环境政策。

自卡亚和横堀（Kaya & Yokobori）[1] 提出碳生产率的测度方法后，梅尔尼克和戈登堡（Mielnik & Goldemberg）[2] 研究了碳生产率提升对发展中国家低碳经济发展的价值。随后，麦肯锡全球研究所在研究报告《碳生产率挑战：遏制全球变化、保持经济增长》中提出世界碳生产率提高 10 倍的计划[3]。金（Kim）[4] 以韩国为样本，发现为实现 2020 年 30% 的碳减排目标，同时保持 GDP 年均增速 4%，碳生产率年均增速必须达到 4.85%。国内学者也对碳生产率的测度及其影响因素进行了探讨，大多数文献沿用国外学者的方法测度碳生产率[5-6]。根据研究对象的不同，可将相关因素分解研究分为两类：一是全国层面，如根据碳生产率定义将碳生产率分解为经济结构、能源技术效率和能源结构变化[7]；二是区域层面，如基于 LMDI 分解法，区域层面将碳生产率分解为技术创新、产业结构调整因素[8]，或分解为能源结构、技术进步及三要素替代效应[9]。因此，区域层面的因素分解研究未考察能源强度效应（各地区潜在能源强度、能源技术进步以及能源技术效率）对中国碳生产率的贡献。

目前研究存在的不足在于：基于区域、产业层面的研究仅测算终端能源消费及直接碳排放，忽略了电力、热力加工转换的能源消费及间接碳排放，或单独将电力、热力作为行业考察，低估了终端行业能源消费及除电力、热力以外其他行业碳排放的测算。多数研究未深入考察能源强度效应（各地区潜在能源强度、能源技术进步以及能源技术效率）对中国碳生产率的贡献。

以现有文献为基础，本文基于 LMDI – PDA 分解法，从影响因素、区域和产业维度对中国碳生产率进行因素分解，主要从两方面进行拓展：第一，对中国碳生产率进行七重因素分解，并以此为基础将 Shephard 距离函数引入 PDA（Production Theoretical Decomposition Analysis）分解法，深入分解影响能源强度的因素，考察潜在能源强度、能源技术进步以及能源技术效率因素对中国碳生产率增长的贡献；第二，运用能源平衡表将电力、热力行业的能源消费碳排放分摊到区域内各行业。

二、研究方法

（一）碳生产率因素分解模型构建

为综合考察区域、产业层面相关因素对中国碳生产率的影响，本文先对碳生产率模型进行七重因素分解，模型拓展如下：

$$CP^t = \frac{Y^t}{C^t} = \frac{\sum Y^t}{C^t} = \frac{\sum_i \sum_j Y_{ij}^t}{C^t} = \frac{\sum_i \sum_j \frac{Y_{ij}^t}{C_{ij}^t} \cdot \frac{C_{ij}^t}{E_{ij}^t} \cdot \frac{E_{ij}^t}{E_i^t} \cdot \frac{E_i^t}{Y_i^t} \cdot \frac{Y_i^t}{P_i^t} \cdot \frac{P_i^t}{P^t} \cdot P^t}{C^t} \quad (1)$$

式（1）中，t 为时间；i 为地区；j 为产业；CP 为碳生产率；Y 为地区 GDP；C 为能源消费碳排放总量；E 为能源消费总量；P 为人口总量。为测量影响中国碳生产率的七重因素效应，需要转化式（1）的分解模型，对碳生产率求关于时间 t 的导数，然后对 τ、ρ（τ > ρ）两个时期进行积分，结果如下：

$$CP^t - CP^0 = \sum_i \sum_j \int_\rho^\tau \frac{C_{ij}^t}{C^t} \cdot \frac{d\left(\frac{Y_{ij}^t}{C_{ij}^t}\right)}{dt} \cdot dt + \sum_i \sum_j \int_\rho^\tau \frac{Y_{ij}^t}{C^t} \cdot \frac{E_{ij}^t}{C^t} \cdot \frac{d\left(\frac{C_{ij}^t}{E_{ij}^t}\right)}{dt} \cdot dt$$

$$+ \sum_i \sum_j \int_\rho^\tau \frac{Y_{ij}^t}{E_{ij}^t} \cdot \frac{E_i^t}{C^t} \cdot \frac{d\left(\frac{E_{ij}^t}{E_i^t}\right)}{dt} \cdot dt + \sum_i \sum_j \int_\rho^\tau \frac{Y_{ij}^t}{E_i^t} \cdot \frac{Y_i^t}{C^t} \cdot \frac{d\left(\frac{E_i^t}{Y_i^t}\right)}{dt} \cdot dt$$

$$+ \sum_i \sum_j \int_\rho^\tau \frac{Y_{ij}^t}{Y_i^t} \cdot \frac{p_i^t}{C^t} \cdot \frac{d\left(\frac{Y_i^t}{P_i^t}\right)}{dt} \cdot dt + \sum_i \sum_j \int_\rho^\tau \frac{Y_{ij}^t}{P_i^t} \cdot \frac{P^t}{C^t} \cdot \frac{d\left(\frac{P_i^t}{P^t}\right)}{dt} \cdot dt$$

$$+ \sum_i \sum_j \int_\rho^\tau \frac{Y_{ij}^t}{P^t} \cdot \frac{d\left(\frac{P^t}{C^t}\right)}{dt} \cdot dt$$

$$= \Delta CP + \Delta CE + \Delta ES + \Delta EI + \Delta PCG + \Delta PS + \Delta PC \qquad (2)$$

式（2）可以说明时期 ρ 与时期 τ 之间不同的驱动因素对碳生产率变化的贡献程度。式（2）中：ΔCP 为区域内产业碳生产率变化效应；ΔCE 为能源消费碳强度效应；ΔES 为能源结构效应；ΔEI 为能源强度效应；ΔPCG 为人均产出规模效应；ΔPS 为人口结构效应；ΔPC 的倒数为人均碳排放规模变化效应。由于各因素分解项均含时间 t，所以无法直接推算。此处运用昂（Ang）[10] 提出的 LMDI 方法对积分子项进行无余值替代，替代后各因素影响效应分解如下：

$$\Delta CP = \sum_i \sum_j L\left(\frac{Y_{ij}^\rho}{C^\rho}, \frac{Y_{ij}^\tau}{C^\tau}\right) \cdot \ln\left(\frac{Y_{ij}^\tau/C_{ij}^\tau}{Y_{ij}^\rho/C_{ij}^\rho}\right)$$

$$\Delta CE = \sum_i \sum_j L\left(\frac{Y_{ij}^\rho}{C^\rho}, \frac{Y_{ij}^\tau}{C^\tau}\right) \cdot \ln\left(\frac{C_{ij}^\tau/E_{ij}^\tau}{C_{ij}^\rho/E_{ij}^\rho}\right)$$

$$\Delta ES = \sum_i \sum_j L\left(\frac{Y_{ij}^\rho}{C^\rho}, \frac{Y_{ij}^\tau}{C^\tau}\right) \cdot \ln\left(\frac{E_{ij}^\tau/E_i^\tau}{E_{ij}^\rho/E_i^\rho}\right)$$

$$\Delta EI = \sum_i \sum_j L\left(\frac{Y_{ij}^\rho}{C^\rho}, \frac{Y_{ij}^\tau}{C^\tau}\right) \cdot \ln\left(\frac{E_i^\tau/Y_i^\tau}{E_i^\rho/Y_i^\rho}\right)$$

$$\Delta PCG = \sum_i \sum_j L\left(\frac{Y_{ij}^\rho}{C^\rho}, \frac{Y_{ij}^\tau}{C^\tau}\right) \cdot \ln\left(\frac{Y_i^\tau/P_i^\tau}{Y_i^\rho/P_i^\rho}\right)$$

$$\Delta PS = \sum_i \sum_j L\left(\frac{Y_{ij}^\rho}{C^\rho}, \frac{Y_{ij}^\tau}{C^\tau}\right) \cdot \ln\left(\frac{P_i^\tau/P^\tau}{P_i^\rho/P^\rho}\right)$$

$$\Delta PC = \sum_i \sum_j L\left(\frac{Y_{ij}^\rho}{C^\rho}, \frac{Y_{ij}^\tau}{C^\tau}\right) \cdot \ln\left(\frac{P^\tau/C^\tau}{P^\rho/C^\rho}\right)$$

$$且\ L(x, y) = \begin{cases} (x-y)/(\ln x - \ln y) & x \neq y \\ x & x = y \end{cases} \qquad (3)$$

（二）能源强度因素的扩展与 PDA 分解法

1. 基于能源投入、碳排放非期望产出的 Shephard 距离函数。

首先，本文定义含时间序列参数、基于能源投入的生产技术集如下：

$$S^t = \left\{ (E_i^t, Y_i^t, C_i^t) : E_i^t\ can\ produce(Y_i^t, C_i^t) \right\} \qquad (4)$$

其次，沿袭周和昂（Zhou & Ang）[11] 提出的 PDA 分解法，在环境 DEA 分析中引入基于能源投入的 Shephard 距离函数，将区域 i 在时期 t 的距离函数定义为：

$$D_{ei}^t(E^t, Y^t, C^t) = \sup\{\theta: (E^t/\theta, Y^t, C^t) \in S^t\} \tag{5}$$

最后，根据费尔格罗斯科普夫和诺里斯等（Fare, Grosskopf & Norris）[12] 的方法对式（5）的分解模型进行转化，将时间引入 Shephard 距离函数，则 τ、$\rho(\tau > \rho)$ 两个时期基于能源投入的距离函数为：

$$D_{ei}^\rho(E^\tau, Y^\tau, C^\tau) = \sup\{\theta: (E^\tau/\theta, Y^\tau, C^\tau) \in S^\rho\} \tag{6}$$

$$D_{ei}^\rho(E^\rho, Y^\rho, C^\rho) = \sup\{\theta: (E^\rho/\theta, Y^\rho, C^\rho) \in S^\tau\} \tag{7}$$

2. 能源强度因素的扩展。在能源强度的扩展方面，由于能源强度的变化能反映广义上的节能技术进步水平，所以本文沿袭周和昂[11]提出的 PDA 分解法，将基于能源投入的 Shephard 距离函数转化为能源技术的分解模型，为避免生产技术选择的主观性，运用生产技术的几何均值构建模型，对能源强度进行潜在能源强度、能源技术效率和能源技术进步三重因素的分解，深入考察区域碳生产率提升的能源技术驱动力，两时期 τ、$\rho(\tau > \rho)$ 对区域 i 能源强度的因素分解模型扩展如下：

$$E_i^\tau/Y_i^\tau = \frac{E_i^\tau/[D_{ei}^\rho(E_i^\tau, K_i^\tau, L_i^\tau, Y_i^\tau, C_i^\tau) \cdot D_{ei}^\tau(E_i^\tau, K_i^\tau, L_i^\tau, Y_i^\tau, C_i^\tau)]^{1/2}}{Y_i^\tau}$$
$$\cdot D_{ei}^\tau(E_i^\tau, K_i^\tau, L_i^\tau, Y_i^\tau, C_i^\tau) \cdot \left[\frac{D_{ei}^\rho(E_i^\tau, K_i^\tau, L_i^\tau, Y_i^\tau, C_i^\tau)}{D_{ei}^\tau(E_i^\tau, K_i^\tau, L_i^\tau, Y_i^\tau, C_i^\tau)}\right]^{1/2} \tag{8}$$

$$E_i^\rho/Y_i^\rho = \frac{E_i^\rho/[D_{ei}^\rho(E_i^\rho, K_i^\rho, L_i^\rho, Y_i^\rho, C_i^\rho) \cdot D_{ei}^\tau(E_i^\rho, K_i^\rho, L_i^\rho, Y_i^\rho, C_i^\rho)]^{1/2}}{Y_i^\tau}$$
$$\cdot D_{ei}^\rho(E_i^\rho, K_i^\rho, L_i^\rho, Y_i^\rho, C_i^\rho) \cdot \left[\frac{D_{ei}^\tau(E_i^\rho, K_i^\rho, L_i^\rho, Y_i^\rho, C_i^\rho)}{D_{ei}^\rho(E_i^\rho, K_i^\rho, L_i^\rho, Y_i^\rho, C_i^\rho)}\right]^{1/2} \tag{9}$$

将式（8）和式（9）代入能源强度效应 ΔEI 表达式后分解为：

$$\Delta EI = \Delta PEI + \Delta EFF + \Delta EFTE \tag{10}$$

式（10）中，ΔPEI 为潜在能源强度效应；ΔEFF 为能源技术效率效应；$\Delta EFTE$ 为能源技术进步效应。各效应分解结果如下：

$$\Delta PEI = \sum_i \sum_j L\left(\frac{Y_{ij}^\rho}{C^\rho}, \frac{Y_{ij}^\tau}{C^\tau}\right)$$
$$\cdot \ln\left(\frac{E_i^\tau/[D_{ei}^\rho(E_i^\tau, K_i^\tau, L_i^\tau, Y_i^\tau, C_i^\tau) \cdot D_{ei}^\tau(E_i^\tau, K_i^\tau, L_i^\tau, Y_i^\tau, C_i^\tau)]^{1/2} \cdot 1/Y_i^\tau}{E_i^\rho/[D_{ei}^\rho(E_i^\rho, K_i^\rho, L_i^\rho, Y_i^\rho, C_i^\rho) \cdot D_{ei}^\tau(E_i^\rho, K_i^\rho, L_i^\rho, Y_i^\rho, C_i^\rho)]^{1/2} \cdot 1/Y_i^\rho}\right)$$

$$\Delta EFF = \sum_i \sum_j L\left(\frac{Y_{ij}^\rho}{C^\rho}, \frac{Y_{ij}^\tau}{C^\tau}\right) \cdot \ln\left(\frac{D_{ei}^\tau(E_i^\tau, K_i^\tau, L_i^\tau, Y_i^\tau, C_i^\tau)}{D_{ei}^\rho(E_i^\rho, K_i^\rho, L_i^\rho, Y_i^\rho, C_i^\rho)}\right)$$

$$\Delta EFTE = \sum_i \sum_j L\left(\frac{Y_{ij}^\rho}{C^\rho}, \frac{Y_{ij}^\tau}{C^\tau}\right) \cdot \ln\left(\frac{D_{ei}^\rho(E_i^\tau, K_i^\tau, L_i^\tau, Y_i^\tau, C_i^\tau)/D_{ei}^\tau(E_i^\tau, K_i^\tau, L_i^\tau, Y_i^\tau, C_i^\tau)}{D_{ei}^\tau(E_i^\rho, K_i^\rho, L_i^\rho, Y_i^\rho, C_i^\rho)/D_{ei}^\rho(E_i^\rho, K_i^\rho, L_i^\rho, Y_i^\rho, C_i^\rho)}\right)^{1/2}$$

$$\tag{11}$$

（三）变量与数据来源

本文运用中国 30 个省（区、市）①的能源消费量、碳排放量数据，并将产业区分为农林牧渔业、工业、建筑业、交通运输仓储邮政业、批发零售住宿餐饮业以及其他行业（包含生活消费部门）。能源消费种类包括原煤、洗精煤、其他洗煤、型煤、焦炭、焦炉煤气、高炉煤气、其他煤气、其他焦化产品、原油、汽油、煤油、柴油、燃料油、液化石油气、炼厂干气、其他石油制品、天然气、液化天然气、热力、电力以及其他能源共计 22 种。各地区分行业能源消费量除终端消费量外，还包括按各行业电力、热力消费份额所分摊的火力发电、供热行业的二次能源消耗量，与此对应的能源消费碳排放量则包括终端能源消费的直接碳排放量，以及火力发电、供热引致的间接碳排放量。由于工业中用于原料、材料的能源不涉及燃烧，因此碳排放量测算需要扣除其能源消耗量。碳排放系数来自《2006 年 IPCC 国家温室气体清单指南》，考虑到燃料热值变化，折标煤系数的是分别根据 2010 年、2015 年中国能源平衡表的标准量与实物量进行折算而得出，各种能源品种数据来自《中国能源统计年鉴》的地区能源平衡表。各省市区人口数量、行业 GDP 来自各期各省市区的统计年鉴，本文通过 GDP 平减指数将名义 GDP 转化成实际 GDP。以"十二五"时期为研究对象，即以 2010 年为基准年，以 2015 年为比较年，所有数据调整为 2010 年不变价。利用柱状图来初步描述比较年与基准年碳生产率的情况，如图 1 所示。

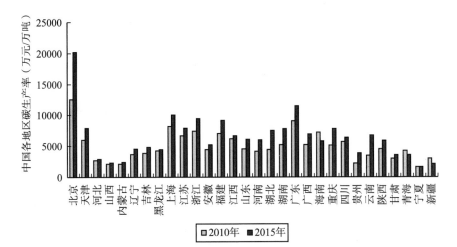

图 1　2010 年与 2015 年中国 30 个省（区、市）碳生产率分布

---

① 除我国西藏、港澳台地区以外。

根据对中国碳生产率的测算，中国碳生产率从 2010 年的 6051 万元/万吨增至 2015 年的 6467 万元/万吨，其中，高于中国碳生产率的地区占比由 2010 年的 43.33% 增至 2015 年的 53.33%。分区域来看，中国各地区之间的碳生产率存在明显差距，且这一差距呈现扩大的趋势。例如，2010 年碳生产率最高的北京是碳生产率最低（宁夏）的 7.44 倍，这一倍数在 2015 年扩大到 12.04 倍。如何通过调整各地区产业结构、能源结构、能源强度、研发投资效率以及人口分布结构来提高中国碳生产率，还需要结合各地区不同产业的碳生产率分解因素进行测算。

三、实证分析

（一）总体分析

对式（3）进行分解，估算各地区影响因素对碳生产率的贡献值与各地区不同产业结构对碳生产率在"十二五"期间变动的贡献值，结果见表 1 和表 2。

表1　2010~2015 年期间各影响因素对中国 30 个省（区、市）碳生产率的贡献值

省份	区域内产业碳生产率（%）	能源消费碳强度	能源结构	能源强度	人均产出规模	人口规模	人均碳排放量倒数
北京	73.52	−30.05	5.81	−49.20	39.73	12.52	−19.80
天津	35.49	−1.92	−0.84	−32.64	31.40	17.25	−13.68
河北	13.09	8.60	3.76	−25.42	49.38	1.01	−27.32
山西	10.20	−0.74	0.70	−10.09	17.73	−0.24	−11.92
内蒙古	28.66	−2.55	−15.43	−10.65	36.08	−1.58	−15.93
辽宁	38.75	2.21	7.03	−47.88	66.77	−5.60	−25.52
吉林	13.50	2.00	9.03	−24.52	35.69	−2.62	−12.23
黑龙江	−10.50	3.89	14.36	−7.62	28.72	−3.84	−13.71
上海	36.61	−2.09	7.82	−42.26	35.42	3.93	−22.76
江苏	76.52	7.64	12.84	−96.65	190.93	−7.02	−59.69
浙江	68.72	−7.68	7.56	−68.52	94.30	−3.45	−38.32
安徽	19.28	0.01	7.80	−27.04	65.49	0.57	−18.40
福建	64.62	8.24	−17.11	−55.71	72.84	2.14	−21.76

续表

省份	区域内产业碳生产率（%）	能源消费碳强度	能源结构	能源强度	人均产出规模	人口规模	人均碳排放量倒数
江西	11.10	4.85	-0.12	-15.77	48.65	-0.50	-13.94
山东	156.06	-8.69	-23.19	-123.86	154.73	-0.29	-55.42
河南	51.82	-10.01	42.66	-84.21	89.37	-5.33	-32.25
湖北	97.32	-13.86	9.94	-93.30	91.83	-1.20	-24.03
湖南	78.45	-0.15	5.93	-84.13	87.51	0.95	-24.01
广东	102.24	7.72	28.50	-138.34	152.80	6.06	-64.03
广西	27.03	0.54	7.78	-35.32	45.23	1.47	-14.03
海南	-7.22	2.64	1.52	3.08	10.02	0.52	-3.05
重庆	42.63	-1.58	2.64	-43.42	53.56	1.85	-12.40
四川	51.18	-0.98	-21.83	-28.20	87.33	-1.66	-25.24
贵州	30.82	-1.11	5.81	-35.47	44.37	-0.84	-7.77
云南	51.40	-1.60	9.92	-59.62	42.79	0.25	-10.96
陕西	38.04	-4.24	-5.79	-27.97	54.25	-1.52	-15.00
甘肃	10.66	-2.03	-0.92	-7.63	16.40	-0.58	-5.78
青海	-2.61	0.44	-0.46	2.64	5.98	0.27	-1.96
宁夏	2.04	-0.42	-2.83	1.23	7.26	0.56	-2.45
新疆	-18.13	0.33	-4.30	22.19	20.13	3.31	-7.78
全国	1191.32	-40.58	98.61	-1246.30	1776.71	16.38	-621.14

表 2   2010～2015 年期间中国 30 个省（区、市）产业结构对碳生产率的贡献值

省份	农林牧渔业	工业	建筑业	交通运输仓储邮政业	批发零售住宿餐饮业	其他行业
北京	-0.20	-0.08	0.98	0.21	-1.78	33.41
天津	0.14	9.18	1.39	-0.40	5.40	19.37
河北	1.53	-0.20	2.09	0.39	3.38	15.92
山西	0.79	-14.62	0.75	0.28	1.74	16.69
内蒙古	1.49	2.04	2.16	-0.65	4.19	9.36
辽宁	2.92	-2.68	2.60	3.97	7.64	21.29
吉林	2.04	7.29	1.31	0.27	1.68	8.25

续表

省份	农林牧渔业	工业	建筑业	交通运输 仓储邮政业	批发零售 住宿餐饮业	其他行业
黑龙江	7.96	-16.85	0.51	0.71	5.66	13.30
上海	-0.32	-13.17	-0.50	0.10	2.88	27.69
江苏	6.90	19.87	6.33	2.95	11.00	77.53
浙江	0.60	4.44	3.29	1.76	17.08	25.44
安徽	2.29	17.87	2.87	0.82	5.28	18.60
福建	3.20	19.34	6.42	3.24	2.93	18.12
江西	1.85	10.06	3.15	1.18	3.50	14.54
山东	4.18	10.82	4.70	-0.57	27.47	52.75
河南	0.18	-0.40	3.77	5.34	9.19	33.97
湖北	4.43	20.63	5.28	1.91	6.36	28.09
湖南	3.32	21.93	4.24	1.62	4.74	28.72
广东	3.14	13.91	3.09	4.10	11.95	58.75
广西	3.21	9.78	3.98	1.31	2.51	11.92
海南	1.25	-0.26	1.14	0.41	1.82	3.15
重庆	2.17	5.53	5.27	2.03	5.68	22.60
四川	3.83	10.05	5.63	3.81	6.24	31.04
贵州	7.21	10.61	3.74	2.30	2.47	9.49
云南	5.01	2.95	6.08	0.37	4.89	12.88
陕西	2.98	10.67	4.97	0.69	4.20	14.28
甘肃	1.54	-3.06	1.76	-0.25	1.68	8.46
青海	0.20	0.35	1.04	0.05	0.49	2.18
宁夏	0.32	1.00	1.25	0.06	0.23	2.53
新疆	1.10	-1.52	3.02	1.89	1.71	9.55
全国	75.26	155.48	92.30	39.88	162.22	649.87

从表1可以看出,"十二五"期间,按各影响因素对中国碳生产率的贡献程度排序,从大到小依次为人均产出规模、能源强度、地区碳生产率、能源结构、能源消费碳强度以及人口规模,其中人均产出规模的贡献率最大为151.22%,人口规模的贡献率最小为1.39%。其中,各地区人均碳排放量倒数对中国碳生产率的贡献值均为负,说明人口数量增长率远小于碳排放量增长率,根据2011年、

2016 年《中国统计年鉴》和《中国能源统计年鉴》，中国人口总量从 2010 年的
13.31 亿人增至 2015 年的 13.68 亿人，增长率为 2.76%，而碳排放量从 72.15 亿
吨增至 97.20 亿吨，增长率为 34.72%，碳排放量大幅增长的原因可能与各地区
能源结构、能源强度及人均产出等因素密切相关。表 2 反映中国各地区产业结构
与碳排放量的关系，若不考虑其他行业（分析不涉及其他行业，下同），批发零
售住宿餐饮业对中国碳生产率的贡献值最大，工业贡献值仅次于批发零售住宿餐
饮业，具体原因还需要结合各地区产业结构进行深入分析。

（二）影响因素维度分析

1. 地区碳生产率因素分析。从表 1 的碳生产率效应来看，大部分省市碳生
产率对中国碳生产率的贡献为正。为便于比较，对比中国碳生产率贡献较小的地
区（黑龙江、海南、青海和新疆）与贡献较大的地区（山东、广东、湖北和湖
南）。"十二五"期间，黑龙江、海南、青海和新疆地区碳生产率贡献效应为负，
且工业碳生产率负效应最大，如图 2 所示。

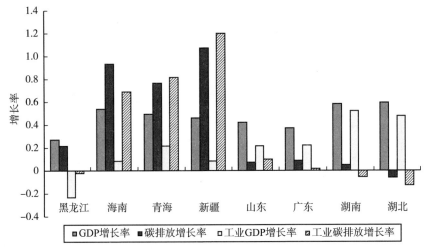

**图 2 2010～2015 年黑龙江、海南、青海、新疆、山东、广东、湖南、
湖北的工业 GDP 增长率与 CO_2 增长率的对比**

黑龙江的工业结构为重型化，长期粗放型经济增长方式导致能源利用低效，
环境规制的实施导致黑龙江能源工业发展陷入低迷。根据各地区能源平衡表进行
测算，黑龙江工业实际 GDP 从 4608.27 亿元降至 3540.18 亿元，降低了
23.18%，碳排放量从 14352.12 万吨下降至 14020.55 万吨，降低 2.31%，导致
工业碳生产率效应明显为负；海南和青海地区受地理位置、历史发展水平的制

约，经济发展缓慢，为避免经济增速的进一步放缓而出现环境规制软化，海南工业实际 GDP 从 385.21 亿元增至 417.34 亿元，增长率为 8.34%，碳排放量从 1229.77 万吨增至 2077.14 万吨，增长 68.90%；与海南相似，青海工业实际 GDP 从 613.65 亿元增至 745.67 亿元，增长率为 21.51%，碳排放量从 2128.40 万吨增至 3870.91 万吨，增长 81.87%，这两地区工业碳排放量的增长远高于工业产值的增长，这便是两地区工业碳生产率对中国碳生产率贡献值为负的原因；新疆的煤、油和气资源储备丰富，能源工业已成为新疆的支柱产业，但新疆的工业化发展处于初期向中期的过渡阶段，制造业发展相对滞后，若按本地排放、本地承担的原则进行统计，新疆的工业碳排放量从 12627.40 万吨迅速增至 27777.78 万吨，增长率为 119.98%，而工业实际 GDP 从 2161.39 亿元缓慢增至 2336.31 亿元，仅增长 8.09%，因此新疆地区碳生产率负效应主要归因于发展滞后的制造业，只有推进制造业转型升级才能有效提升新疆地区碳生产对中国碳生产率的贡献值。

反之，地区碳生产率因素对中国碳生产率贡献值较大的地区依次为山东、广东、湖北和湖南等地区，贡献率分别为 13.10%、8.58%、8.17% 和 6.59%。其中，山东、广东和湖南主要依靠技术进步，在碳排放量稳步上升的前提下，通过经济规模的迅速增长实现地区碳生产率的正效应。以贡献率最大的山东为例，据统计，"十二五"期间山东碳排放量从 85625.37 万吨稳步增至 91629.31 万吨，增长率为 7.01%，工业实际 GDP 从 39169.92 亿元迅速增长到 55761.70 亿元，增长 42.36%，说明山东地区碳生产率对中国碳生产率的贡献主要来自经济规模的明显增长；"十二五"期间湖北实现经济增长与碳排放量绝对下降的"双重红利"，据统计工业实际 GDP 增长率达 59.72%，而碳排放量下降了 6.25%，这与湖北以低碳装备制造业促进工业结构转型、绿色发展有关。

2. 强度因素分析。强度因素包括能源强度、能源消费碳强度，与其余五种因素对中国碳生产率的影响方向不同，强度因素与中国碳生产率为负相关关系。若强度因素的贡献值为负，就说明强度因素对中国碳生产率的负效应趋于缓解；反之，贡献值为正说明强度因素的对中国碳生产率的负效应趋于强化。

能源强度因素反映单位 GDP 的实际能源投入量，如表 1 所示。除海南、青海、宁夏和新疆地区外，其余地区能源强度因素的贡献值均为负，说明大多数地区能源利用效率的改善缓解了能源强度对中国碳生产率的负效应，而海南、青海、宁夏和新疆地区受经济发展水平的限制，能源利用效率的下降强化了能源强度因素对中国碳生产率的负效应。以负值最大的广东为例，据统计，"十二五"期间广东通过淘汰落后产能对 6979 家企业实施清洁生产过程审核，有效促进节能低碳技术的推广普及，广东地区工业实际 GDP 增长率为 37.35%，而能源投入量仅增加 6.69%，这就是广东能源利用效率的提高缓解能源强度因素负效应的原因。由于能源强度的贡献程度与能源技术进步、能源技术效率以及能源利用效率密切相关，本文根据 LMDI – PDA 分解技术进一步分解能源强度效应的影响因素。

能源消费碳强度因素反映单位能耗的碳排放量。据表 1，有些地区（例如北京、湖北、河南和山东等）能源消费碳强度的贡献值为负，这些地区能源消费品种的低碳化显著抑制了能源消费碳强度的负效应；反之，另一些地区（例如河北、福建、广东、江苏等）能源消费碳强度的贡献值为正，这些地区能源消费品种的高碳化明显强化了能源消费碳强度的负效应。以负值最大的北京与正值最大的河北为例，据统计，"十二五"期间北京能源消费量从 4782.17 万吨标煤增加到 5003.99 万吨标煤，增长率为 4.64%，而碳排放量从 11232.48 万吨降至9784.00 万吨，反而下降 12.9%；同期，河北能源消费量从 24833.14 万吨标煤增至 28398.82 万吨标煤，增长率为 14.36%，而碳排放量从 74449.44 万吨迅速增至 90168.39 万吨，增长达 21.11%。北京与河北的能源消费碳强度效应的差异与能源品种的消费结构有关，为进一步对比这两地区的能源品种消费结构，本文将能源划分为煤、焦炭及焦化产品、原油、汽油、煤油、柴油、燃料油、天然气及其他能源类型，对比分析 2010 年与 2015 年北京、河北两地区的能源品种消费比重，如图 3 所示。

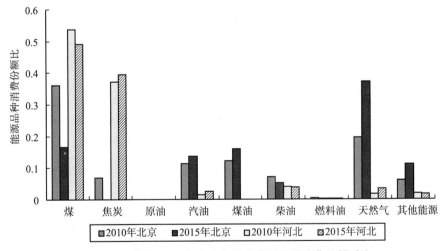

图 3　2010 年和 2015 年北京与河北能源品种消费份额对比

对比发现，"十二五"期间北京与河北的能源品种消费结构变化存在较大差异。北京能源消费品种以煤与天然气为主，两种能源消费量占能源消费总量的50% 以上，"十二五"期间北京通过西气东输、燃煤电厂关停持续推进清洁能源发电，实现能源品种供给结构以及消费结构的低碳化转型。据统计，北京煤的消费份额从 36.14% 降到 16.63%，跌幅近一半，而天然气的消费份额从 19.61% 升至37.19%，增幅近两倍，这表明北京通过能源供给结构的低碳化缓解了能源消费碳强度对中国碳生产率的负效应。河北能源消费品种以煤与焦炭为主，两种能源消费量占能源消费总量的90%左右，"十二五"期间河北煤的消费份额从53.67%降到49.00%，但碳排放因子最高的焦炭及焦化产品的份额从37.05%微升至39.40%，这一能源消费结构调整强化了能源消费碳强度对中国碳生产率的负效应。

3. 结构因素分析。能源结构效应是不同产业能源消费比例变化对中国碳生产率的贡献值，反映产业结构、能源利用效率变化对中国碳生产率影响的净效应。总体上能源结构效应的贡献率为8.39%，说明产业结构发展均衡，能源利用效率得以改善。若某地区能源结构因素的贡献值为负，就说明该地区偏重于某一种或几种产业的发展以及能源利用效率的改进，忽略了其他产业以及能源利用效率的均衡发展，形成产业能源消费结构的失衡。如表1所示，能源结构呈现负效应的地区分别为山东、四川、福建、内蒙古、陕西、新疆、宁夏、甘肃、天津、青海及江西，这些地区产业能源消费结构的失衡导致了能源结构对中国碳生产率的负效应。以负效应最大的山东为例，对比"十二五"期间山东产业结构与能源结构的变化，农业、工业产值占比分别从9.16%、48.15%降至8.23%、41.13%，批发零售和住宿餐饮业产值占总产值比例从12.58%增至15.42%，产业结构持续改善，然而农业、工业能源消费占比不降反升，分别从1.77%、73.10%升至1.80%、76.44%，批发零售和住宿餐饮业能源消费占比不升反降，从3.50%降至2.52%，这说明山东对农业、工业能源利用效率的调整远不及批发零售和住宿餐饮业，能源结构未能及时与产业结构得到同步调整。如何调整产业结构、提高不同产业的能源利用效率，是这些地区需要重点关注的问题。

4. 规模因素分析。规模因素包括人均产出规模、人口规模因素。不同地区人均产出规模因素对中国碳生产率的贡献值均为正，贡献值最大的江苏（190.93）与贡献值最小的青海（5.98）之间相差184.95，考虑到人口老龄化的长期趋势，且二胎政策的放宽不会明显改变未来一段时间中国人口变化趋势，因此各地区人口基数、经济产出是影响人均产出规模贡献程度的关键。

人口规模因素贡献值较大的地区，依次为天津、北京、广东、上海、新疆和福建等地区，贡献值均在2以上，上述地区是人口迁入较多的地区，人口增长速度较快，而其余地区人口增长率基本与中国人口增长率相近，因此上述地区的人口迁入导致了人口规模因素对中国碳生产率的正面效应。

（三）产业维度分析

表2反映不同产业结构对中国碳生产率的贡献值，除其他行业外，批发零售和住宿餐饮业、工业、建筑业、农林牧渔业和交通运输以及仓储邮政业的贡献率

分别为 13.81%、13.23%、7.86%、6.41% 和 3.39%，其中批发零售和住宿餐饮业的贡献率最大。分地区来看，山东、浙江、内蒙古和云南等地区批发零售和住宿餐饮业对中国碳生产率的贡献值明显大于工业的贡献值，关注这些地区批发零售和住宿餐饮业的充分发展，以产业结构转型推动中国碳生产率的提高。工业对中国碳生产率的贡献存在较大差异，黑龙江、山西和上海等地区工业对中国碳生产率的负效应较大，其中黑龙江、上海的工业产值降幅远大于工业碳排放下降的幅度，山西工业产值下降的同时伴随工业碳排放量的显著上升，这与高耗能工业的能源利用低效有关，需要通过淘汰落后、过剩工业产能，以推广节能减排技术、集约化管理能源消费来转变高耗能工业能源利用的低效。

（四）能源强度因素的拓展分析

通过上述分析，能源强度因素与能源技术进步、能源技术效率以及能源利用效率因素密切相关，对中国碳生产率的贡献程度仅次于人均规模因素，因此低碳技术创新与普及是实现低碳经济增长模式的关键。根据式（11）的 LMDI – PDA 分解技术，进一步对能源强度因素进行影响因素维度与产业维度的分解，结果见表 3。

表 3　　　　　　2010~2015 年中国 30 个省（区、市）地区
能源强度因素对碳生产率的贡献值

省份	影响因素层面分解			产业层面分解					
	潜在能源强度	能源技术效率	能源技术进步	农林牧渔业	工业	建筑业	交通运输仓储邮政业	批发零售住宿餐饮业	其他行业
北京	-51.65	0.00	2.45	-0.36	-8.75	-2.12	-2.29	-6.73	-28.94
天津	-36.47	0.76	3.07	-0.46	-14.67	-1.49	-1.73	-4.51	-9.78
河北	-32.12	0.00	6.70	-3.13	-11.34	-1.48	-2.09	-2.31	-5.07
山西	-7.44	-5.58	2.93	-0.64	-4.27	-0.66	-0.72	-1.09	-2.72
内蒙古	-2.16	-12.40	3.91	-0.99	-4.87	-0.72	-0.72	-1.34	-2.01
辽宁	-47.94	-6.39	6.45	-4.22	-20.75	-3.12	-2.63	-5.64	-11.52
吉林	-25.68	-1.89	3.05	-2.92	-10.88	-1.63	-0.99	-2.58	-5.53
黑龙江	-7.45	-3.53	3.36	-1.16	-2.68	-0.44	-0.36	-0.97	-2.01
上海	-49.66	2.74	4.65	-0.23	-14.01	-1.56	-1.99	-7.09	-17.38
江苏	-109.63	0.00	12.97	-5.88	-41.69	-5.70	-3.93	-11.67	-27.79
浙江	-68.62	-8.00	8.10	-3.17	-29.35	-4.08	-2.64	-8.90	-20.38

续表

省份	影响因素层面分解			产业层面分解					
	潜在能源强度	能源技术效率	能源技术进步	农林牧渔业	工业	建筑业	交通运输仓储邮政业	批发零售住宿餐饮业	其他行业
安徽	− 28.54	− 2.96	4.46	− 3.44	− 11.61	− 2.17	− 1.06	− 2.45	− 6.31
福建	− 69.48	9.12	4.65	− 4.92	− 23.68	− 4.57	− 3.31	− 5.58	− 13.65
江西	− 21.60	2.73	3.10	− 1.86	− 6.83	− 1.40	− 0.72	− 1.47	− 3.48
山东	− 119.55	− 17.66	13.36	− 10.77	− 55.21	− 7.38	− 5.55	− 17.40	− 27.55
河南	− 74.06	− 18.09	7.94	− 10.88	− 39.76	− 4.80	− 3.66	− 7.64	− 17.46
湖北	− 89.18	− 9.97	5.84	− 11.62	− 37.82	− 6.28	− 4.15	− 9.68	− 23.76
湖南	− 93.76	4.03	5.61	− 11.07	− 32.48	− 5.46	− 4.04	− 8.94	− 22.13
广东	− 170.38	19.71	12.32	− 6.69	− 60.92	− 4.66	− 5.53	− 17.24	− 43.29
广西	− 38.59	− 0.02	3.27	− 5.84	− 13.80	− 2.64	− 1.73	− 3.24	− 8.07
海南	1.93	0.50	0.65	0.77	0.48	0.30	0.15	0.47	0.90
重庆	− 47.17	0.84	2.91	− 3.49	− 17.64	− 3.94	− 2.13	− 4.49	− 11.74
四川	− 30.59	− 3.36	5.75	− 3.79	− 11.24	− 2.12	− 1.05	− 2.52	− 7.50
贵州	− 34.42	− 2.95	1.91	− 5.34	− 11.44	− 2.52	− 3.37	− 3.82	− 8.99
云南	− 62.80	0.40	2.79	− 9.19	− 19.00	− 6.03	− 1.46	− 7.53	− 16.41
陕西	− 22.99	− 8.60	3.63	− 2.66	− 11.97	− 2.62	− 1.20	− 2.99	− 6.52
甘肃	− 5.31	− 3.84	1.51	− 1.12	− 2.46	− 0.77	− 0.36	− 0.75	− 2.17
青海	3.29	− 1.13	0.48	0.25	1.08	0.30	0.11	0.20	0.70
宁夏	2.91	− 2.28	0.60	0.11	0.44	0.15	0.09	0.08	0.35
新疆	23.38	− 3.22	2.03	4.11	7.62	2.03	1.10	1.52	5.82
全国	− 1315.74	− 71.05	140.44	− 110.61	− 509.50	− 77.55	− 57.95	− 146.28	− 344.40

1. 潜在能源强度因素分析。对能源强度影响因素维度进行分解后发现,潜在能源强度因素的贡献程度最大。潜在能源强度表示在规模报酬不变的假定下,以生产技术前沿面为参照,单位 GDP 投入的潜在能源消费量反映生产技术前沿面的潜在能源利用效率。由于强度因素与碳生产率呈反向变化关系,则潜在能源强度因素贡献值为负表明潜在能源强度因素对中国碳生产率的负效应趋于缓解。从表 3 可以看出,"十二五"期间,除海南、青海、宁夏和新疆外,其余地区潜在能源强度因素的贡献值均为负,大部分地区在生产技术前沿面上的潜在能源利用效率能缓解潜在能源强度因素对中国碳生产率的负效应。其中,负值最大的地

区为广东，且广东不同行业潜在能源强度贡献值均为负，从贡献程度大小来看，工业、批发零售和住宿餐饮业、农林牧渔业、交通运输仓储和邮政业和建筑业潜在能源强度变化的贡献份额分别为 44.03%、12.47%、4.84%、4.00% 和 3.37%，其中工业对潜在能源强度效应的贡献程度最大，建筑业对潜在能源强度效应的贡献程度最小。这一结果表明在生产技术前沿面，广东潜在能源利用效率改善能缓解潜在能源强度对中国碳生产率的负效应，其中以工业潜在能源利用效率的改进最为显著。

对比能源强度因素（表 2）与潜在能源强度因素（表 3），即对比生产技术前沿面调整前后，大部分地区潜在能源强度贡献程度大于能源强度贡献程度，例如广东、江苏和湖南等 19 个地区，这些地区按生产技术前沿面调整后能源利用效率明显提高；而山东、湖北和河南等 11 个地区的情况则相反，究其原因，需要深入考察不同地区能源技术进步与能源技术效率效应。

2. 技术因素分析。技术因素包含能源技术进步、能源技术效率因素。从表 3 可以看出，"十二五"期间所有地区不同程度地推动生产技术前沿面的外移，能源技术进步因素对中国碳生产率有一定的促进作用，贡献率为 11.95%，而能源技术效率因素的贡献率为 −6.05%。以广东（12.32%）、江苏（12.97%）、湖南（5.61%）、山东（13.36%）、湖北（5.84%）和河南（7.94%）为例，这些地区碳排放的能源技术进步因素的贡献值均在 5 以上，这些地区节能低碳技术创新带来能源技术进步的显著效应。然而，这些地区能源技术效率因素的贡献值有正有负，广东（19.71）、江苏（0）和湖南（4.03）地区碳排放的能源技术效率贡献值明显为正（或为 0），说明这些地区能源技术效率与能源技术进步因素能共同促进潜在能源利用效率的改善，对中国碳生产率的贡献具有较大的提升空间；与此相反，山东（−17.66）、湖北（−9.97）和河南（−18.09）地区碳排放的能源技术效率贡献值明显为负，且能源技术效率因素的负效应大于能源技术进步的正效应，说明能源技术效率的降低抵消了能源技术进步对中国碳生产率的正效应，为提升这些地区能源技术效率，有必要强化能源消费的集约化管理，从生产末端治理延伸到生产过程清洁化。

此外，能源强度的产业维度分析表明，除其他行业外，所有地区工业能源强度、潜在能源强度因素的贡献程度占据主导地位，工业能源强度效应、潜在能源强度效应的行业占比分别为 40.88% 和 44.03%，因此提升中国碳生产率需要重点关注工业能源技术进步、能源技术效率以及能源利用效率的改善。

四、研究结论

第一，从影响因素维度来看，按贡献程度大小依次为人均产出规模、能源强度、地区碳生产率、人均碳排放量倒数、能源结构、能源消费碳强度和人口规模,人均产出规模的贡献率最大为151.22%,而人口规模贡献率最小为1.39%;从产业维度来看,除其他行业外,批发零售和住宿餐饮业、工业、建筑业、农林牧渔业及交通运输仓储和邮政业的贡献率分别为13.81%、13.23%、7.86%、6.41%及3.39%,批发零售和住宿餐饮业的贡献程度最大;从区域维度来看,除黑龙江、海南、青海和新疆外,其余地区碳生产率对中国碳生产率的贡献均为正,其中贡献程度较大的地区为山东、广东、湖北和湖南地区,各地区碳生产率对中国碳生产率总效应的贡献率分别为13.10%、8.58%、8.17%和6.59%。

第二,从能源强度因素的拓展分析来看,总体来看潜在能源强度效应能显著促进中国碳生产率的改善,具体来看全国19个地区潜在能源强度的贡献程度大于能源强度的贡献程度,说明大部分地区能源利用效率存在潜在的提升空间。工业能源强度、潜在能源强度效应的贡献率分别为40.88%、44.03%,两因素的变化对中国碳生产率增长具有决定性作用。究其原因,需要进一步结合能源技术进步、能源技术效率的贡献程度,总体上能源技术进步能明显促进中国碳生产率增长,贡献率为11.95%;但能源技术效率对中国碳生产率存在一定的抑制作用,贡献率为 -6.05%。具体来看,所有地区不同产业能源技术进步的贡献值均为正,但不同地区能源技术效率的贡献值有正有负,广东、江苏和湖南等地区能源技术效率与能源技术进步共同促进潜在能源利用效率的改善,而山东、湖北和河南等地区能源技术效率的降低抵消了能源技术进步的正效应,需要促进这些地区高耗能工业能源技术效率的改进。

参考文献

[1] Kaya Y., Yokobori K. K., 1997: Environment: energy and economy: strategies for sustainability, Tokyo: United Nations University Press.

[2] Mielnik O., Goldemberg J., 1999: Communication the evolution of the "carbonization index" in developing countries, Energy Policy, Vol. 27, No. 5.

[3] Beinhocker E., Oppenheim J., Irons B., et al., 2008: The carbon productivity challenge: curbing climate change and sustaining economic growth, Sydney: McKinsey Global Institute, McKinsey & Company.

[4] Kim W. K. Current issues and implications of Koreas Carbon Productivity [EB/OL]. http://kiet. re. kr/UpFile/newsbrief/1266304157908. pdf.

[5] 潘家华、庄贵阳、郑艳等:《低碳经济的概念辨识及核心要素分析》,载《国际经济评论》2010年第4期。

[6] 潘家华、张丽峰:《我国碳生产率区域差异性研究》,载《中国工业经济》2011年第5期。

[7] 何建坤、苏明山:《应对全球气候变化下的碳生产率分析》,载《中国软科学》2009

年第 10 期。

［8］Meng M. , Niu D. , 2012：Three-dimensional decomposition models for carbon productivity, Energy, Vol. 46, No. 1.

［9］张成、王建科、史文悦，等：《中国区域碳生产率波动的因素分解》，载《中国人口·资源与环境》2014 年第 10 期。

［10］ANG B W, LIU N, 2007：Energy decomposition analysis：IEA model versus other methods, Energy policy, Vol. 35, No. 3.

［11］Zhou P. , Ang B. W. , 2008：Decomposition of aggregate CO_2 emissions：a production-theoretical approach, Energy Economics, Vol. 30, No. 3.

［12］Fare R. , Grosskopf S. , Norris M. , et al. , 1994：Productivity growth, technical progress, and efficiency change in industrialized countries, American Economic Review, Vol. 84, No. 1.

（与李珊珊合作，原载《技术经济》2018 年第 8 期）

地方政府竞争下环境规制对
区域碳生产率的非线性影响

——基于门槛特征与空间溢出视角

一、引言

2015～2016 年间，中国碳生产率变化呈现新的变化趋势，自 1998 年以来首次出现能源碳排放量与经济增长的脱钩特征，即能源消费碳排放总量的阶段性下降。而《全球碳预算报告》预测，2017 年能源消费碳排放总量变化将逆势反弹3.5%，这一反弹与煤炭、石油、天然气消费的明显增长有关，反映出高碳"锁定效应"背景下经济增长对化石能源的依赖。根据 2015 年中国在《巴黎协定》中承诺 2030 年单位 GDP 碳强度下降 60%～65% 的目标，为实现对外承诺的减排目标，考虑到环境的双重负外部性，单纯依靠市场力量推动低碳经济转型是不够的，需要来自环境规制的激励与约束。为寻求摆脱高碳排放的路径依赖，本文研究环境规制对区域碳生产率影响的中介效应，以改善现有环境规制的减排效应，有助于更好地服务于低碳经济转型的实践。

二、文献综述

国内外学者关于环境规制影响的研究成果丰硕，主要集中在环境规制对经济增长的影响，或者主要考虑环境规制对生态环境质量的影响，然而，在经济增长和生态环境改善的两难困境中，单纯从某一方面探讨环境规制的影响无助于困境的根本解决。以构建低碳经济发展模式为目标，以往相关文献研究集中在环境规制对经济增长的影响，或者环境规制对碳排放的影响，但从经济增长和碳减排协调发展的角度研究环境规制对碳生产率影响的文献很有限。

环境规制与低碳经济关系的国内外文献主要包括"绿色悖论""倒逼效应"以及动态关系等三种观点，其中，"绿色悖论"的观点最早由辛恩（Sinn，2008）提出，指明环境规制促进碳排放水平增长的可能性路径，包括环境规制设计失效、高碳能源供给的短期反弹以及时间滞后等路径。随后一些文献立足于高碳能源供给反弹机制的路径支持"绿色悖论"观点（Gerlagh，2010；Michielsen，2014），并按碳排放增长的时效区分为"强绿色悖论"与"弱绿色悖论"两种（Van der Werf & Di Maria，2012）；支持"倒逼效应"的观点认为高额碳税不仅能降低长期碳排放总量，预期的改变还能减少短期碳排放（Hoel，2010），表现为当清洁能源相对于化石能源的成本更低时，环境规制会倒逼高能耗、高排放企业运用成本更低廉的清洁能源（Van der Ploeg & Withagen，2012）。早期国内的文献认为环境规制与低碳经济之间无明显关系（何小钢等，2011；张先锋等，2014），近年来文献大多支持两者关系动态变化的观点，对环境规制的碳减排路径及效应关注较多，认为环境规制与低碳经济之间呈现倒"U"型变化趋势，而这一拐点的跨越与环境规制水平（张华，2014）、产业结构（徐盈之等，2015）以及技术创新（李巍等，2017）密切相关。

进一步梳理国内外学者关于碳生产率的文献发现，研究主要集中在碳生产率测度方法的构建及其影响因素方面。从研究方法的角度对碳生产率影响因素的文献进行梳理，将相关研究分为两类。一是以指数分解技术为基础的碳生产率因素分解研究。相关文献研究因指数分解技术的差异而存在分解因素的差别，如何建坤、苏明山（2009）将碳生产率增长分解为经济结构、能源技术效率和能源结构变动因素，孟和牛（Meng & Niu，2012）则运用 LMDI 因素分解技术将碳生产率分解为技术创新和产业结构调整因素；二是探讨碳生产率与特定因素相关关系的研究。包含碳生产率与某些特定因素相关关系的研究，如分别针对碳生产率与碳排放总量（谌伟等，2010）、人均 GDP（张成等，2013）、能源效率（吴晓华、李磊，2014）之间动态关系的研究，而结合环境规制因素进行考察的文献结论存在较大差异，分别得出环境规制对区域碳生产率的影响呈现先抑制后促进的效应（刘传江等，2015），环境规制会促进碳生产率增长（李小平等，2016）。

然而，对于环境规制促进碳生产率变动的诱导机制以及研究结论差异的内在原因，鲜有文献涉及。此外，若在环境规制对区域碳生产率的影响研究中忽略空间特征，则会忽略各区域碳生产率的空间集聚、溢出特征等重要影响因素，解决这一问题还需构建空间计量模型。因此，本文以前期文献为基础，作出如下贡献：第一，从理论上探讨技术创新、产业结构、环境分权等中介变量的诱导机制，并在两者相关关系的基础上，运用非线性门槛面板模型考察环境规制对碳生产率影响的门槛特征；第二，结合地方政府竞争背景，在空间面板杜宾模型中纳入环境规制、区域碳生产率的空间交互项，进一步考察门槛特征下环境规制对区域碳生产率的空间溢出效应。

三、环境规制影响区域碳生产率的中介效应机制

（一）环境规制对区域碳生产率的影响机制

本部分在阿齐默鲁（Acemoglu，2012）分析框架的基础上拓展，将环境规制内生化，构建污染品生产者通过低碳、非低碳技术产品相对生产规模改变以及区域碳生产率变化的理论模型。主要思路为，假定中间产品区分为低碳技术中间产品和非低碳技术中间产品两种，其中低碳技术中间产品生产促进产量的增加而不产生碳排放，而非低碳技术中间产品生产在提高产量的同时同比例增加碳排放，则环境规制水平的提高会改变非低碳技术中间产品与低碳技术中间产品的相对利润，进而通过中间产品相对生产规模变化影响区域碳生产率变动。

1. 假设。

（1）假设国家有三个生产部门，分别为中间产品物资资本供应部门、中间产品生产部门、最终产品生产部门，劳动、资本要素可以自由流动，其中，最终产品市场、中间产品市场是完全竞争市场，而中间产品物质资本供应商提供与技术创新融合的机器设备，具有市场垄断势力。

（2）假设整个生产过程分为两阶段，第一阶段生产中间产品，中间产品生产非低碳技术设备，也可引进低碳技术设备，其中引进低碳技术设备进行生产的中间产品，用 X_c 表示，其生产过程不产生碳排放，另一种为运用非低碳技术设备生产的中间产品，用 X_p 表示，其生产过程产生与产量同比例的碳排放，并将中间产品生产函数形式设定为 Cobb – Douglas 函数以及资本增加型技术进步；第二阶段运用中间产品生产最终产品，生产函数形式设定类似。

最终产品生产函数：$\qquad Y_t = (X_{ct}^{\frac{\sigma-1}{\sigma}} + X_{pt}^{\frac{\sigma-1}{\sigma}})^{\frac{\sigma}{\sigma-1}}$ $\qquad$ (1)

中间产品生产函数：$X_{jt} = (A_{jt}K_{jt})^{\alpha}L_{jt}^{1-\alpha}$，$j = c$，$p$ $\qquad$ (2)

式（1）、（2）中，t 为时间，i 为生产者数量，σ 为两种中间产品的替代弹性，$\sigma > 1$，α 为资本产出份额，$0 < \alpha < 1$，Y 为最终产品的产出，将劳动力总投入量标准化为 1，则 $L_{ct} + L_{pt} \leqslant 1$，A 为技术进步，K 为中间产品物质资本投入。

（3）根据阿齐默鲁（2012）的模型设立中间产品的技术创新函数，生产者最初选择非低碳技术创新模式，而未考虑环境规制的压力实施低碳技术自主研发创新。

中间产品技术创新函数：$A_{jt} = (1 + \gamma\eta_j S_{jt})A_{j,t-1}$，$j = c$，$p$ $\qquad$ (3)

初始状态下两种技术创新模式关系为：$\dfrac{A_{c0}}{A_{p0}} < (1 + \gamma\eta_c)^{-1}\left(\dfrac{r_c}{r_p}\right)^{\alpha}$ （4）

式（3）、式（4）中，γ 为技术存量增加率，η 为技术创新成功的概率，S 为技术创新活动参与的技术人员数，r 为中间产品的物质资本的投入成本，类似地，将技术人员总数标准为 1，则 $S_{ct} + S_{pt} \leq 1$。

（4）假设中间产品 X_p 的生产会产生环境负外部性，在产权界定明晰的前提下，中间产品 X_p 的生产需要支付碳排放的机会成本 τ，对应现实中的环境规制成本。

2. 模型构建。在上述假设基础上，求解非低碳技术与低碳技术中间产品生产商、物质资本供应商利润最大化条件，非低碳技术产品生产者减排通过引进低碳技术设备进行生产。若对非低碳技术产品以从价税 τ 方式征收环境税，同时对低碳技术产品的低碳技术设备成本以补贴率 q 进行补贴。其中，非低碳技术中间产品生产者利润 π_{pt} 的最大化条如下：

$$\max\pi_{pt} = p_{pt}(1 - \tau_t)(A_{pt}K_{pt})^{\alpha}L_{pt}^{1-\alpha} - m_t K_{pt} - w_t L_{pt} \qquad (5)$$

分别求对 π_{pt} 求关于 K_{pt}、L_{pt} 的最优化得到：

$$K_{pt} = \left[\frac{\alpha(1 - \tau_t)p_{pt}}{m_t}\right]^{\frac{1}{(1-\alpha)}} A_{pt}^{\frac{\alpha}{(1-\alpha)}} L_{pt} \qquad (6)$$

$$w_t = (1 - \alpha)(1 - \tau_t)p_{pt}(A_{pt}K_{pt})^{\alpha}L_{pt}^{-\alpha} \qquad (7)$$

求解非低碳技术中间产品物质资本供应商的利润最大化条件为：

$$\max\pi_{mt} = m_t K_{pt} - \alpha^2 r_p K_{pt} \qquad (8)$$

将式（6）代入式（8），并对 π_{mt} 求关于非低碳技术中间产品价格 m_t 的最优化条件：

$$m_t = \alpha r_p \qquad (9)$$

将上述式（7）、式（8）、式（10）代入非低碳技术设备供应商利润 π_{mt}：

$$\pi_{mt} = \alpha(1 - \alpha)r_p^{\frac{-\alpha}{(1-\alpha)}}\left[(1 - \tau_t)p_{pt}\right]^{\frac{1}{(1-\alpha)}} A_{pt}^{\frac{\alpha}{(1-\alpha)}} L_{pt} \qquad (10)$$

而低碳技术中间产品生产者利润 π_{ct} 的最大化条件为：

$$\max\pi_{ct} = p_{ct}(A_{ct}K_{ct})^{\alpha}L_{ct}^{1-\alpha} - n_t K_{ct} + qn_t K_{ct} - w_t L_{ct} \qquad (11)$$

与 π_{mt} 的推导过程类似，得出低碳技术设备供应商利润 π_{nt}：

$$\pi_{nt} = \alpha(1 - \alpha)r_c^{\frac{-\alpha}{(1-\alpha)}}\left[\frac{p_{ct}}{(1 - q_t)}\right]^{\frac{1}{(1-\alpha)}} A_{ct}^{\frac{\alpha}{(1-\alpha)}} L_{ct} \qquad (12)$$

接下来，将低碳技术和非低碳技术供应商利润 $\dfrac{\pi_{nt}}{\pi_{mt}}$ 进行对比，得出环境规制水平、低碳与非低碳技术物质资本相对成本、中间产品相对价格、相对技术创新、劳动力相对投入等因素的影响，如下：

$$\frac{\pi_{nt}}{\pi_{mt}} = \left[(1-\tau_t)(1-q_t) \right]^{\frac{-1}{(1-\alpha)}} \left(\frac{r_c}{r_p} \right)^{\frac{-\alpha}{(1-\alpha)}} \left(\frac{p_{ct}}{p_{pt}} \right)^{\frac{1}{(1-\alpha)}} \left(\frac{A_{ct}}{A_{pt}} \right)^{\frac{\alpha}{(1-\alpha)}} \left(\frac{L_{ct}}{L_{pt}} \right) \qquad (13)$$

由式（13）可知，相对技术创新、低碳与非低碳技术中间产品投入比、环境规制实施力度是影响低碳技术和非低碳技术供应商利润、相对生产规模及区域碳生产率的主要因素，因此，本文选择低碳技术创新、产业结构、环境分权作为中介变量，并分别考察其中介效应机制。

（二）中介效应

1. 低碳技术创新。当低碳技术存量较低时，非低碳技术物质资本供应商利润大于低碳技术物质资本供应商利润，中间产品为非低碳技术中间产品；当低碳技术存量累积到某一阶段时，低碳技术物质资本供应商利润与非低碳技术物质资本供应商利润相等时，低碳技术中间产品和非低碳技术中间产品并存；当低碳技术存量累积到某一门槛值时，低碳技术中间产品生产规模相对扩大。由此可预期，较低的低碳技术存量难以促进低碳技术中间产品生产，此时环境规制约束下低碳技术创新投入对区域碳生产率的贡献不明显，主要表现为环境规制的"成本遵循效应"（Jaffe & Stavins，1995），只有当低碳技术突破某一门槛值，环境规制约束才能发挥低碳技术创新的正向促进作用，可能部分削弱或完全抵消"成本遵循效应"，表现为环境规制的"波特效应"（Porter & Van der Linde，1995）。

2. 产业结构。适度的环境规制成本能倒逼污染密集型企业的低碳化转型（波特和范德林德，1995），或促使企业迁至环境规制较为宽松的地区。对污染密集型企业依赖程度较低的地区，内化的环境规制成本较低，无法扭转低碳技术与非低碳技术中间产品的相对利润及生产规模，进而对区域碳生产率变动的影响不显著；对污染密集型企业依赖程度较高的地区，内化的环境规制成本较高，会明显改变低碳技术与非低碳技术中间产品相对利润及生产规模，有利于强化环境规制对区域碳生产率的正面效应；对于少数过度依赖污染密集型产业的地区，产业低碳化转型也可能导致该地区经济增速大幅放缓，为满足地方经济、就业的发展需求，地方政府可能运用财政补贴、税收减免等方式部分抵消"环境遵循成本"压力，导致环境规制的区域碳生产率效应弱化。因此，环境规制的区域碳生产率效应会随产业结构调整而动态变化。

3. 环境分权。环境分权本质上通过中央与地方之间环境相关财权、事权分配，促进对地方政府环境治理努力程度的激励与约束。环境集权下由中央统一供给环境公共物品，能有效约束地方政府环境治理的"搭便车"行为，并实现环境公共物品生产的规模经济（Gray & Shadbegian，2004），当环境集权水平持续下降，较高的环境分权水平会适度弱化中央对地方政府环境治理努力程度的约束，但所给予的地方政府环境管理方式的自由，有利于地方政府通盘考虑本地区经济基础、环境质量，灵活选择相对高效的碳减排治理方案（Magnani，2000；Milli-met，2003），此时环境分权水平适度提高可能会强化地方政府环境治理努力程度的激励；过高的环境分权则意味着地方政府环境管理自主权与管控能力，容易形成地方环境管理部门与污染企业之间的合谋，导致为隐瞒真实的污染排放而篡改数据的行为（聂辉华等，2007；梁平汉等，2014），对于短期危害小且空间外溢性强的碳排放而言，更容易导致对地方政府环境治理努力程度的软化。因此，环境规制的区域碳生产率效应与环境分权水平密切相关。

四、面板模型、变量与数据来源

（一）门槛面板模型

门槛效应是指环境规制对区域碳生产率的促进并不是自动进行的，其正面促进作用需要突破一个或几个关键因素，否则环境规制效应难以得到发挥。根据第三部分推导，本文选取的关键因素为低碳技术存量、产业结构、环境分权，作为内生的门槛变量，运用汉森（Hansen，1999）提出的门槛面板模型考察环境规制驱动区域碳生产率提升的过程中是否存在门槛效应。考虑到环境治理投资从投入到效果显现存在一定的时滞，本文选用环境规制变量的滞后一期进行考察，构建模型如下：

$$\ln CP_{it} = \alpha_0 + \alpha_1 \ln ER_{i,t-1} \cdot I(M \leq \beta_1) + \alpha_2 \ln ER_{i,t-1} \cdot I(\beta_1 < M \leq \beta_2) + \cdots$$
$$+ \alpha_n \ln ER_{i,t-1} \cdot I(\beta_{n-1} < M \leq \beta_n) + \alpha_{n+1} \ln ER_{i,t-1} \cdot I(M > \beta_n) + X_{it} \cdot \gamma + \varepsilon_{it}$$
$$(14)$$

式（14）中，β_1、β_2、$\cdots$、β_n 为变量 M 的门槛值，变量 M 包括技术创新、产业结构以及环境分权，$I(\cdot)$ 为示性函数，ER 为环境规制，CP 为碳生产率，X 为控制变量的集合，ε 为随机干扰项，其余为相应变量的参数。其中，对于式（14）中控制变量 X 的选择，根据 kaya 恒等式（15）及结构、技术创新等式（16）：

$$C_{it} = Y_{it} \cdot S_{it} \cdot T_{it} \tag{15}$$

$$S_{it} = S(KS_{it}, IS_{it}) 且 T_{it} = T(ER_{it}, PAT_{it}, HR_{it}) \tag{16}$$

$$\Rightarrow CP_{it} = \frac{Y_{it}}{C_{it}} = \frac{1}{[S(KS_{it}, IS_{it}) \times T(ER_{it}, PAT_{it}, HR_{it})]} \tag{17}$$

式（15）~式（17）中，Y 为产出，S 为结构变量，包括要素禀赋结构 KS、产业结构 IS，T 为技术水平，由环境治理投资 ER、技术创新 PAT、人力资本 HR 决定，此外还与对外开放程度 FDIS 与 TRS 有关，上述变量为区域碳生产率影响模型控制变量 X 的集合。

（二） 空间面板杜宾模型

结合中国式分权下地方政府竞争的背景，各地区环境规制可能存在相互模仿或策略性行为，或各地区碳生产率可能表现出空间聚集特征，实证研究中若忽略核心变量的空间相关性，则会导致估计结果的严重偏误。为验证环境规制、碳生产率的空间相关性，本文考察 2008~2015 年期间环境规制、碳生产率的 Moran' I 指数及其显著性水平，结果显示，环境规制、碳生产率的 Moran' I 指数分别为 0.315、0.422，均达到 1% 的显著性水平，这表明实证模型中需纳入两者的空间交互特征。空间面板杜宾模型能同时纳入因变量与自变量的空间交互项，因此本文选用空间面板杜宾模型进行参数估计，模型如下所示：

$$\ln CP_{it} = \alpha + \beta \sum_{j=1}^{N} \omega_{ij} \ln CP_{it} + \gamma_1 \ln ER_{i,t-1} + \gamma_2 \sum_{j=1}^{N} \omega_{ij} \ln ER_{i,t-1} + \lambda_1 \ln X_{it}$$
$$+ \lambda_2 \sum_{j=1}^{N} \omega_{ij} \ln X_{it} + \mu_t + \varepsilon_{it} \tag{18}$$

式（18）中，空间权重矩阵 w_{ij} 分别为地理邻接权重矩阵与地理距离权重矩阵，其中地理邻接权重矩阵相邻为 1，不相邻为 0，而地理距离权重矩阵为区域之间质心距离平方的倒数表示。

（三） 变量与数据来源

区域碳生产率 CP，运用各地区 GDP 与能源消费碳排放的比值表示，其中碳排放包括煤、汽油、柴油、天然气消费的直接碳排放，还包括电力消费的间接碳排放；环境规制，运用各地区环境治理投资额占 GDP 的比重表示；此外，结构控制变量，要素禀赋结构 KS 用各地区资本存量与就业比值表示，其中资本存量借鉴张军等（2004）的方法按永续盘存法进行估算，产业结构 IS 用各地区第三产业产值占 GDP 的比重表示；技术控制变量，技术创新 PAT 用各地区每万人拥有的专利授权项数表示，人力资本 HR 用各地区劳动力人均受教育年限表示；开放程度相关变量，对外开放程度 FDIS 用各地区 FDI 占 GDP 比值表示，TRS 用各地区进出口贸易总额占 GDP 比值表示；环境分权 ED，借鉴祁毓等（2014）的思路，运用环境保护系统人员的地区分布刻画环境分权水平，具体公式为 $ED_{it} = \left(\dfrac{\frac{EP_{it}}{POP_{it}}}{\frac{EP_t}{POP_t}} \right) \cdot \left(1 - \dfrac{GDP_{it}}{GDP_t} \right)$，等式右边第二项为经济规模缩放因素，用于剔除经济规模对环境分权水平测度的影响。

考虑到地方官员政绩考核体系变化对环境规制实施的影响，如 2007 年底我国首次将单位 GDP 能耗降低的约束性目标纳入地方官员考核体系，占考核总分的40%左右（齐晔，2013），为推动碳强度目标下降的承诺，于2014年进一步将单位GDP碳排放指标纳入地方官员考核体系。因此，本文以2008～2015年中国30个省市区面板数据为样本，能更为准确地反映门槛变量对环境规制效应的影响方向与影响程度。各变量数据的描述性统计如表1所示。

表1 　　　　　　　　　　　　　　**变量数据描述性统计**

变量	单位	样本量	均值	标准差	最小值	最大值
碳生产率 CP	万元/万吨	240	8.037	0.584	6.703	9.558
环境规制 ER	万元/万元	240	-6.727	0.765	-9.591	-4.613
技术创新 PAT	件/万人	240	1.176	1.145	-0.918	3.768
人力资本 HR	年	240	2.249	0.116	1.945	2.594
要素禀赋结构 KS	万元/人	240	4.116	0.336	3.331	5.128
产业结构 IS	万元/万元	240	3.717	0.183	3.391	4.378
外商直接投资比重 FDIS	万元/万元	240	-4.131	0.976	-7.290	-2.502
对外贸易比重 TRS	万元/万元	240	-1.716	0.974	-4.184	0.465
环境分权 ED	（人/万人）/（人/万人）	240	-0.075	0.326	-0.670	0.832

注：由Stata 14.0软件整理得到，保留三位小数。

五、模型估计与结论分析

（一）门槛效应检验

本文运用Stata 14.0软件进行分析，首先根据bootstrap方法的F统计值和P值确定技术创新、产业结构、环境分权的门槛数量，然后运用门槛面板模型估计其门槛值，以及该门槛值下环境规制变量的显著性水平。表2中技术创新的单一门槛均达到1%的显著性水平，门槛值为1.749，而双重门槛、三重门槛效应在统计上不显著；产业结构的单一门槛达到1%的显著性水平，门槛值为3.723，而双重门槛、三重门槛效应在统计上不显著；环境分权的单一门槛、双重门槛均达到1%的显著性水平，门槛值分别为 -0.176、0.482，而三重门槛效应在统计上不显著。这一结论与技术创新、产业结构、环境分权中介效应的理论分析一致。

表2 门槛效应估计与检验结果

门槛变量	门槛类型	F 统计值	P 值	门槛值	置信区间下限	置信区间上限
技术创新	单一门槛	24.28***	0.007	1.749	1.681	1.753
	双重门槛	8.44	0.173	—	—	—
	三重门槛	9.25	0.230	—	—	—
产业结构	单一门槛	7.10**	0.023	3.723	3.718	3.726
	双重门槛	3.46	0.650	—	—	—
	三重门槛	2.48	0.653	—	—	—
环境分权	单一门槛	36.39***	0.000	−0.176	−0.192	−0.174
	双重门槛	38.90***	0.000	0.482	0.458	0.663
	三重门槛	18.36	0.323	—	—	—

注：各统计值为 bootstrap 法反复抽样 1000 次所得；***、**、*分别代表 1%、5%、10% 的显著性水平。

以技术创新、产业结构以及环境分权的单一门槛值为界，根据门槛变量均值对样本进行分组：低技术创新水平区域 [−0.194, 2.414]，高技术创新水平区域 (2.414, 3.210]；低产业结构偏向区域 [3.498, 3.592]，高产业结构偏向区域 (3.592, 4.339]；低度环境分权水平区域 [−0.630, −0.196]，中度环境分权水平区域 (−0.196, 0.482]，高环境分权水平区域 (0.482, 0.744]。不同的样本分组具体对应的省份如表3所示。

表3 按门槛变量门槛值的样本分组结果

门槛变量分组	门槛值	对应的省份	样本容量
低技术创新水平区域	$\ln PAT \leqslant 2.414$	河北、山西、内蒙古、辽宁、吉林、黑龙江、安徽、福建、江西、山东、河南、湖北、湖南、广西、海南、重庆、四川、贵州、云南、陕西、甘肃、青海、宁夏、新疆	24
高技术创新水平区域	$\ln PAT > 2.414$	北京、天津、上海、江苏、浙江、广东	6
低产业结构偏向区域	$\ln IS \leqslant 3.592$	河北、安徽、江西、河南、陕西、青海	6
高产业结构偏向区域	$\ln IS > 3.592$	北京、天津、山西、内蒙古、辽宁、吉林、黑龙江、上海、江苏、浙江、福建、山东、湖北、湖南、广东、广西、海南、重庆、四川、贵州、云南、甘肃、宁夏、新疆	24

续表

门槛变量分组	门槛值	对应的省份	样本容量
低度环境分权水平区域	lnED≤−0.196	上海、江苏、浙江、安徽、福建、江西、广东、广西、重庆、四川、贵州、云南	12
中度环境分权水平区域	−0.196＜lnED≤0.482	北京、天津、河北、内蒙古、辽宁、吉林、黑龙江、山东、河南、湖北、湖南、海南、陕西、甘肃、青海、宁夏、新疆	17
高度环境分权水平区域	lnED＞0.482	山西	1

（二） 空间面板杜宾模型估计结果

根据技术创新、产业结构以及环境分权水平，对样本进行分组，分别考察不同区域环境规制对碳生产率影响的异质性，其中按环境分权门槛分类的三组样本，高度环境分权水平组仅山西省，对此本文将高度与中度环境分权水平组合并，如表4、表5所示。对比基于地理邻接权重与地理距离权重的估计结果，不同技术创新、产业结构以及环境分权水平的区域，核心变量的估计结果基本一致，仅在估计系数大小及显著性方面存在差异，保证了估计结果的稳健性。

表4　　　　　空间面板杜宾模型估计结果（地理邻接权重矩阵）

变量	AI 低技术创新水平区域	AII 高技术创新水平区域	BI 低产业结构偏向区域	BII 高产业结构偏向区域	CI 低度环境分权水平区域	CII 中高度环境分权水平区域
L. ER	−0.019** (0.023)	0.023 (0.348)	0.028*** (0.006)	−0.014 (0.367)	0.038** (0.040)	−0.056*** (0.002)
PAT	0.068* (0.046)	0.131** (0.048)	0.092*** (0.001)	0.108*** (0.005)	0.014 (0.673)	0.173*** (0.002)
HR	0.481* (0.052)	1.353*** (0.000)	0.164 (0.384)	0.733*** (0.001)	1.070*** (0.001)	0.311º (0.128)
KS	0.152 (0.151)	−0.076 (0.177)	0.187*** (0.000)	−0.084 (0.256)	−0.092 (0.476)	0.087 (0.438)

续表

变量	AI	AII	BI	BII	CI	CII
	低技术创新水平区域	高技术创新水平区域	低产业结构偏向区域	高产业结构偏向区域	低度环境分权水平区域	中高度环境分权水平区域
IS	-0.098 (0.605)	-0.502** (0.019)	0.102 (0.406)	-0.133 (0.385)	-0.342° (0.122)	-0.207 (0.271)
FDIS	0.012 (0.705)	0.085* (0.089)	0.021 (0.211)	0.049° (0.131)	0.100*** (0.003)	-0.027 (0.187)
TRS	0.050 (0.349)	-0.229*** (0.001)	0.087*** (0.002)	0.009 (0.842)	0.128*** (0.009)	-0.008 (0.831)
Cons	6.557*** (0.000)	8.170*** (0.000)	6.821*** (0.000)	2.843*** (0.000)	1.686* (0.089)	6.861*** (0.000)
W * ER		0.049* (0.010)				0.062*** (0.004)
W * PAT	0.097** (0.016)	-0.088*** (0.004)	0.058** (0.025)			
W * HR	-1.163*** (0.000)	1.391*** (0.001)		-0.861*** (0.000)	-0.441* (0.010)	-0.583° (0.108)
W * KS		0.457*** (0.000)	-0.259*** (0.006)	0.208** (0.023)	0.353*** (0.000)	
W * IS		-0.839*** (0.000)		0.489** (0.016)	0.810*** (0.000)	
W * FDIS					-0.129** (0.013)	0.192*** (0.000)
W * TRS	0.153* (0.083)	-0.283*** (0.000)	-0.089* (0.053)	0.171** (0.015)		
LogL	154.016	75.826	67.992	165.785	106.077	122.176
ρ	0.356***	-0.210***	0.105**	0.482***	0.334***	0.332***
R²	0.696	0.877	0.878	0.723	0.854	0.688
Obs	192	48	48	192	96	144

注：***、**、*、o 分别代表1%、5%、10%及15%的显著性水平，括号内为对应的 p 值。

表5 空间面板杜宾模型估计结果（地理距离权重矩阵）

变量	AI	AII	BI	BII	CI	CII
	低技术创新水平区域	高技术创新水平区域	低产业结构偏向区域	高产业结构偏向区域	低度环境分权水平区域	中高度环境分权水平区域
L. ER	−0.024° (0.144)	0.015 (0.730)	0.024 *** (0.001)	−0.020 (0.283)	0.045 * (0.078)	−0.041 *** (0.008)
PAT	0.028 (0.483)	0.053 (0.523)	0.107 *** (0.006)	0.119 *** (0.005)	0.014 (0.705)	0.085 * (0.059)
HR	0.763 ** (0.034)	0.459 (0.451)	−0.230 (0.348)	0.837 *** (0.000)	1.082 *** (0.005)	0.019 (0.918)
KS	−0.002 (0.985)	0.018 (0.852)	0.085 (0.234)	−0.149 * (0.078)	−0.047 (0.701)	−0.249 ** (0.033)
IS	−0.181 (0.363)	−0.288 (0.330)	0.088 (0.553)	−0.383 ** (0.018)	−0.339 (0.178)	−0.180 (0.346)
FDIS	−0.001 (0.970)	−0.242° (0.144)	0.028° (0.101)	0.065 * (0.082)	0.099 *** (0.001)	−0.049 ** (0.025)
TRS	0.048 (0.322)	0.263 ** (0.023)	0.019 (0.521)	0.051 (0.205)	0.114 *** (0.007)	−0.038 (0.601)
Cons	4.076 ** (0.035)	6.184 *** (0.000)	13.677 *** (0.000)	2.792 *** (0.007)	5.650 *** (0.000)	2.518 *** (0.002)
W * ER		0.038 * (0.086)	0.061 *** (0.000)		0.073 *** (0.001)	0.062 *** (0.004)
W * PAT	0.130 * (0.089)		0.147 *** (0.002)		0.109 * (0.077)	
W * HR	−1.403 ** (0.026)	1.538 *** (0.002)		−1.253 *** (0.000)	−0.723 ** (0.039)	
W * KS	0.538° (0.132)	0.338 *** (0.006)		0.226 ** (0.045)	0.238 ** (0.042)	0.268 ** (0.023)
W * IS	0.146 * (0.063)	−0.996 *** (0.000)	−0.440 *** (0.000)	0.811 *** (0.002)		0.536 ** (0.028)
W * FDIS		0.546 *** (0.000)			−0.153 ** (0.033)	0.132 * (0.083)
W * TRS		−0.536 *** (0.000)		0.131 ** (0.046)		0.147° (0.126)

续表

变量	AI	AII	BI	BII	CI	CII
	低技术创新水平区域	高技术创新水平区域	低产业结构偏向区域	高产业结构偏向区域	低度环境分权水平区域	中高度环境分权水平区域
LogL	152.761	61.602	68.825	152.336	105.845	120.672
ρ	0.474***	0.286°	−0.479***	0.555***	0.356***	0.515***
R²	0.682	0.821	0.861	0.708	0.857	0.664
Obs	192	48	48	192	96	144

注：***、**、*、o 分别代表 1%、5%、10% 及 15% 的显著性水平，括号内为对应的 p 值。

对于表 4、表 5 的模型 AI、AII 估计结果而言，技术创新水平的差异会明显影响环境规制的碳生产率效应，呈现"V 型"的单一门槛特征，具体来看，在技术创新水平较低的区域，即每万人拥有的专利授权数小于 $e^{2.414}$（约 11 项）时，环境规制变量的估计系数分别为 −0.019、−0.024，对应 5%、15% 的显著性水平，表明环境规制强化会抑制区域碳生产率增长，此时环境规制成本无法刺激企业创新或引进节能减排技术，反而因挤占企业生产成本而导致技术创新投入以及能源利用效率的降低；在技术创新水平较高的区域，即每万人拥有的专利授权数大于 $e^{2.414}$（约 11 项）时，环境规制变量的估计系数均为正，但不显著，说明环境规制对区域碳生产率的净效应不明显，这是由于随着技术创新能力的积累，环境规制的"波特效应"开始凸显，逐步抵消环境规制"成本遵循效应"的负面影响，前文所述技术创新的中介效应机制得以印证。从分组对应的区域来看，高技术创新水平区域仅占样本总量的 1/5，包括北京、天津、上海、江苏、浙江、广东等 6 个地区，技术创新的整体水平较低，限制了技术创新对环境规制"波特效应"的正面激励，存在较大的提升潜力。

对于表 4、表 5 的模型 BI、BII 的估计结果而言，产业结构对环境规制碳生产率的影响效应是显著的，呈现为"倒 V 型"的单一门槛特征，具体来看，在产业结构偏向较低的区域，即第三产业产值比重小于 36.31% 时，环境规制变量的估计系数分别为 0.028、0.024，均达到 1% 的显著性水平，说明环境规制强化有利于区域碳生产率增长，原因可能在于第三产业发展滞后，反映出该区域对高能耗产业的依赖程度较高，环境规制内化的高成本会促使高能耗产业的低碳转型，或向环境规制较为宽松地区的迁移，进而改善该区域碳生产率；在产业结构偏向较高的区域，即第三产业产值比重大于 36.31% 时，环境规制变量的估计系数均为负值，但不显著，此时该地区对高能耗产业的依赖程度较低，环境规制成本内化对产业结构低碳化转型的动力很有限。从分组对应的区域来看，低产业结构偏向区域占样本总量的 1/5，包括河北、安徽、江西、河南、陕西、青海等 6

个地区，产业结构调整的中介效应存在一定程度的贡献。

对于表4、表5的模型CI、CII的估计结果而言，随着环境分权水平的提高，环境规制对碳生产率的净效应发生了根本性变化，呈现出"倒V型"的门槛特征，具体来看，在低度环境分权水平的区域，即环境分权水平低于$e^{-0.196}$（0.822）时，环境规制变量的估计系数分别在5%、10%的水平上显著为正，表明环境规制强化有利于提升碳生产率，这是由于适度的环境分权给予地方政府立足于本地实际情况灵活选择环境规制方式的权利，形成地方政府竞争背景下区域间环境规制的"逐顶竞争"，该区域仅占样本总量的2/5，存在进一步拓展的空间；在中高度环境分权水平区域，即环境分权水平高于$e^{-0.196}$（0.822）时，环境规制变量的估计系数均在1%的水平上显著为负，此时环境规制的碳生产效应的根本转变，是由于过高的环境分权会明显削弱中央对地方环境治理的约束，导致地方政府与高能耗企业合谋下环境规制的软化。因此，适度的环境规制水平有助于环境规制碳生产率的正面效应。

从表4、表5的控制变量来看，技术创新变量的估计系数均为正，表明本土技术创新能明显改善能源利用效率，进而促进碳生产率提升；人力资本变量的估计系数除模型BI外，其余模型均为正，说明对成熟技术的吸收、运用或扩散的能力也是制约能源利用效率改进的关键；产业结构变量的估计系数仅在表4的模型AII、表5的模型BII达到10%的显著性水平，其余模型均不显著，这一估计结果与产业结构调整的方向有关，2008年后产业结构调整方向转向淘汰高能耗、高排放的落后生产能力，因此环境规制约束下产业结构调整是促进碳生产率提升的驱动因素，正如模型BI中环境规制变量的估计结果，即产业结构调整的影响主要通过其中介效应机制得以体现；表4、表5中要素禀赋结构、对外开放变量的估计结果差异较大，结论不稳健。关于空间滞后项，除表4的AII模型、表5的BI模型外，其余模型碳生产率的空间滞后项均显著为正，表明地理邻近地区的碳生产率具有较强的局部聚集空间特征，此外，环境规制空间滞后项估计系数在表3、表4的AII、CII模型中显著为正，这意味着在高技术创新、中高环境分权水平区域，邻近地区环境规制强化表现出明显的正向溢出效应，即邻近地区碳生产率与环境规制均存在空间极化现象。

六、主要结论与政策启示

（一）主要结论

本文运用2008～2015年面板数据，以及非线性门槛面板模型、空间面板杜宾模型，结合地方政府竞争背景，从技术创新、产业结构及环境分权三个方面考察环境规制对区域碳生产率的中介效应机制，研究结果显示，技术创新、产业结构及环境分权的变化，会促使环境规制的碳生产率净效应发生根本转变。具体结论包括：第一，随着技术创新水平的提升，环境规制对碳生产率的影响呈现出"V型"的单一门槛特征，即每万人拥有的专利授权数大于11项时，环境规制的"波特效应"能抵消"成本遵循效应"的负面影响，由于该区域仅占样本总量的1/5，存在进一步提升的潜力；第二，随着产业结构的绿色化调整，环境规制对碳生产率的影响表现为"倒V型"的单一门槛特征，即产业结构偏向度低于36.31%时，环境规制内化的高成本倒逼企业从事生产末端环境治理活动，或实施生产过程的清洁技术改造，该区域占样本总量的1/5，可适度强化该区域环境规制力度；第三，随着环境分权水平的提高，环境规制的碳生产率效应呈现为"倒V型"的门槛特征，即环境分权水平低于0.822，更有助于促进环境规制的实施力度及其正面激励效应；第四，地理邻近地区环境规制、碳生产率存在局部聚集的空间特征，表现出明显的正向溢出效应。

（二）政策启示

地方政府竞争背景下环境规制的区域碳生产率净效应存在不确定性，我国应结合技术创新、产业结构、环境分权以及环境规制区域协调等多方面力促环境规制对区域碳生产率的正面效应，如下：

1. 地方政府构建、落实创新孵化平台，拓宽风险资本来源以改善单一的投资结构，为企业节能减排技术创新提供充裕的风险资本支持，避免形成政府财力主导下孵化平台的行政化、非理性的现象。除技术创新支持外，还需要结合产学研平台联合培养相关专业的技术服务型人才，推动已有节能减排技术的扩散，促进技术创新到企业产品创新的转化，以更好地发挥技术创新或以技术创新为中介的环境规制碳生产率效应。

2. 产业结构绿色化调整的中介效应影响有限，由于大部分地区已完成高能耗、高排放等产能过剩企业的转型，以服务业主导的产业结构限制了产业结构调整的空间，需要特别关注少数地区如河北、安徽、江西、河南、陕西、青海等地产业结构绿色化调整。

3. 适度压缩地方政府环保事权、财权的自由裁量空间，规避地方政府与企业合谋导致的环境规制非完全执行，引导区域之间环境规制的逐顶竞争行为，或联合各地区共同减排，统一供给区域内环境公共物品的规模经济，以规模化生产降低环境公共物品的供给成本。

参考文献

[1] 谌伟、诸大建、白竹岚：《上海市工业碳排放总量与碳生产率关系》，载《中国人

口·资源与环境》2010 年第 9 期。

[2] 何建坤、苏明山:《应对全球气候变化下的碳生产率分析》,载《中国软科学》2009 年第 10 期。

[3] 何小钢、张耀辉:《行业特征,环境规制与工业 CO_2 排放——基于中国工业 36 个行业的实证考察》,载《经济管理》2011 年第 11 期。

[4] 李巍、郗永勤:《创新驱动低碳发展了吗?——基础异质和环境规制双重视角下的实证研究》,载《科学学与科学技术管理》2017 年第 5 期。

[5] 李小平、王树柏、郝路露:《环境规制,创新驱动与中国省际碳生产率变动》,载《中国地质大学学报:社会科学版》2016 年第 1 期。

[6] 梁平汉、高楠:《人事变更,法制环境和地方环境污染》,载《管理世界》2014 年第 6 期。

[7] 刘传江、胡威、吴晗晗:《环境规制,经济增长与地区碳生产率——基于中国省级数据的实证考察》,载《财经问题研究》2015 年第 10 期。

[8] 聂辉华、李金波:《政企合谋与经济发展》,载《经济学(季刊)》2007 年第 A01 期。

[9] 齐晔:《中国低碳发展报告(2013)》,社会科学文献出版社 2013 年版。

[10] 祁毓、卢洪友、徐彦坤:《中国环境分权体制改革研究:制度变迁,数量测算与效应评估》,载《中国工业经济》2014 年第 1 期。

[11] 吴晓华、李磊:《中国碳生产率与能源效率省际差异及提升潜力》,载《经济地理》2014 年第 5 期。

[12] 徐盈之、杨英超、郭进:《环境规制对碳减排的作用路径及效应——基于中国省级数据的实证分析》,载《科学学与科学技术管理》2015 年第 10 期。

[13] 张成、蔡万焕、于同申:《区域经济增长与碳生产率——基于收敛及脱钩指数的分析》,载《中国工业经济》2013 年第 5 期。

[14] 张华、魏晓平:《绿色悖论抑或倒逼减排——环境规制对碳排放影响的双重效应》,载《中国人口·资源与环境》2014 年第 9 期。

[15] 张军、吴桂英、张吉鹏:《中国省际物质资本存量估算:1952～2000》,载《经济研究》2004 年第 10 期。

[16] 张先锋、韩雪、吴椒军:《环境规制与碳排放:"倒逼效应"还是"倒退效应"——基于 2000～2010 年中国省际面板数据分析》,载《软科学》2014 年第 7 期。

[17] Acemoglu D., Aghion P., Bursztyn L., et al., 2012: The environment and directed technical change, American Economic Review, Vol. 102, No. 1.

[18] Gerlagh R., 2011: Too much oil, CESifo Economic Studies, Vol. 57, No. 1.

[19] Gray W. B., Shadbegian R. J., 2004: 'Optimal' pollution abatement—whose benefits matter, and how much? Journal of Environmental Economics and management, Vol. 47, No. 3.

[20] Hansen B. E., 1999: Threshold effects in non-dynamic panels: Estimation, testing, and inference, Journal of Econometrics, Vol. 93, No. 2.

[21] Hoel M., 2010: Is there a green paradox? Social Science Electronic Publishing, Vol. 100, No. 11.

[22] Jaffe A. B., Stavins R. N., 1995: Dynamic incentives of environmental regulations: The

effects of alternative policy instruments on technology diffusion, Journal of Environmental Economics and Management, Vol. 209, No. 3.

[23] Magnani E., 2000: The Environmental Kuznets Curve, environmental protection policy and income distribution, Ecological Economics, Vol. 32, No. 3.

[24] Meng M., Niu D., 2012: Three-dimensional decomposition models for carbon productivity, Energy, Vol. 46, No. 1.

[25] Michielsen T. O., 2014: Brown backstops versus the green paradox, Journal of Environmental Economics and Management, Vol. 68, No. 1.

[26] Millimet D. L., 2003: Assessing the empirical impact of environmental federalism, Journal of Regional Science, Vol. 43, No. 4.

[27] Porter M. E., Van der Linde C., 1995: Toward a new conception of the environment-competitiveness relationship, Journal of Economic Perspectives, Vol. 9, No. 4.

[28] Sinn H. W., 2008: Public policies against global warming: a supply side approach, International Tax and Public Finance, Vol. 15, No. 4.

[29] Van der Ploeg, F. and Withagen, C., 2012: Is there really a green paradox? . Journal of Environmental Economics and Management, Vol. 64, No. 3.

[30] Van der Werf E., Di Maria C., 2012: Imperfect environmental policy and polluting emissions: the green paradox and beyond, International Review of Environmental and Resource Economics, Vol. 6, No. 2.

（与李珊珊合作，原载《商业研究》2019 年第 1 期）

技术进步、产业结构与中国工业碳排放

一、引言

2009 年，中国在哥本哈根气候大会上承诺到 2020 年单位国内生产总值所排放的二氧化碳比 2005 年下降 40% ~ 45%。为此，"十二五"规划纲要提出中国要充分发挥技术进步的作用，综合运用调整产业结构和能源结构、节约能源和提高能效等多种手段。可见，低碳技术进步、高碳产业"锁定效应"是影响中长期碳减排的关键。工业部门作为主要碳排放源，承受着较大的碳减排压力。本文以此为切入点，考察低碳技术进步与工业产业结构调整对中国工业碳减排的贡献程度，为制定合理的环境政策提供相应的科学依据。

考察技术效应与结构效应对污染排放影响的国内外文献，主要沿以下三条线索展开：其一，基于环境效应分解的数学模型分析技术效应与结构效应。国外学者格罗斯曼和克鲁格（Grossman & Krueger，1991）、科普兰和泰勒（Copeland & Taylor，2003）、莱文森（Levinson，2009）分别从经济增长、出口贸易等不同因素的环境效应进行分解[1-3]。国内学者成艾华（2011）认为结构效应倾向于减少 SO_2 排放[4]，薛智韵（2011）认为结构效应增加了碳排放[5]，李斌和赵新华（2011）认为工业经济结构变化对工业废气的减排效应不确定[6]，结论差异的原因可能来自表征环境污染水平的指标与样本范围的不同。其二，基于 IPAT 模型、Kaya 模型等因素分解模型定量分析技术效应与结构效应。国外学者希亚马尔和拉宾德拉（Shyamal & Rabindra，2004）、通奇（Tunc，2009）分别对印度、土耳其等不同国家或区域碳排放进行了因素分解[7,8]。国内研究大多数得出技术负效应的观点，而结构效应的结论差别较大，如结构正效应观点（李艳梅和杨涛，2011；潘雄锋等，2011）[9,10]，结构负效应观点（郭朝先，2010；许士春等，2012）[11,12]，还有结论持折衷观点（仲云云、仲伟周，2012；赵志耕、杨朝峰，2012）[13,14]。其三，基于回归模型验证技术效应与结构效应。丁达（Dinda，

2004）对此做出了全面的文献述评[15]。国内学者魏巍贤和杨芳（2010）认为自主研发和技术引进对碳减排有显著的促进作用，工业化水平与碳排放正相关[16]，杨骞和刘华军（2012）发现结构效应明显促进高、低排放组省份的碳排放强度，而对人均碳排放的影响与各省份人均碳排放水平相关[17]。

上述技术效应与结构效应对污染排放影响的研究为本文提供了参考，但存在一些不足，主要表现在三个方面：一是缺少对不同类型的技术效应的细分；二是在定量分析过程中主要考察各因素的直接影响效应，没有体现其间接影响效应；三是以往在考察结构效应与技术效应时将工业总产值视为不变，忽略了随工业经济规模增长的动态效应。鉴于此，本文尝试拓展环境效应分解模型，对环保技术效应与生产技术效应进一步细分，并将模型处理为差分模型，从整体、不同时间段、不同碳排放组别分别考察各因素的环境直接影响效应与间接影响效应。

二、研究设计

（一）研究模型

借鉴格罗斯曼和克鲁格（1991）的思路[1]，以及科普兰和泰勒（2003）与莱文森（2009）在此基础上构建的环境效应分解模型[2,3]，对工业碳排放总量分解如下：

$$C = \sum_{i=1}^{n} c_i = \sum_{i=1}^{n} v_i z_i = V \sum_{i=1}^{n} \theta_i z_i \tag{1}$$

式（1）中，n 为行业数，C 为工业碳排放总量，c_i 表示行业 i 的碳排放量；V 为工业总产值，v_i 表示行业 i 的产值，θ_i 表示行业 i 的产值占工业总产值的比重，即 $\theta_i = \dfrac{v_i}{V}$；$z_i$ 表示行业 i 的碳排放强度，即 $z_i = \dfrac{c_i}{v_i}$。为进一步细分不同类型的技术进步对碳排放的影响机制与效用，将模型（1）中的 z_i 拓展如下：

$$z_i = \frac{c_i}{v_i} = \frac{c_i}{e_i} \cdot \frac{e_i}{v_i} \tag{2}$$

式（2）中，e_i 表示行业 i 的能源消费量，将式（2）代入式（1）可得：

$$C = V \sum_{i=1}^{n} \theta_i \cdot \frac{c_i}{e_i} \cdot \frac{e_i}{v_i} = V \sum_{i=1}^{n} \theta_i \cdot EP_i \cdot EI_i \tag{3}$$

可见，式（3）将 z_i 分解为 EP_i 和 EI_i 两部分，其中，$EP_i = \dfrac{c_i}{e_i}$，代表行业 i 的能源消费碳排放强度，反映行业 i 的环保技术效应；$EI_i = \dfrac{e_i}{y_i}$，代表行业 i 的能

源消费强度，反映行业 i 的生产技术效应。

（二） 研究方法

本文将模型处理为差分模型，该方法的优势在于：其一，能同时反映各因素的直接与间接影响效应；其二，体现了各影响效应伴随工业经济规模增长的动态变化。差分模型如下：

$$\Delta C = \sum_{i=1}^{n} \theta_i \cdot EP_i \cdot EI_i \cdot \Delta V + (V + \Delta V) \sum_{i=1}^{n} EP_i \cdot EI_i \cdot \Delta \theta_i + (V + \Delta V) \sum_{i=1}^{n} \theta_i \cdot EI_i \cdot \Delta EP_i$$

$$+ (V + \Delta V) \sum_{i=1}^{n} \theta_i \cdot EP_i \cdot \Delta EI_i + (V + \Delta V) \sum_{i=1}^{n} \theta_i \cdot \Delta EP_i \cdot \Delta EI_i$$

$$+ (V + \Delta V) \sum_{i=1}^{n} EP_i \cdot \Delta \theta_i \cdot \Delta EI_i + (V + \Delta V) \sum_{i=1}^{n} EI_i \cdot \Delta \theta_i \cdot \Delta EP_i$$

$$+ (V + \Delta V) \sum_{i=1}^{n} \Delta \theta_i \cdot \Delta EP_i \cdot \Delta EI_i \tag{4}$$

其中，等式（4）右边的第一项表示规模效应（GM），即工业经济规模的变动导致碳排放总量的变化；第二项表示结构效应（JG），即产业结构的调整所引起的碳排放总量的变动；第三项表示环保技术效应（HJ），即环保技术水平的变化引起的碳排放总量的改变；第四项表示生产技术效应（SJ），即生产技术的变动导致的碳排放总量的变动。上述前四项为直接影响效应，后四项为间接影响效应。第五项表示混合技术效应（HS），即环保技术和生产技术变化所导致的碳排放总量的变化；第六项表示结构生产技术效应（JS），即产业结构和生产技术的同时变动引起的碳排放总量的变动；第七项表示结构环保技术效应（JH），即产业结构和环保技术的同时变动对碳排放总量的影响；最后一项表示整体效应（ZT），即产业结构与技术的同时变动对碳排放总量的改变。

（三） 数据来源与处理

为保持统计口径的一致性，本文研究集中于 1998～2010 年，期间工业分行业总产值与能源消费数据分别来自《中国统计年鉴》《中国能源统计年鉴》各期，将工业行业归并为 36 个行业类型。另外，电力与热力不仅是工业的一种行业类型，也是其余 35 个工业行业能源消费的重要来源，为避免重复计算，本文在能源消费的统计中剔除了电力与热力的能源消费。各行业碳排放量的估算方法参考《2006 年 IPCC 国家温室气体清单指南》。为了进一步检验不同碳排放水平行业组的影响因素，本文按 1998～2010 年的平均碳排放由低到高的排序将 36 个工业行业区分为高、中、低三个碳排放行业组（每组 12 个工业分行业），将平均碳排放小于 700 万吨的行业划分为低排放行业组，介于 700 万～2100 万吨的行业划分为中排放行业组，高于 2100 万吨的行业划分为高排放行业组。

三、实证分析

（一）不同时间段的实证分析

为了使结论更具可比性，本文以 1998 年为基期，其他年份的数值均为相对于 1998 年的变化量。表 1 给出了碳排放水平的变化值以及各种效应对碳排放贡献率的动态变化累积值。

表 1　　　　　　　　不同时间段工业碳排放变动的环境效应分解

时间段	ΔC（万吨）	GM（%）	JG（%）	HJ（%）	SJ（%）	HS（%）	JS（%）	JH（%）	ZT（%）
1998～1999 年	1750	726.96	−14.29	−20.91	−577.74	2.66	−17.52	0.72	0.12
1998～2000 年	−213	−17838.02	837.46	645.72	16060.03	−121.71	534.63	−12.02	−6.10
1998～2001 年	−1017	−6188.43	184.23	169.95	5901.48	−46.03	89.40	−10.92	0.32
1998～2002 年	3521	2810.29	−256.88	−64.40	−2459.14	21.06	44.57	−5.40	−0.90
1998～2003 年	31975	533.02	−46.20	−3.89	−392.46	0.94	7.46	1.54	−0.41
1998～2004 年	69750	462.37	−23.16	0.16	−341.71	−0.41	2.17	0.78	−0.21
1998～2005 年	91312	403.03	−28.41	0.30	−282.25	−0.34	6.78	1.44	−0.56
1998～2006 年	108024	452.08	−34.72	−0.99	−329.22	0.46	11.50	1.59	−0.64
1998～2007 年	119781	537.04	−39.64	−9.27	−409.24	5.60	14.81	0.93	−0.23
1998～2008 年	134091	583.89	−52.92	−11.87	−448.84	7.60	21.23	0.64	0.27
1998～2009 年	149501	610.82	−45.53	−11.15	−480.71	7.33	18.37	0.31	0.56
1998～2010 年	132832	864.87	−84.53	6.16	−729.60	−4.05	45.24	2.01	−0.10
2000～2005 年	91525	283.88	−20.22	3.55	−171.19	−1.70	5.22	0.54	−0.09
2005～2010 年	41520	859.06	−64.12	16.01	−703.89	−6.16	−0.15	−1.96	1.21

从表 1 中大多数时间段各环境效应的贡献率来看，能明显促进碳排放减少的有利因素分别为结构效应与生产技术效应，而工业规模效应与结构生产技术效应显著促进了工业碳排放的增长，其余效应对碳排放的影响不显著。2002 年以前各环境效应对工业碳排放的影响不确定，进一步对 2002 年以后对碳排放有明显影响的各环境效应进行分析，发现如下特征：

第一，工业经济规模是导致工业碳排放快速增长的主导因素。2002～2010 年间规模效应对碳排放增长的累积贡献率保持稳步上升的趋势。自2003年中国进入工业化中期阶段，工业尤其是重化工业的主导地位加强，而且工业化初期的推进方式具有明显的粗放式特征，导致工业能源消费与碳排放的快速增长。

第二，生产技术效应能显著降低工业碳排放。2002～2010年间生产技术效应对工业碳减排的累积贡献率历经下降—上升两个阶段，从2002年的2459.14%降至2005年的282.25%，随后又回升至2010年的729.60%，这说明生产技术效应对碳减排的促进作用在2002～2005年间逐步弱化，而在2005～2010年间不断增强。可能的原因在于，"十五"期间中国重化工业粗放型增长模式带来的能源无度消耗，忽视了有利于节约能源、能源利用效率提升的技术创新与运用，为解决这一突出问题，"十一五"期间中国能源强度下降19%，实现节能达6.3亿tce左右，其中技术因素占总节能的69%（齐晔，2011）[18]，具体表现为低碳技术装备的国产化率明显提高，多项成本较低的低碳技术得到了广泛运用，说明环境技术的改进（即能源强度的降低）是降低工业碳排放水平的主导因素。

第三，结构效应有利于工业碳排放水平的降低。与生产技术效应相比，2002～2010年间结构效应对工业碳减排的累积贡献率同样历经下降—上升两个阶段，结构效应对碳减排的积极作用在2002～2004年间趋于弱化，而在2004～2010年间不断增强。高能耗、高排放的行业一般集中于重化工业行业，如上文所述，"十五"期间粗放型的工业化增长模式，导致重化工业比重的提升必然带来能源消费与碳排放水平的增长，而在"十一五"期间所实现的6.3亿tce左右节能总量中，结构因素占到了23%（齐晔，2011）[18]，表现为高能耗行业增加值比重有所下降，有利于碳排放水平的降低。

第四，环保技术效应大多数年份有利于工业碳排放水平的降低，但作用并不明显。中国能源资源禀赋以煤炭为主，占一次能源消费比重的70%左右，其次为石油，能源结构的调整受到自然资源禀赋的制约，而且长期以来形成的以煤炭为主的能源消费结构的调整还涉及能源相对价格、消费习惯的调整，因此，短期内能源消费结构调整的空间极为有限。

第五，结构生产技术效应对碳排放存在明显的促进作用。可能的原因在于，中国低碳技术基础薄弱，工业节能技术的提升可能更多地集中在碳排放较高的行业，因此，低碳产业产值比重的提高并不必然伴随相应产业能源强度的下降，为此，需要进一步按工业行业碳排放水平进行分组分析。

（二）不同碳排放组别的实证分析

本文分别估算了三个排放组别的规模效应、生产技术效应、结构效应以及结构生产技术效应，由于2002年以前各环境效应波动较大，运用2002年后的各环境效应变化趋势进行比较，如图1～图4所示。结果表明：（1）规模效应、生产技术效应对中排放组别的工业行业碳排放变动的贡献率最大，低排放组别次之，而对高排放组别的贡献率最小；（2）结构生产技术效应、结构效应对不同排放组别行业碳排放变化的影响存在差异，具体来看，中低排放组的结构生产技术效应会对工业碳减排带来负面影响，而高排放组别的结构生产技术效应则对工业碳减排有积极的促进作用，显然，高排放组与工业行业整体、中低排放组不同，其行业内部产业结构调整与生产技术改进同步变化，进一步说明生产技术改进更多地集中在高排放行业，而中低排放行业的技术创新能力明显不足，另外，中低排放组的工业产业结构调整降低了工业碳排放水平，而高排放行业组的结构调整促进了工业碳排放水平的增长。

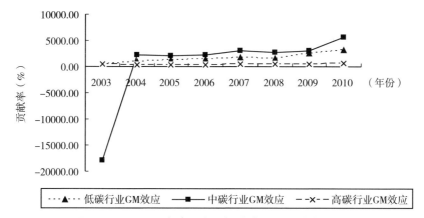

图1　2003～2010年高、中、低排放组 GM 效应贡献率

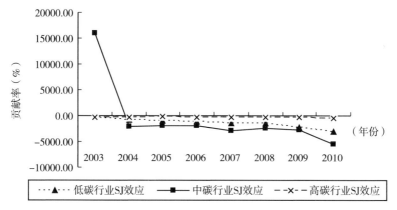

图2　2003～2010年高、中、低排放组 SJ 效应贡献率

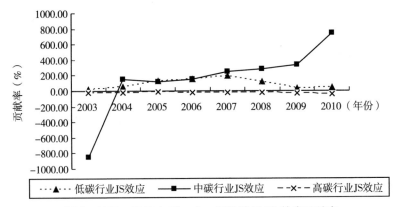

图 3　2003~2010 年高、中、低排放组 JS 效应贡献率

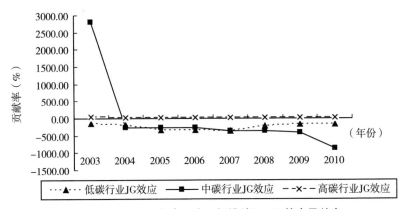

图 4　2003~2010 年高、中、低排放组 JG 效应贡献率

四、主要研究结论与政策启示

(一) 主要研究结论

本文在拓展环境效应分解模型的基础上，运用差分模型对 1998~2010 年间中国工业碳排放动态效应进行分解，结果显示：生产技术效应与结构效应能显著降低工业碳排放，规模效应与结构生产技术效应对工业碳减排存在明显负面影响，环保技术效应作用不明显；分行业研究表明，规模效应、结构生产技术效应、结构效应以及生产技术效应对中排放行业组碳排放变动的贡献率最大，低排放组次之，而高排放组贡献率最小。

（二）政策启示

1. 中国工业碳减排的关键在于低碳核心技术的创新与应用。目前我国低碳技术创新基础薄弱，要实现碳减排目标，需要62种低碳技术支撑，而其中42种为我国目前并不掌握的核心技术，接近70%的低碳核心技术依赖进口[19]。对成熟技术的引进、消化、吸收、再创新的研发投入也是严重不足，据笔者计算，从研发经费支出占GDP的比重来看，我国2001～2011年间该指标从0.95%增至1.83%，年均升幅0.08%，而大多数创新型国家该指标高达3%左右（王小鲁等，2009）[20]，意味着我国在研发投入方面与创新型国家仍然存在较大的差距，持续提高研发投入比重是必要的。除研发投入力度有待加强以外，从研发投入效率来看，对成本较低、节能效率较为突出的成熟技术的吸收与推广应用，能在较短的时间内实现碳排放水平的降低；对节约能源、提升能源利用效率的低碳核心技术自主创新，是中长期工业碳减排实现的关键领域；对清洁能源的开发，以清洁能源结构逐步取代以煤炭主体的能源结构，是长期碳减排持续降低的潜在领域，而短期内能源结构调整的节能减排潜力有限。因此，当前的研发方向应侧重于对低碳成熟技术的吸收与应用，并不断提升低碳核心技术的自主研发能力，同时，相对于高碳排放组工业行业而言，中低碳排放组工业行业的生产技术效应对行业碳减排的贡献率更大，这意味着碳排放水平较低的工业行业的低碳技术创新与推广应用也是不容忽视的。

2. 适度控制工业结构的重型化与过度工业化倾向。重化工业化阶段是中国不可逾越的发展阶段，工业结构的重型化发展将驱动工业碳排放的进一步增长，为适度控制工业结构重型化的负面效应，应大力推进中低排放行业的结构调整，发挥中低排放行业结构调整的积极效应，适度控制高能耗高排放行业规模的过度增长，如黑色金属冶炼及压延加工业、石油和天然气开采业以及石油加工、炼焦及核燃料加工业等高排放行业的相对发展规模，尽可能将工业结构重型化的负面效应降到最低程度，实现工业结构与生态环境的协调发展。

参考文献

[1] Grossman, G. M. and Krueger, A. B, 1991：Environmental Impacts of a North American Free Trade Agreement, NBER Working Paper Series.

[2] Copeland, B. R. and Taylor, M. S, 2003：Trade, Growth and the Environment, NBER Working Paper Series.

[3] Levinson, A, 2009：Technology, International Trade and Pollution from US Manufacturing, American Economic Review, Vol. 99, No. 5.

[4] 成艾华：《技术进步、结构调整于中国工业减排——基于环境效应分解模型的分析》，载《中国人口·资源与环境》2011年第3期。

［5］薛智韵：《中国制造业 CO_2 排放估计及其指数分解分析》，载《经济问题》2011 年第 3 期。

［6］李斌、赵新华：《经济结构、技术进步与环境污染——基于中国工业行业数据的分析》，载《山西财经大学学报》2011 年第 4 期。

［7］Shyamal, P. and Rabindra, N. B, 2004：CO_2 Emission from Energy Use in India：A Decomposition Analysis, Energy Policy, Vol. 32, No. 5.

［8］Tunc, G. I., Turut – Asik, S. and Akbostanci, E. A., 2009：Decomposition Analysis of CO_2 Emissions from Energy Use：Turkish Case, Energy Policy, Vol. 37, No. 11.

［9］李艳梅、杨涛：《中国 CO_2 排放强度下降的结构分解——基于 1997~2007 年的投入产出分析》，载《资源科学》2011 年第 4 期。

［10］潘雄锋、舒涛、徐大伟：《中国制造业碳排放强度变动及其因素分解》，载《中国人口·资源与环境》2011 年第 5 期。

［11］郭朝先：《中国碳排放因素分解：基于 LMDI 分解技术》，载《中国人口·资源与环境》2010 年第 12 期。

［12］许士春、习蓉、何正霞：《中国能源消耗碳排放的影响因素分析及政策启示》，载《资源科学》2012 年第 1 期。

［13］仲云云、仲伟周：《我国碳排放的区域差异及驱动因素分析——基于脱钩和三层完全分解模型的实证分析》，载《财经研究》2012 年第 2 期。

［14］赵志耕、杨朝峰：《中国碳排放驱动因素分解分析》，载《中国软科学》2012 年第 6 期。

［15］Dinda, S, 2004：Environmental Kuznets Curve Hypothesis：A Survey, Ecological Economics, Vol. 49, No. 4.

［16］魏巍贤、杨芳：《技术进步对中国二氧化碳排放的影响》，载《统计研究》2010 年第 7 期。

［17］杨骞、刘华军：《中国二氧化碳排放的区域差异分解及影响因素——基于 1995~2009 年省际面板数据的研究》，载《数量经济技术经济研究》2012 年第 5 期。

［18］齐晔：《中国低碳发展报告（2011~2012）》，社会科学文献出版社 2011 年版。

［19］联合国开发计划署：《2009/10 中国人类发展报告——迈向低碳经济和社会的可持续未来》，2010 年。

［20］王小鲁、樊纲、刘鹏：《中国经济增长方式转换和增长可持续性》，载《经济研究》2009 年第 1 期。

（与李珊珊合作，原载《科研管理》2014 年第 6 期）

中国区域工业企业绿色技术创新效率及因素分解

党的十八大明确提出"科技创新是提高社会生产力和综合国力的战略支撑，必须摆在国家发展全局的核心位置"，强调要坚持走中国特色自主创新道路、实施创新驱动发展战略。技术创新是一个国家或区域经济健康发展的持续动力，而资源环境约束是中国当前经济社会可持续发展的重要"瓶颈"之一，面对日益严峻的资源和环境形势，中国"十三五"规划纲要提出了绿色发展的理念。工业企业在创新活动中发挥着研发投入、专利申请、成果转化等方面的主体作用，是技术创新活动的主要承担者。在科技经济发展与环境污染的矛盾日益激烈的背景下，引导工业企业在提高创新资源利用效率的同时，大力开展绿色技术创新活动，向绿色发展方式转变具有现实意义。库什（Kusz）认为环境因素应该被纳入产品创新的全过程，并基于传统技术创新线性模型提出了绿色技术创新过程。布朗（Brawn）和威尔德（Wield）最先提出绿色技术的概念，并认为绿色技术的内容应该涵盖污染控制、循环再生技术、生态工艺、净化技术、检测与评估技术等多个方面，与单纯追求经济效益而牺牲资源和环境的传统技术创新相比，绿色技术对可持续发展的意义更大，引起了学者们的广泛关注。基于对绿色技术创新内涵理解的差异，区域绿色技术创新效率的测度方法主要有三种：一是以绿色技术创新的成果为依据，运用绿色技术专利的单一指标测度绿色技术创新效率的变化。例如，孙亚梅等以环境技术专利表征创新水平，衡量中国区域环境技术创新水平的空间分异。贾军和张伟以企业申请专利数目表征创新水平，分析了区域内外绿色技术知识存量以及非绿色技术知识存量对技术创新的影响。而绿色技术创新活动涉及面广，仅用单一指标来进行评价，不能全面地反映绿色创新的效率水平。二是运用主成分分析法对区域、产业、企业等的绿色技术创新效率进行评价。例如，王志平和王郁蓉通过构建绿色技术创新效率的指标体系，运用主成分分析法对绿色技术创新效率进行评价。范群林和邵云飞基于聚类法提取代表性的变量，提取主成分，对各区域所属类别进行检验、调整。相比于单一指标测度法，主成分分析法具有全面性的特点，但绿色技术创新是一个动态的过程，主成分分析法且不能反映企业技术创新活动的内在运行机制，更不能反映其阶段性特征。三是从绿色技术创新投入和产出效率的角度，运用非参数方法和参数方法对效率进行测度。非参数方法以 DEA 为代表测度创新效率，例如纳西罗夫斯基（Nasierowski）等利用 DEA 方法对绿色技术创新效率进行测评。白俊红、江可申和李婧用 DEA 法，测算了各区域研发创新各阶段的技术效率、技术进步及全要素生产率增长情况。但是 DEA 无法对创新效率的影响因素进行直接细致的分析。于是姚西龙等利用非参数的 DEA – RAM 方法，将创新效率和绿色效率相融合，得出技术创新的绿色效率评价模型，并利用该模型评价了装备制造业技术创新的绿色效率水平。参数分析方法则以随机前沿分析（SFA）为代表，将实际产出分为生产函数、随机因素和随机扰动对个体差异的影响，能直接对影响因素进行分析，一定程度上弥补了 DEA 的不足，例如 ERIC、冯志军和肖仁桥等运用参数化分析法测度区域绿色技术创新全要素生产率的变化，以反映多投入指标和多产出指标背景下绿色技术创新效率的变动。曹霞和于娟构建随机前沿评测效率的改进模型，对中国各省域研发创新效率及影响因素进行实证分析。钱丽、肖仁桥和陈忠卫将企业技术创新活动分解为科技研发和成果转化两个相关联的子过程，分析各省企业绿色科技研发、成果转化效率以及区域间的技术差距。参数方法和非参数方法解决了不能评价阶段性效率的问题，但是其因为无法对影响因素进行直接细致分析，也存在一定的局限性。

与以往的研究相比，本文利用主成分和 EDA 结合的方法测算中国工业企业绿色技术创新效率，既能对影响因素进行分析，又能反映绿色技术创新各个阶段的效率，拓展了绿色技术创新效率测评的视角。将环境因素纳入工业企业创新过程的投入产出框架，对比分析中国区域工业企业绿色技术创新效率与传统技术创新效率。

一、绿色技术创新效率评价指标及模型构建

（一）　两阶段创新价值链下绿色技术创新效率的评价指标及数据处理

近年来，企业技术创新价值链的研究取得了一定的进展，余泳泽（2009），付强、马玉成（2011），李阳等（2014）基于价值链理论，将技术创新的过程分为技术开发和技术成果转化两个阶段，并分别对各阶段的效率及其影响因素进行了实证研究。张江雪和朱磊（2012）将资源生产率和环境负荷视作产出，对中国各省份工业企业技术创新效率进行实证研究。基于价值链技术创新绩效评价方面的成果丰富多彩，但基于企业创新过程视角的绿色技术创新评价指标体系构建较

为缺乏，不同于单一指标和主成分法的综合指标视角，基于价值链视角的技术创新效率可以反映企业技术创新活动内部运营机制。因此，本文在前人研究的基础上，利用价值链理论，构建中国工业企业绿色技术创新效率。在价值链视角下，企业绿色技术创新活动的过程被进一步阶段化，能够更好地揭示技术创新每个阶段的绩效。两阶段创新价值链认为绿色技术创新过程分为绿色技术开发和绿色技术成果转化两个阶段（见图1）。第一阶段为绿色技术开发阶段，主要指在绿色理念的引导下，投入研发人员和研发资本，通过一段时间的研究、开发及测试，产生一系列中间产出（专利申请数、发明专利数、新产品开发项目等），进入第二阶段的绿色技术成果转化阶段，该阶段的主要任务是工业生产及销售，第一阶段的中间产出又成为该阶段的投入，最终产出包括工业总产值、工业新产品产值、企业运行水平等期望产出以及环境污染这一非期望产出。即第一阶段包括绿色技术创新投入和中间产出，第二阶段包括期望产出和非期望产出（见表1）。而绿色技术创新与传统的技术创新的不同点在于考虑了环境产出，一般而言，技术创新过程中环境污染水平越低，则该技术创新绿色程度越高。

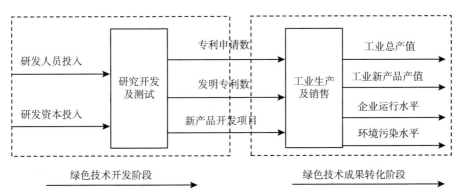

图1 两阶段创新价值链下工业企业绿色技术创新过程

表1 绿色技术创新效率评价指标体系

阶段	类别	指标及单位	数据来源
绿色技术开发阶段	绿色技术创新投入	X_1：R&D 经费（万元）；X_2：R&D 人员全时当量（人年）；X_3：R&D 项目数（项）；X_4：新产品开发经费支出（万元）	《中国科技统计年鉴》
	中间产出	X_5：专利申请数（件）；X_6：发明专利（件）；X_7：R&D 人员人均专利申请数（件/人）；X_8：R&D 经费平均专利申请数（件/万元）	《中国科技统计年鉴》

续表

阶段	类别	指标及单位	数据来源
绿色技术成果转化阶段	期望产出	X_9：新产品销售收入（万元）；X_{10}：R&D 经费平均新产品收入；X_{11}：R&D 人员人均新产品销售收入（万元/人）；X_{12}：总资产贡献率（%）；X_{13}：资产负债率（%）；X_{14}：工业成本费用利润率（%）；X_{15}：工业总产值（万元）	$X_9 \sim X_{11}$ 来源于《中国科技统计年鉴》、$X_{12} \sim X_{15}$ 来源于《中国统计年鉴》
	非期望产出	X_{16}：单位工业 GDP 工业废水排放量（万吨）；X_{17}：单位工业 GDP 二氧化硫（万吨）；X_{18}：单位工业 GDP 氮氧化物（万吨）；X_{19}：单位工业 GDP 烟（粉尘）（万吨）；X_{20}：单位工业 GDP 一般工业固体废物产生量（万吨）	《中国环境统计年鉴》

1. 绿色技术创新投入。选取了能反映投入的 R&D 经费、R&D 人员全时当量、R&D 项目数及新产品开发经费支出 4 个指标。其中 R&D 经费、新产品开发经费支出是资金方面的投入，R&D 人员全时当量是人力方面的投入，R&D 项目数可以反映数量的投入，一般情况下，成立的项目越多，投入的就资金越多，产生的成果也越多，所以选取该指标。

2. 中间产出。选取专利申请数、发明专利、R&D 人员人均专利申请数、R&D 经费平均专利申请数 4 个指标，其中 R&D 人员人均专利申请数是专利申请数与 R&D 人员全时当量的比值、R&D 经费平均专利申请数是专利申请数与 R&D 经费的比值。尽管专利质量常常受到质疑，但相比其他指标，专利是目前衡量科技产出最优的指标，本文将其作为中间产出，是为了检验专利的经济、社会、环境效益的转化水平。R&D 人员人均专利申请数、R&D 经费平均专利申请数两个指标则用来衡量企业技术创新中间产出效率。

3. 期望产出。选取新产品销售收入、R&D 经费平均新产品收入、R&D 人员人均新产品销售收入、总资产贡献率、资产负债率、工业成本费用利润率、工业总产值 7 个指标，其中 R&D 经费平均新产品收入用新产品销售收入与 R&D 经费的比值表示，R&D 人员人均新产品销售收入用新产品销售收入与 R&D 人员全时当量的比值表示。产品销售收入、R&D 经费平均新产品收入和 R&D 人员人均新产品销售收入通常被用来衡量企业产品创新程度和创新效率。总资产贡献率、资产负债率、工业成本费用利润率和工业总产值用来衡量企业的经济效益，因为衡量一个企业的技术创新效率不能仅考虑其技术创新的强度和水平，还应考虑技术创新所导致的企业负债、成本费用、利润等情况。

4. 非期望产出。主要指环境效益方面，选取了工业企业在运行过程中产生的废气、废水、固废等方面的指标，包括单位工业 GDP 工业废水排放量、单位工业 GDP 二氧化硫、单位工业 GDP 氮氧化物、单位工业 GDP 烟（粉尘）、单位工业 GDP 一般工业固体废物产生量 5 个指标。一般而言，这些废水、废气、固废排放量越低，工业企业绿色技术创新效率越高。由于非期望产出指标与技术创新效率负相关，所以本文采用 MOHTADI 和陈诗一的做法，将环境作为投入部分纳入第一阶段进行测算。将资产负债率、单位工业 GDP 工业废水排放量、单位工业 GDP 二氧化硫、单位工业 GDP 氮氧化物、单位工业 GDP 烟（粉尘）、单位工业 GDP 一般工业固体废物产生量等负指标进行正向化处理。

根据数据的可获得性和研究目的，因为西藏数据缺失较为严重，所以本文实证样本采用中国 2011～2014 年的 30 个省份的规模以上工业企业的投入、产出的面板数据来评价绿色技术创新的效率（见表 1）。数据来源于相应年份的《中国统计年鉴》《中国科技统计年鉴》和《中国环境统计年鉴》。

（二）模型构建

从两阶段创新价值链的角度构建绿色技术创新效率测算模型，运用 DEA 模型测算绿色技术创新效率，同时将考虑和不考虑环境因素两种情形下的技术创新效率进行对比分析。一般情况下，DEA 方法是基于投入导向的，并假设规模报酬不变，即 CRS 模型，该模型假设企业均以最优规模运营，然而在实际运营中，企业在时间序列上均是规模可变的，因此法尔、格罗斯克夫等学者基于 CRS 模型提出了 VRS 模型，该模型是企业以非最优规模运营状态下的规模收益可变的效率模型，更加贴近实际。本研究也选择 VRS 模型测算，因此中国区域工业企业绿色技术创新效率对式（1）的求解。

$$\max_{u,v}(uy_{it})$$
$$vx_{it} = 1$$
$$St：uy_{jt} - vp_{jt} \leqslant 0，j = 1，2，\cdots，I$$
$$u，v \geqslant 0 \tag{1}$$

式（1）中 I 表示中国各省（市），x_{it} 表示第 i 个省（市）t 年的技术创新的投入向量，v 表示投入权数的向量。y_{it} 表示第 i 个省（市）t 年的技术创新的产出向量，u 表示技术创新产出权重的向量。

根据线性规划的对偶理论推导出式（2）。

$$\min_{\alpha,\beta}\alpha$$
$$-y_{it} + Y_{\beta} \geqslant 0$$
$$\alpha x_{it} + X_{\beta} \geqslant 0$$
$$St：I1\beta \leqslant 1$$

$$\beta \geqslant 0 \tag{2}$$

式（2）中，X 表示所有 I 个省（市）的技术创新投入矩阵，Y 表示所有 I 个省（市）的技术创新产出矩阵，β 表示一个 I×1 的常数向量，I1β 为凸性约束条件。

因为本研究涉及的指标较多，且技术创新的指标之间可能存在较强的相关性，很大程度上会影响 DEA 的测算结果，所以本文先对数据进行相关性检验，如果各数据之间存在较强的相关性，则通过主成分分析法对数据进行降维处理，建立基于主成分分析的投入产出数据库，再用经过降维处理过的数据用 DEA 进行效率测算，这种将主成分分析法与 DEA 法相结合的做法既能消除数据之间较强的相关性，又可以保证各指标信息的完整性，从而使 DEA 测算结果更为科学。

二、中国分区域工业企业绿色技术创新两阶段效率测算与评价

（一）　绿色技术创新两阶段效率测算

在计算中国区域工业企业绿色技术创新效率之前，首先用 Pearson 检验对各个指标进行相关性分析，结果显示，除 X_{13}、X_{14} 两个指标与其他指标相关性较弱外，其余指标之间相关性均超过 0.9，一方面说明中国工业企业技术创新指标之间以及与环境指标之间的相关性较强，这与中国当前工业经济粗放型发展模式的现实相符；另一方面说明指标之间可能存在共线性问题，为了保证测算的科学性，需要通过主成分分析法对各因素进行降维处理。

首先，对技术创新开发阶段考虑环境和不考虑环境两种情况变量进行降维处理。考虑环境的情况下，KMO 测度值为 0.803，Bartlett's 球形检验的显著性水平 sig =0 <0.05，说明数据很适合做主成分分析。根据 Kaiser 准则，将特征根大于 1 作为选取因子的原则，并利用最大变异法（Varimax）作为正交转轴，保留因子载荷量绝对值大于 0.4 的项目，提取主成分 F_1、F_2 和 F_3，累积解释贡献率分别为 43.33%、64.702% 和 85.048%，因此可以代表 13 个投入指标的大多数信息。通过三个主成分计算，得出 2011～2014 年各主成分得分，由于主成分得分有很多值为负值，因此需要进行正向化处理，得到考虑环境的绿色技术开发阶段效率。其次，用同样的方法测算出不考虑环境污染的传统技术开发效率以及绿色技术成果转化阶段效率。

用主成分分析法得出的结果计算中国 2011～2014 年各省份考虑环境的绿色技术开发效率、不考虑环境的传统技术开发效率和绿色技术成果转化效率均值，按照区域计算均值得出分区域绿色技术开发效率和绿色技术成果转化效率（见表

2 和表3）。

表 2 2011～2014 年不考虑和考虑环境污染的分区域*
绿色技术创新两阶段效率均值

类别	区域	2011 年	2012 年	2013 年	2014 年	均值
传统技术开发效率（不考虑环境因素）	东部	0.580	0.732	0.662	0.708	0.671
	中部	0.404	0.424	0.446	0.458	0.433
	西部	0.352	0.37	0.382	0.388	0.373
	全国	0.445	0.509	0.497	0.518	0.492
绿色技术开发效率（考虑环境因素）	东部	0.259	0.338	0.308	0.32	0.306
	中部	0.16	0.171	0.183	0.194	0.177
	西部	0.128	0.14	0.148	0.15	0.142
	全国	0.182	0.216	0.213	0.221	0.208
绿色技术成果转化效率	东部	0.529	0.498	0.512	0.51	0.512
	中部	0.47	0.456	0.445	0.476	0.462
	西部	0.388	0.354	0.385	0.385	0.378
	全国	0.462	0.436	0.447	0.457	0.451

注：* 按照一般划分方法，东部包括北京、辽宁、天津、河北、上海、江苏、浙江、福建、山东、广东和海南；中部包括山西、安徽、江西、河南、湖北、湖南、吉林、黑龙江；西部包括内蒙古、广西、重庆、四川、贵州、云南、西藏、陕西、甘肃、青海、宁夏和新疆。

表 3 2011～2014 年中国各省份绿色技术创新两阶段效率均值

省份	绿色技术开发效率	排名	绿色技术成果转化效率	排名	省份	绿色技术开发效率	排名	绿色技术成果转化效率	排名
江苏	0.599	1	0.681	1	海南	0.154	16	0.528	7
广东	0.510	2	0.624	3	河北	0.154	17	0.419	20
浙江	0.383	3	0.546	6	江西	0.152	18	0.464	17
山东	0.310	4	0.514	10	广西	0.152	19	0.513	11
上海	0.305	5	0.647	2	陕西	0.152	20	0.248	27
北京	0.283	6	0.554	5	吉林	0.142	21	0.474	15
天津	0.261	7	0.521	9	贵州	0.135	22	0.331	25
安徽	0.242	8	0.505	12	黑龙江	0.135	23	0.235	28
福建	0.232	9	0.493	13	云南	0.133	24	0.367	23

续表

省份	绿色技术开发效率	排名	绿色技术成果转化效率	排名	省份	绿色技术开发效率	排名	绿色技术成果转化效率	排名
湖北	0.223	10	0.468	16	新疆	0.129	25	0.362	24
湖南	0.212	11	0.597	4	山西	0.121	26	0.325	26
四川	0.212	12	0.438	18	甘肃	0.119	27	0.422	19
重庆	0.193	13	0.523	8	宁夏	0.114	28	0.407	22
河南	0.189	14	0.417	21	内蒙古	0.109	29	0.221	29
辽宁	0.179	15	0.485	16	青海	0.108	30	0.156	30

（二） 绿色技术创新两阶段效率评价

从绿色技术开发阶段效率来看，第一，整体而言，2011～2014年各省份在考虑环境因素情况下的绿色技术开发效率均值为0.208，比不考虑环境因素的传统技术开发效率均值（0.492）低0.284，差距明显，这与钱丽等（2015）的结论一致，说明中国工业企业的废气、废水、固体废弃物等污染物的排放拉低了绿色技术开发效率，污染物排放是影响中国工业企业绿色技术创新效率低下的主要因素。第二，从区域来看，三大区域的绿色技术开发效率均低于传统技术开发效率，且考虑环境的情况下，地区差距更大，说明中、西部地区面临的环境问题更加严峻。三大区域技术开发效率不平衡，无论考虑环境因素与否，东部地区技术开发效率均最高，中、西部地区次之。说明东部地区凭借自身的区位、资源、人才、产业等优势，在技术创新方面取得了显著成绩，明显强于中、西部地区，而中、西部地区的技术创新的经济和环境效率均有很大的提升空间。第三，从省份排名来看，排名前7位的均是东部地区省份，而排名后10名的省份中，有8个是西部省份，四川、重庆、贵州等地绿色技术开发投入机制运行相对较好，相对拉高了西部地区的水平。第四，从时间来看，全国及各区域绿色技术开发效率均呈现递增趋势，说明中国实施创新驱动发展战略以来，整体的创新环境和制度逐渐完善。

从绿色技术成果转化阶段效率来看，第一，整体而言，因为将环境因素纳入到了第一阶段，所以这一阶段两种情况下效率没有差别，绿色技术成果转化效率全国为0.451，仍有较大提升空间，东部地区效率最高（0.512），中、西部地区分别为0.462和0.378，与创新技术开发阶段效率排序一致。第二，从分省排名来看，绿色技术成果转化阶段效率与绿色技术开发阶段效率的排名比较有些变化。绿色技术开发阶段效率排名前三位的是江苏、广东和浙江，排名后三位的是宁夏、内蒙古和青海；绿色技术成果转化阶段效率排名前三位的是江苏、上海和广东，排名后三位的是青海、内蒙古和黑龙江。尽管各省份的排名有些变化，但总体而言，东部地区省份大部分排名较靠前，西部地区省份排名大部分较靠后，特别是内蒙古和青海两个阶段排名均较靠后，是未来政策需要关注的重点区域。第三，从时间来看，全国、东部和西部地区绿色技术成果转化效率逐年上升，中部地区先降低后升高，成果转化效率不稳定，可能的原因是中部地区规模技术效率的不稳定，即中部地区各城市技术规模未达到最优状态。

三、中国分区域工业企业绿色技术创新效率测算与因素分解

（一）基于原始数据测算的绿色技术创新效率

利用中国 2011～2014 年各指标投入、产出的原始数据，采用规模效益可变模型（VRS）测算各个区域分年的绿色技术创新效率值，结果见表 4。未经处理的数据进行效率计算，大多数省份各年的技术创新效率均为 1，区分度不大，可能的原因是选取评价的指标数量较多，且数据与数据之间相关性较强，降低了技术创新效率的可区分度，所以需要用进行降维处理后的数据进行分析。

表 4　　　　　　基于原始数据计算的 2011～2014 年中国各省份
工业企业绿色技术创新效率（DEA）

省份	2011 年	2012 年	2013 年	2014 年	省份	2011 年	2012 年	2013 年	2014 年
北京	1	1	1	1	河南	1	1	1	1
天津	0.853	0.908	1	1	湖北	0.891	0.884	0.884	0.97
河北	0.926	0.749	0.766	0.826	湖南	1	1	1	1
山西	1	1	1	1	广东	1	1	1	1
内蒙古	1	1	1	1	广西	1	1	1	0.941
辽宁	1	0.999	1	1	海南	1	1	0.97	1
吉林	1	1	0.936	1	重庆	1	0.837	0.836	0.945
黑龙江	1	1	0.986	1	四川	1	0.908	0.905	0.889
上海	1	0.955	0.953	1	贵州	1	1	0.963	1
江苏	1	1	1	1	云南	1	1	1	0.97
浙江	1	0.935	1	1	陕西	1	0.875	0.772	0.767
安徽	1	0.934	0.934	1	甘肃	1	0.958	0.844	0.901
福建	0.996	0.794	0.724	0.678	青海	1	1	1	1
江西	1	1	1	1	宁夏	1	1	1	0.92
山东	1	1	1	1	新疆	1	1	1	1

（二）　基于主成分降维后的数据测算的绿色技术创新效率

用经过主成分分析法降维处理后的投入、产出数据测算出中国区域工业企业绿色技术创新效率并进行因素分解，计算均值（结果见表5和表6）。

表5　　　　　2011~2014年分区域绿色技术创新效率及因素分解

年份	区域	东部	中部	西部	全国
2011	综合技术效率	0.262	0.207	0.210	0.226
	纯技术效率	0.339	0.324	0.368	0.343
	规模效率	0.753	0.644	0.584	0.661
2012	综合技术效率	0.351	0.213	0.238	0.267
	纯技术效率	0.424	0.323	0.401	0.383
	规模效率	0.785	0.660	0.606	0.683
2013	综合技术效率	0.314	0.218	0.216	0.249
	纯技术效率	0.387	0.324	0.350	0.354
	规模效率	0.789	0.677	0.621	0.696
2014	综合技术效率	0.324	0.218	0.215	0.252
	纯技术效率	0.396	0.316	0.346	0.353
	规模效率	0.794	0.688	0.625	0.702

表6　　　　2011~2014年各省份绿色技术创新效率、因素分解及重点策略

省份	综合技术效率	纯技术效率	规模效率	重点策略		省份	综合技术效率	纯技术效率	规模效率	重点策略	
				提高区域技术	减少资源冗余					提高区域技术	减少资源冗余
江苏	0.596	0.637	0.92	—	—	河南	0.238	0.344	0.694	○	○
广东	0.559	0.615	0.909	—	—	贵州	0.216	0.357	0.604	○	○
北京	0.548	0.704	0.778	—	○	吉林	0.194	0.338	0.574	○	●
浙江	0.365	0.425	0.858	○	—	辽宁	0.192	0.282	0.681	●	○
上海	0.318	0.501	0.636	—	○	河北	0.191	0.299	0.639	●	○
山东	0.314	0.385	0.813	○	—	江西	0.191	0.323	0.592	○	●
福建	0.302	0.5	0.604	—	—	广西	0.188	0.314	0.599	○	○
天津	0.288	0.386	0.746	○	○	黑龙江	0.185	0.256	0.725	●	○

省份	综合技术效率	纯技术效率	规模效率	重点策略		省份	综合技术效率	纯技术效率	规模效率	重点策略	
				提高区域技术	减少资源冗余					提高区域技术	减少资源冗余
安徽	0.28	0.516	0.544	—	●	新疆	0.171	0.269	0.636	●	○
重庆	0.268	0.337	0.793	○	○	山西	0.165	0.235	0.7	●	○
陕西	0.261	0.337	0.775	○	○	内蒙古	0.157	0.246	0.64	●	○
四川	0.255	0.351	0.722	○	○	云南	0.155	0.243	0.636	●	○
湖南	0.249	0.329	0.755	○	○	宁夏	0.148	0.266	0.557	●	●
湖北	0.247	0.336	0.733	○	○	甘肃	0.126	0.221	0.569	●	●
海南	0.246	0.303	0.81	○	—	青海	0.125	0.201	0.618	●	○

注："○"表示需要采取相应的措施，"●"表示强调特别需要采取相应的措施，"－"表示暂不需要采取相应的措施。

第一，从全国层面来看，中国整体效率偏低，有较大提升空间。2012 年的绿色技术创新效率较 2011 年有所上升，但是 2013 年又有所下降，2014 年又呈上升趋势，但是没有达到 2011 年的水平，说明中国技术创新效率不稳定。从纯技术效率来看，2012 年较 2011 年略有上升，但是 2012 年以来，呈逐渐下降趋势，而规模效率则从 2011 年的 0.661 逐年上升到 2014 年的 0.702。表明随着中国工业企业要素投入结构的不断优化，资源冗余浪费现象有所减少，未来应当适度控制规模，纯技术效率是导致整体效率低的主要原因，因此在企业绿色技术开发和成果转化两个阶段，均要提高技术资源的高效利用，提高纯技术效率。

第二，从区域层面来看，2011～2014 年东部地区综合技术效率、纯技术效率和规模效率始终高于中、西部地区，且区域差距从 2011 年的 0.052 上升到 0.109。西部地区综合技术效率 2011 年和 2012 年均高于中部地区，而 2013 年和 2014 年中部地区高于西部地区，说明随着中部崛起、长江中游城市群战略的实施，中部地区的绿色技术创新效率不断上升。另外，中部地区的纯技术效率小于西部地区，规模效率大于西部地区，说明中部地区资源冗余浪费现象优于西部地区，而研发管理和制度建设方面有更多的潜力可挖。总体而言，中部和西部地区在纯技术效率和规模效率两个方面提升空间都很大。

第三，从各省份结果来看（见表6），综合技术效率江苏、广东、北京、浙江、上海排名前五，纯技术效率北京排名第一，江苏、广东、上海、福建次之，这些省份是中国技术开发配套设施最完善、市场化程度最高的区域，技术开发和成果转化水平也最高。辽宁、河北、黑龙江、新疆、山西、内蒙古、云南、宁夏、甘肃、青海等地区纯技术效率均值在 0.3 以下左右，要注重提高区域技术。

规模效率江苏、广东、浙江、山东等省（市）达到 0.8 以上，说明这些地区资源冗余较少，资源优化配置较其他地区要优，而甘肃、宁夏、广西、江西等规模效率均在 0.6 以下，需要优化资源配置，减少资源冗余。总体而言，辽宁、河北、黑龙江、新疆、山西、内蒙古、云南、青海等特别要注重提高区域技术，安徽、吉林、江西、广西等区域要特别注重减少资源冗余，宁夏、甘肃则需要内外兼修，要注重提高区域技术还要注意较少资源冗余。

四、结论

基于两阶段创新价值链下的工业企业绿色技术创新过程，构建了中国工业企业绿色技术创新效率评价体系，同时对这些指标数据运用主成分分析法进行降维处理，计算出两阶段技术创新效率，再通过 DEA 测算出全国及各区域工业企业绿色技术创新效率，得出以下结论：

第一，2011～2014 年中国工业企业绿色技术创新效率整体偏低、呈不稳定状态，其中规模效率逐年提升，纯技术效率总体呈下降趋势，说明纯技术效率是导致整体效率低的主要原因。中国区域、分省之间绿色技术创新效率差距明显，且存在逐年扩大的风险。东部地区综合技术效率、纯技术效率和规模效率均领先于中、西部地区，中部地区资源冗余浪费现象优于西部地区，而企业研发管理和制度建设方面有更多的潜力可挖。省际排名与经济发展基础呈现出一定的相关性，经济基础好的江苏、广东、北京、浙江、上海等绿色技术创新效率高，经济基础差的安徽、吉林、江西、广西、宁夏、甘肃等绿色技术创新效率低。部分省份绿色技术创新效率不高的根源存在差异，辽宁、河北、黑龙江、新疆、山西、内蒙古、云南、青海等主要原因在于企业研发技术水平不高，安徽、吉林、江西、广西等主要原因在于资源冗余现象严重，而宁夏和甘肃两种原因兼而有之。

第二，价值链的两个阶段，全国两阶段效率均呈现逐年递增的态势，但整体效率提升空间巨大。技术开发阶段，中国以及三大区域绿色技术开发效率均低于传统技术开发效率，考虑环境情况下区域差距更大，说明污染物排放是影响中国工业企业绿色技术创新效率低下的主要因素，中、西部地区面临的环境问题更加严峻。绿色技术成果转化阶段，区域不均衡现象依然严重，全国、东部和西部地区绿色技术成果转化效率逐年上升，中部地区先降低后升高，成果转化效率不稳定，可能的原因是中部地区规模技术未达到最优状态。两个阶段分省排名存在一定差异，但总体而言，东部地区省份大部分排名较靠前，西部地区省份排名大部分较靠后，进一步说明了中西部地区绿色创新技术远低于东部地区，有巨大潜力可挖。

以上结论蕴含的政策含义包括：（1）将环境指标纳入工业企业技术创新效率评价体系，建立绿色经济发展模式，寻求实现经济增长与环境保护双赢的机制，提升中国工业企业绿色技术创新效率。（2）加快区域协同发展，缩小中国东、中、西部差异。基于东部地区工业企业绿色技术创新效率处于领先地位、中西部地区绿色技术创新效率低下的现实情况。东部地区应大力开展原始创新、颠覆式创新和集成式创新，充分发挥技术溢出效率，引领和带动中西部协同发展。中部地区重点提升企业研发管理和制度建设水平，西部地区重点解决资源冗余问题。（3）因地制宜，根据各省份绿色技术创新效率不高的根源，采取有针对性的政策。辽宁、河北、黑龙江、新疆、山西、内蒙古、云南、宁夏、甘肃、青海等区域要重点提高企业研发技术水平，安徽、吉林、江西、广西、宁夏、甘肃等区域要重点解决资源冗余问题。（4）加大技术投入，控制污染物排放，推动以科技创新为核心的全面创新。加强对绿色技术开发、清洁生产设备等方面的投入，以供给侧改革为突破口，形成以科研院所为依托，以企业为主体，布局合理、结构优化、机制完善的开放型绿色技术创新体系。

参考文献

［1］Kusz J. , 1991：Integrating environmental goals and the product development process, The design actions and resources for the environment conference proceedings, Boston, Mass, USA.

［2］Brawn E. , Wield D. , 1994：Regulation as a means for the social control of technology, Technology analysis and strategic management, Vol. 6, No. 3.

［3］孙亚梅、吕永龙、王铁宇等：《基于专利的区域环境技术创新水平空间分异研究》，载《环境工程学报》2007 年第 3 期。

［4］贾军、张伟：《绿色技术创新中路径依赖及环境规制影响分析》，载《科学学与科学技术管理》2014 年第 5 期。

［5］王志平：《生产效率的区域特征与生产率增长的分解——基于主成分分析与随机前沿超越对数生产函数的方法》，载《数量经济技术经济研究》2010 年第 1 期。

［6］王郁蓉：《我国各区域企业绿色技术创新绩效比较研究》，载《技术经济》2012 年第 10 期。

［7］范群林、邵云飞、唐小我：《中国 30 个地区环境技术创新能力分类特征》，载《中国人口·资源与环境》2011 年第 6 期。

［8］Nasierowski W. , Arcelus F. J. , 2000：On the efficiency of national innovation systems, Socio-economic planning sciences, Vol. 37, No. 3.

［9］Guan J. C. , Chen K. H. , 2010：Measuring the innovation production process：A cross-region empirical study of China's high-tech innovation, Technovation, Vol. 59, No. 5/6.

［10］白俊红、江可申、李婧：《中国地区研发创新的技术效率与技术进步》，载《科研管理》2010 年第 6 期。

［11］姚西龙、王文熹、刘佳：《我国装备制造业技术创新的绿色绩效研究》，载《科技和产业》2015 年第 1 期。

［12］Eric C. W. , 2007：R&D Efficiency and economic performance cross-country analysis using the stochastic frontier approach, Journal of Policy Modeling, Vol. 29, No. 2.

［13］冯志军、陈伟：《技术来源与研发创新全要素生产率增长——基于中国区域大中型工业企业的实证研究》，载《科学学与科学技术管理》2013 年第 3 期。

［14］肖仁桥、王宗军、钱丽：《环境约束下中国省际工业企业技术创新效率研究》，载《管理评论》2014 年第 6 期。

［15］曹霞、于娟：《创新驱动视角下中国省域研发创新效率研究——基于投影寻踪和随机前沿的实证分析》，载《科学学与科学技术管理》2015 年第 4 期。

［16］钱丽、肖仁桥、陈忠卫：《我国工业企业绿色技术创新效率及其区域差异研究——基于共同前沿理论和 DEA 模型》，载《经济理论与经济管理》2015 年第 1 期。

［17］余泳泽：《我国高技术产业技术创新效率及其影响因素研究——基于价值链视角下的两阶段分析》，载《经济科学》2009 年第 4 期。

［18］付强、马玉成：《基于价值链模型的我国高技术产业技术创新双环节效率研究》，载《科学学与科学技术管理》2011 年第 8 期。

［19］李阳、党兴华、韩先锋等：《环境规制对技术创新长短期影响的异质性效应——基于价值链视角的两阶段分析》，载《科学学研究》2014 年第 6 期。

［20］张江雪、朱磊：《基于绿色增长的我国各地区工业企业技术创新效率研究》，载《数量经济技术经济研究》2012 年第 2 期。

［21］刘伟、陈菁泉、李星星：《中国省际高新技术产业技术创新的 TFP 测算及收敛趋势研究》，载《经济理论与经济管理》2013 年第 1 期。

［22］Mohtadi H. , 1996：Environment, growth, and optimal policy design, Journal of Public Economics, Vol. 63, No. 1.

［23］陈诗一：《能源消耗、二氧化碳排放与中国工业的可持续发展》，载《经济研究》2009 年第 4 期。

［24］马勇、刘军：《长江中游城市群产业生态化效率研究》，载《经济地理》2015 年第 6 期。

（与梁圣蓉合作，原载《中国人口·资源与环境》2016 年第 9 期）

区域绿色技术创新效率对
生态效率的影响分析

"创新、协调、绿色、开放、共享"的五大发展理念中，"创新"和"绿色"都被放到重要位置。大中型企业是技术创新的重要平台，从"创新"的角度看，2005~2014年中国大中型企业 R&D 经费内部支出的年增长率达到 11.1%，技术创新日益受到重视。但从"绿色"的角度看，耶鲁大学发布《2016 年全球环境绩效指数报告》中空气质量排名，中国在测算的 180 个国家中排名倒数第二，生态环境不断恶化，"创新"和"绿色"未能实现协调发展。

一、文献综述

（一）绿色技术创新效率研究综述

关于绿色技术创新效率的研究主要集中在两个方面：绿色技术创新效率特征和影响因素。

绿色技术创新效率特征方面，冯志军（2013）运用 DEA – SBM 模型对中国 30 个省份规模以上工业企业的绿色创新效率进行测算并分析，研究发现绿色创新效率与区域经济发展水平有正相关性，经济相对发达的沿海地区绿色创新率高于其他地区[1]。肖仁桥、王宗军等（2014）运用共享投入关联型 DEA 模型，对 2003~2010 年中国各省份企业绿色两阶段创新效率进行了测算，发现约 30% 的省份企业创新资源利用模式属于"低研发低转化"型，且主要来自中西部以及东北地区；绿色技术创新效率东部、西部、东北以及中部依次递减[2]。钱丽、肖仁桥等（2015）研究发现中国各省份研发效率东部、西部、中部依次递降，成果转化效率东部、中部、西部依次递减[3]。黄奇、苗建军等（2015）研究发现中国各省市平均绿色技术创新效率东部、中部和西部依次递减[4]。总体来看，中国的绿色技术创新效率呈现发达地区高于不发达地区的态势，区域分化较为明显。

绿色技术创新效率影响因素来源有三：要素投入、环境规制和国外绿色技术溢出。绿色技术创新效率的高低与要素投入关系密切。张江雪、朱磊（2012）运用四阶段 DEA 模型对中国 2009 年各省份工业企业技术创新效率进行实证研究，地方政府对科技、环保的支持力度和地区的科技意识对地区工业企业技术创新效率有正向作用[5]。黄奇、苗建军等（2015）构建非期望 DEA – SBM 模型，对2005～2010 年中国 30 个省份工业企业绿色技术创新效率进行了测算，分析发现人力资本水平、基础设施等因素对中国绿色技术创新效率有不同程度的正向影响[4]。任耀、牛冲槐（2014）基于 RAM – DEA 模型，对 2001～2013 年山西省11 个地级市的绿色创新效率进行了测度，分析发现能源投入的无效率工业绿色创新效率有负向影响[6]。钱丽、肖仁桥等（2015）基于共同前沿理论和 DEA 模型，测算了 2003～2010 年中国各省份工业企业绿色技术研发效率和成果转化效率，分析发现国有经济比重、外商投资和技术交易环境等因素对科技研发效率有促进作用，技术交易环境对成果转化效率有正向作用，而企业规模对两者都有负向作用[3]。

环境规制对绿色技术创新效率的影响复杂。有些学者认为环境规制对绿色技术创新有促进作用。大卫·波普（David Popp，2005）通过对国际专利数据的分析，发现价格和环境规制对企业的绿色技术创新有促进作用[7]。许士春、何正霞等（2012）通过分析排污税、拍卖的排污许可和可交易的排污许可这三种环境规制措施对企业绿色技术创新的影响发现，排污税率和排污许可价格对企业绿色技术创新有正向作用[8]。曹霞、张路蓬（2015）借鉴利益相关者理论并利用 Lotka – Volterra 模型对企业绿色技术创新扩散进行了研究，结果发现政府规制促进了绿色创新技术在社会系统中的扩散[9]。也有一些学者认为环境规制对绿色技术创新的影响有阶段性。李婉红、毕克新等（2013）通过对中国 16 个污染密集行业 2003～2010 年的面板数据进行实证研究，结果表明当行业规模较小时政府的环境规制政策不会促进行业实施绿色技术创新，反之则会促进行业的绿色技术创新[10]。曹霞、于娟（2015）利用基于 PP 模型改进的 SFA 模型，对 2005～2011年中国省际绿色创新效率进行了测度，研究发现环境规制与创新效率呈"U"型关系[11]。少数学者发现在特定行业环境规制与绿色技术并无明显关系，王锦生（2013）通过对中国 203 家电子制造企业的绿色创新数据实证分析发现，环境管制并未表现出对企业绿色创新的促进作用，对企业绿色创新正向影响最大的是知识共享[12]。

国外绿色技术溢出促进了中国的绿色技术创新。景维民、张璐（2014）研究发现，在目前阶段对外开放对我国绿色技术进步既有正向的技术溢出效应也有负向的产品结构效应，进口对技术进步有推动作用，出口造成负面影响[13]。岐洁、韩伯棠（2015）以京津冀和长三角地区为例，基于2001～2012年面板数据构建门槛模型，研究发现国外绿色技术溢出效应对两区域绿色技术创新具有显著的促进作用[14]。陈艳春（2016）通过构建技术领先国—低碳城市—其他城市的三层模型，分析发现来自国外的绿色技术扩散对低碳城市绿色技术创新有促进作用[15]。

（二） 生态效率研究综述

关于生态效率的研究主要集中在生态效率的影响因素方面。李静、程丹润（2009）基于 DEA – SBM 模型对 1990～2006 年中国各省市的环境效率进行测算，研究发现中国中部、西部的环境效率受环境污染的影响程度较大，而东部受影响较小[16]。王兵、吴延瑞、颜鹏飞（2010）分析发现能源过度消耗和由此产生的 SO_2、COD 的过度排放降低了我国区域环境效率，总体看我国东部环境效率高于中西部，人均 GDP、公众的环保意识等都对我国环境效率有不同程度的影响[17]。初善冰、黄安平（2012）运用 DEA 模型对 1997～2010 年中国30 个省（区、市）域生态效率进行测算，使用面板数据的 Tobit 模型对外商直接投资对区域生态效率的影响进行检验，研究发现外商直接投资对区域生态效率有显著的正向影响[18]。付丽娜、陈晓红等（2013）运用超效率 DEA 模型对长株潭"3＋5"城市群各市 2005～2010 年的生态效率进行了测算，研究发现技术进步、产业结构、研发强度对生态效率有显著的正向影响，但引进外资对生态效率有负影响[19]。潘丹、应瑞瑶（2013）采用 DEA – SBM 模型对 1998～2009 年中国 30 个省份的农业生态效率进行了测算，研究发现资源的过度消耗和环境污染物的过量排放是农业生态效率损失的主要原因[20]。罗能生、李佳佳等（2013）利用中国 1999～2011 年省际面板数据，基于超效率 DEA，在测度区域生态效率的基础上，通过对 IPAT 模型扩展建立了面板数据计量模型，分析发现城镇化水平与区域生态效率呈非对称 U 型关系[21]。李胜兰、初善冰等（2014）运用 DEA 模型对 1997～2010 年中国 30 个省市的区域生态效率进行了测算，研究发现 2003 年之前环境规制对区域生态效率有制约作用，2003 年后环境规制的制约作用变为促进作用[22]。成金华、孙琼等（2014）研究发现，我国生态效率随时间波动变化，东、中、西部生态效率依次递减，整体看我国生态效率有正的空间相关性[23]。

综合以上观点可以将区域绿色技术创新效率和生态效率的逻辑关系整理如图 1 所示。

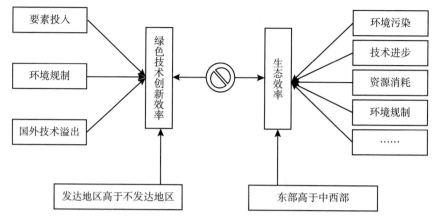

图1　绿色技术创新效率与生态效率逻辑

研究内容而言，对绿色技术创新效率和生态效率的研究大都集中在对两者影响因素的分析，主要揭示了抑制我国绿色技术创新效率和生态效率提高的因素，指明改进路径，很少有学者就两者之间的关系进行探究。技术创新的投入不断提高，但生态环境却日益恶化，绿色技术创新效率与生态效率之间的关系究竟如何还是个未知数。研究方法而言，大都采用 DEA 效率测算方法。所以综合前人研究经验与缺陷，本文拟采用非径向、考虑非期望产出的 DEA – SBM 模型，分别对中国区域绿色技术创新效率和生态效率进行测算，并针对绿色技术创新效率对生态效率的影响进行研究，探究绿色技术创新效率对生态效率的影响方式、程度等，为贯彻"绿色"发展理念，实现生态城镇化贡献绵薄之力。

二、研究方法和指标选取

（一）研究方法

查恩斯和库伯（Charnes & Cooper）提出的 DEA 方法是一种评价决策单元相对效率的方法。与传统的效率测算方法相比 DEA 方法更加客观，不需要事前人为设定模型形式和参数数值，完全根据数据特征运算，所以受到广泛应用。但 DEA 模型仍存在径向或者角度问题，会造成测算结果偏高或者由于侧重角度（投入或者产出）不同而导致结果不准确。本文根据托恩·考鲁（Tone Kaoru，2004）[24] 提出的 SBM（slack based measure）模型的处理方法，非期望产出、非径向的 SBM 模型可写成：

$$\rho = \min \frac{1 - \frac{1}{M} \sum_{i=1}^{M} \frac{s_i^-}{x_{i0}}}{1 + \frac{1}{G+B} \left[\sum_{n=1}^{G} \frac{s_n^g}{y_{n0}^g} + \sum_{n=1}^{B} \frac{s_n^b}{y_{n0}^b} \right]}$$

s. t. $x_0 - x\lambda - s^- = 0$, $Y^g\lambda - y_0^g - s^g = 0$, $Y^b\lambda - y_0^b + s^b = 0$, λ, s^-, s^g, $s^b \geq 0$

其中，s 表示投入、产出的松弛量；λ 是权重向量。ρ 为计算效率值，取值范围为 [0，1]。当 ρ 取值 1 时表示决策单元完全有效率，此时 $s^- = s^g = s^b = 0$，表示投入、产出不存在不足或者过剩；$\rho < 1$ 表示决策单元存在效率损失，可以通过优化投入和产出进行改进。

（二）变量选择和数据来源

基于研究目的和数据可得性，本文以中国除港澳台地区、西藏之外其他 30 个省（区、市）为研究对象，选取时间跨度 2005～2013 年相关数据① （以 2005 年为基期），数据来自相应年度的《工业企业科技活动统计年鉴》《中国统计年鉴》《各省统计年鉴》以及国家统计局发布的《环境统计数据》。

1. 绿色技术创新效率。

（1）绿色技术创新投入变量。选取大中型企业② R&D 人员全时当量（x_1）、新产品开发经费（x_2）和 R&D 经费内部支出（x_3）3 个变量。R&D 人员全时当量能够客观体现企业研究与开发方面的人力投入状况，在以往研究中经常被采用，所以选取该变量代表企业人力投入。资本投入方面，新产品开发经费能够直观反映企业技术创新方面的资本投入状况，但考虑到并非所有的研究项目都能够体现到新产品上，所以选取 R&D 经费内部支出作为资本的补充变量。由于资本投入具有累积和时滞性，所以资本投入均采用存量数据，参照吴延兵（2006）的做法[25]：

$$K_{it} = K_{i(t-1)} * (1-\delta) + I_{it}$$

其中，K_{it}、$K_{i(t-1)}$ 分别表示第 i 个省份第 t 和 t-1 年的工业企业新产品开发经费。δ 为资本折旧率，根据前人研究经验本文 $\delta = 15\%$。I_{it} 表示第 i 个省份第 t 年工业企业新产品开发经费，参照朱平芳，徐伟民（2003）的做法用科研支出价格指数[26]对名义新产品开发经费平减至基期 2005 年。K_{i2005} 的计算公式如下：

$$K_{i2005} = \frac{I_{i2005}}{g_i + \delta}$$

---

① 主要数据来源《工业企业科技活动统计年鉴》只有 2005～2013 年的数据，所以选取时间跨度 2005～2013 年。

② 大中型企业是技术创新的重要平台，所以根据大中型企业的相关数据测算绿色技术创新效率，大中型企业数据为大型企业数据与中型企业数据相加所得。

其中，g_i 为各省份大中型企业新产品开发经费 2005 ~ 2013 年间的年均增长率。R&D 经费内部支出指标的处理方法相同。

（2）绿色技术创新产出变量。贯彻绿色发展理念必须坚持绿色发展，坚持节约资源和坚持保护环境。从坚持绿色发展角度出发，选取大中型企业新产品开发项目数（y_{g1}）、专利申请数（y_{g2}）、新产品销售收入（y_{g3}）和工业增加值（y_{g4}）作为期望产出变量，反映"发展"需求。根据《中国统计年鉴》指标解释：新产品是指采用新技术原理、新设计构思研制、生产的全新产品，或在结构、材质、工艺等某一方面比原有产品有明显改进，从而显著提高了产品性能或扩大了使用功能的产品。所以，新产品开发项目数是企业新产品开发成果最直观的反映，同样由于新产品的局限性需要加入补充指标以全面反映企业创新成果。选取专利申请数而非专利授权数作为补充变量，原因在于专利授予受到授权机构以及其他社会因素影响较大，不能单纯地反映企业创新成果。但是新产品开发项目数和专利申请数仅能反映企业创新方面的潜在社会价值，无法反映创新成果转化状况，所以选取新产品销售收入作为绿色技术创新的经济效益指标。同时，由于工业企业是国民经济的主要组成，其创新成果带来的综合效益是巨大的，所以选取工业增加值作为企业创新成果的综合效益指标。

从坚持节约资源角度出发，选取单位工业增加值能耗（y_{b1}）作为非期望产出，衡量绿色技术创新的资源节约指标。单位工业增加值能耗越高，说明资源消耗越高、资源节约效率越差，所以作为非期望产出。从坚持保护环境角度出发，选取地区工业固体废物产生量（y_{b2}）、工业废水排放量（y_{b3}）、工业二氧化硫排放量（y_{b4}）、工业烟（尘）排放量（y_{b5}）和二氧化碳排放量（y_{b6}）作为非期望产出变量，衡量企业绿色技术创新的环境效益指标。二氧化碳排放量根据 IPCC 公布的化石燃料二氧化碳排放计算公式计算，相关系数如表 1 所示。

表1　　　　　　　　　　　区域二氧化碳排放量相关系数

燃料类型	煤炭	天然气	燃料油	汽油	煤油	柴油
NVC（Kcal/Kg < m³ >）	5000	9310	10000	10300	10300	10200
CEF（kgC/GJ）	25.8	15.3	21.1	19.1	19.6	20.2
COF	1	1	1	1	1	1

注：NVC 来自《中国能源统计年鉴（2014）》附录，CEF 和 COF 来自 IPCC 发布的《2006 年国家温室气体清单指南》。

综上所述，建立大中型工业企业绿色技术创新效率的评价指标体系如表 2 所示。

表2　　　　　　　　　　　　　绿色技术创新效率评价指标系

一级指标	二级指标	三级指标
绿色技术创新投入（I）	劳动力投入	R&D人员全时当量（x_1）
	资本投入	新产品开发经费存量（x_2）
		R&D经费内部支出存量（x_3）
绿色技术创新期望产出（O）	创新项目成果	新产品开发项目数（y_{g1}）
		专利申请数（y_{g2}）
	创新经济成果	新产品销售收入（y_{g3}）
		工业增加值（y_{g4}）
绿色技术创新非期望产出（OB）	资源节约指标	单位工业增加值能耗（y_{b1}）
	环境效益指标	工业固体废物产生量（y_{b2}）
		工业废水排放量（y_{b3}）
		工业二氧化硫排放量（y_{b4}）
		工业烟（尘）排放量（y_{b5}）
	低碳发展指标	二氧化碳排放量（y_{b6}）

　　2. 区域生态效率。

　　（1）生态效率投入变量。选取年末从业人员数（x_1）、固定资本投资存量（x_2）、能源消耗量（x_3）和地区用水量（x_4）4个变量。年末从业人员数能够综合反映地区发展中的劳动力投入状况，在以往研究中经常被采用，所以选取该指标作为地区劳动投入指标。固定资本投资存量（x_2）反映地区资本投入状况，处理方法如前文所述。选取能源消耗量和地区用水量作为反映地区资源投入状况的指标，能源消耗量指折算为标准媒的地区能源消耗总量。水资源是地区发展、人民生活不可或缺的重要资源，也是地区资源投入的重要组成部分。

　　（2）生态效率产出变量。选取地区GDP作为生态效率期望产出指标，虽然GDP备受争议，但就综合反映地区发展状况而言，还没有其他指标比GDP更合适，故选取该指标衡量地区发展。

　　基于资源节约角度，选取单位GDP能耗衡量地区资源节约状况。基于保护环境角度，选取废水排放总量、固体废物排放量、二氧化硫排放总量、粉尘排放总量作为地区发展的环境效益指标。废水排放总量＝工业废水排放量＋生活污水排放量，其他3个指标处理方法相同。基于低碳发展角度，选取二氧化碳排放总量作为地区低碳发展指标，计算方法如前文所述。

　　据此，构建地区生态效率评价指标体系如表3所示。

表3   生态效率评价指标体系

一级指标	二级指标	三级指标
生态效率投入（I）	劳动力投入	年末从业人员数（x_1）
	资本投入	固定资本投资存量（x_2）
	资源投入	能源消耗量（x_3）
		地区用水量（x_4）
生态效率期望产出（O）	地区发展指标	地区GDP（y_g）
生态效率非期望产出（OB）	资源节约指标	单位GDP能耗（y_{b1}）
	环境效益指标	废水排放总量（y_{b2}）
		固体废物排放量（y_{b3}）
		二氧化硫排放总量（y_{b4}）
		粉尘排放总量（y_{b5}）
	低碳发展指标	二氧化碳排放量（y_{b6}）

三、实证分析

（一）效率结果分析

根据前文所得指标体系，采用熵值法计算得出各地区投入综合指标、期望产出综合指标和生态效率综合指标，并运用 DEA – SOLVER Pro 5.0 软件，对区域大中型企业绿色技术创新效率和区域生态效率进行测算。采用熵值法计算综合指标的原因有三：第一，投入产出指标的数量过多会影响 DEA 方法的准确度，采用熵值法对数据进行降维处理以提高 DEA 计算结果的精度。第二，投入、产出指标数量不同，所得 DEA 结果会大相径庭，绿色技术创新效率与生态效率的投入、产出指标数量并不相同，直接用原始数据进行计算所得效率结果并不具有稳定关系，改变两者的投入、产出指标数量，所得效率结果间的相关关系就会改变，为了保证所得效率结果有稳定的可比关系故采用熵值法计算投入、产出的综合指标。第三，熵值法所得各指标权重皆根据数据特征客观得出，避免了主观影响，故采用熵值法。[①] 测算结果如下。

1. 绿色技术创新效率结果。如表4所示，从总体发展趋势看，除青海之外，

---

① 使用改进的离差标准化方法将原始数据映射到［0.1，0.9］区间，并依据熵值法确定的各变量权重计算综合指标。

其他地区大中型企业绿色技术创新效率都有不同程度提高。全国平均效率由2005年的0.58504上升至2013年的0.695862，涨幅达18.9%，效率提升明显，说明我国各地区逐渐重视"绿色发展"，贯彻"绿色发展"理念。就总体发展水平而言，我国整体绿色技术创新效率仍处在较低水平。如表5所示，2005～2013年间我国仅有2～3个地区绿色技术创新效率处于相对有效率水平，大部分地区绿色技术创新相对无效率；2005～2013年间我国仍有2/3左右的地区绿色技术创新效率低于全国平均水平，处在或接近效率边界的地区仅有2～5个不足1/5，可见我国绿色技术创新效率虽然有一定提高，但整体仍处在较低水平。

表4　　　　　　　　　　大中型企业绿色技术创新效率

	2005 年	2006 年	2007 年	2008 年	2009 年	2010 年	2011 年	2012 年	2013 年
北京	0.54629	0.643995	0.682671	0.754333	0.772023	0.786574	0.850728	0.933741	0.946585
天津	1	1	1	1	1	1	1	1	1
河北	0.548255	0.566978	0.578137	0.589489	0.606177	0.590761	0.621265	0.639229	0.637476
山西	0.50412	0.465209	0.511533	0.488246	0.509529	0.522891	0.541752	0.559853	0.573345
内蒙古	0.522972	0.576467	0.573774	0.573318	0.63553	0.605712	0.628343	0.638063	0.646322
辽宁	0.393992	0.398137	0.398352	0.419938	0.451661	0.448619	0.458252	0.456227	0.472277
吉林	0.517477	0.523936	0.527771	0.539355	0.540423	0.5096	0.564103	0.562561	0.577789
黑龙江	0.520863	0.546604	0.55139	0.558018	0.59486	0.584606	0.597679	0.602923	0.619369
上海	1	1	1	0.916542	1	1	1	1	1
江苏	0.476072	0.486686	0.520598	0.575715	0.535686	0.601749	0.640555	0.664494	0.662328
浙江	0.614091	0.644862	0.699009	0.704696	0.705514	0.715269	0.733767	0.745683	0.762494
安徽	0.625058	0.627578	0.648887	0.56903	0.614689	0.676757	0.714187	0.746975	0.744776
福建	0.596356	0.607945	0.608814	0.618919	0.657222	0.649122	0.643479	0.68486	0.730798
江西	0.527424	0.539035	0.543625	0.538702	0.555195	0.563108	0.586139	0.60034	0.632
山东	0.585484	0.607414	0.613352	0.613525	0.626447	0.629603	0.634168	0.648675	0.673068
河南	0.564244	0.601456	0.635432	0.67446	0.652786	0.655425	0.673427	0.698342	0.69888
湖北	0.491064	0.532072	0.53902	0.582744	0.624131	0.638672	0.635242	0.651523	0.681435
湖南	0.559288	0.621422	0.617879	0.636617	0.73036	0.733167	1	1	1
广东	0.679765	0.72568	0.784405	1	0.850023	0.824218	0.884812	0.865488	0.938531
广西	0.604464	0.613827	0.593575	0.601788	0.638007	0.619414	0.657878	0.655367	0.6938
海南	0.54805	0.571131	0.561411	0.545718	0.579251	0.565177	0.563584	0.564437	0.587677
重庆	0.673756	0.677691	0.621216	0.603138	0.631552	0.633872	0.687508	0.693501	0.737053

续表

	2005 年	2006 年	2007 年	2008 年	2009 年	2010 年	2011 年	2012 年	2013 年
四川	0.631987	0.606457	0.592653	0.572926	0.617316	0.624608	0.645166	0.740223	0.764953
贵州	0.538082	0.564885	0.580311	0.540959	0.572708	0.536227	0.523276	0.537661	0.55553
云南	0.581595	0.591204	0.589362	0.560652	0.602668	0.5806	0.593943	0.600276	0.629006
陕西	0.515139	0.579575	0.575298	0.593344	0.615737	0.57539	0.603283	0.615867	0.620325
甘肃	0.522722	0.567577	0.539142	0.535297	0.548047	0.545775	0.558035	0.561143	0.585322
青海	0.550211	0.568827	0.548028	0.530509	0.561609	0.521438	0.526517	0.522562	0.541583
宁夏	0.528268	0.564161	0.525755	0.524437	0.549955	0.527568	0.532846	0.535306	0.548402
新疆	0.584113	0.603235	0.571593	0.559665	0.598976	0.561361	0.581825	0.586158	0.614728
东部均值	0.635305	0.659348	0.676977	0.703534	0.707637	0.710099	0.730056	0.745712	0.764658
中部均值	0.538692	0.557164	0.571942	0.573396	0.602747	0.610528	0.664066	0.677815	0.690949
西部均值	0.568483	0.592173	0.573701	0.563276	0.597464	0.575633	0.59442	0.60783	0.630639
全国均值	0.58504	0.607468	0.6111	0.617403	0.639269	0.634243	0.662725	0.677049	0.695862

表 5　　　　　　　　　　绿色技术创新效率全国均值对比结果

	2005 年	2006 年	2007 年	2008 年	2009 年	2010 年	2011 年	2012 年	2013 年
低于全国均值地区个数	20	20	20	22	22	20	21	19	19
达到全国均值地区个数	8	7	7	4	4	6	4	6	6
高于全国均值地区个数	2	3	3	4	4	4	5	5	5
位于效率边界的地区个数	2	2	2	2	2	2	3	3	3

从总体分布趋势来看，我国大中型企业绿色技术创新效率呈东、中、西部[①]依次递减态势，符合发达地区高于不发达地区的研究结果。由表 4 所得结果可知，中部与东部间效率差距逐渐缩小，2005 年中部低于东部 0.0966，2013 年差距缩小为 0.0737；西部与东部效率差距逐渐增大，2005 年西部低于东部 0.0668，2013 年差距扩大为 0.134；中部与西部相比，2005 年中部低于西部 0.0298，2007 年开始中部与西部差距逐渐缩小，2013 年中部反高于西部 0.0603。这与我国区域发展战略的调整相符，从最初的"东部沿海地区优先发展"到"西部大开发"战略的实施，再到"中部崛起"战略的施行，表 4 所得结果与区域发展

————————

① 东部地区包括北京、天津、河北、辽宁、上海、江苏、浙江、福建、山东、广东和海南 11 个省（市），中部地区包括山西、吉林、黑龙江、安徽、江西、河南、湖北、湖南 8 个省，其他为西部地区。

战略的调整路径相吻合，表明所得结果能够反映我国真实情况。接近或位于效率边界的地区主要是北京、天津、上海、广东，其他地区都相对低效或者无效。

2. 生态效率结果。从总体发展趋势看，2/3 地区的生态效率有不同程度的提高，山西等 9 个城市生态效率有略微下降。表明我国各地区都逐渐重视发展过程中的生态效益，坚持"既要金山银山又要绿水青山"的"绿色发展"理念。生态效率全国均值 2005 年为 0.478，2013 年提升为 0.5067，增幅 6%，生态效率逐步提高。就总体发展水平而言，我国生态效率处在较低水平。2005～2013 年间，我国仅有 1～2 个地区位于生态效率边界之上，其他地区生态效率都是相对无效；有 2/3 左右的地区生态效率低于全国平均水平，仅有不足 15% 的地区接近或者位于生态效率边界。由此可见我国整体生态效率水平偏低，这是以往忽略生态、片面追求经济增长的发展模式留下的后遗症，且从表 6、表 7 不难看出，生态效率的提高是个缓慢而又漫长的过程，这就要求我们始终坚持贯彻"绿色发展"理念。

表6 各地区生态效率

	2005 年	2006 年	2007 年	2008 年	2009 年	2010 年	2011 年	2012 年	2013 年
北京	1	1	1	1	1	1	1	1	1
天津	0.766928	0.775616	0.766062	0.790903	0.819065	0.833346	0.86752	1	1
河北	0.420267	0.423361	0.4138	0.417963	0.416455	0.419474	0.418468	0.428243	0.419586
山西	0.3864	0.380352	0.378047	0.380356	0.376423	0.377717	0.375326	0.379058	0.358892
内蒙古	0.339025	0.346179	0.349245	0.361663	0.366975	0.372059	0.376061	0.384416	0.385092
辽宁	0.469	0.466499	0.4606	0.468602	0.473741	0.485477	0.492943	0.50269	0.505368
吉林	0.463439	0.467781	0.469963	0.478507	0.478405	0.483818	0.48528	0.509047	0.508476
黑龙江	0.423991	0.419641	0.408486	0.40892	0.399239	0.40248	0.396423	0.401159	0.399491
上海	0.878493	0.878169	0.872663	0.853428	0.847453	0.836198	0.875706	0.899734	0.868715
江苏	0.588927	0.594271	0.591179	0.606328	0.620193	0.626358	0.636141	0.667922	0.648307
浙江	0.693064	0.691946	0.671191	0.66407	0.660991	0.664191	0.670094	0.687481	0.663458
安徽	0.367771	0.357658	0.3569	0.346396	0.339585	0.349867	0.359497	0.37102	0.368146
福建	0.571305	0.572926	0.563195	0.565411	0.560644	0.571747	0.579428	0.601139	0.603649
江西	0.36943	0.372412	0.354932	0.362085	0.360624	0.369519	0.367257	0.387853	0.375072
山东	0.54612	0.541258	0.536761	0.543063	0.55221	0.558844	0.560221	0.574189	0.587938
河南	0.429363	0.428034	0.429229	0.43107	0.43001	0.439241	0.448191	0.461064	0.460051
湖北	0.38434	0.386972	0.385776	0.392534	0.395031	0.404517	0.414604	0.428095	0.444837

续表

	2005 年	2006 年	2007 年	2008 年	2009 年	2010 年	2011 年	2012 年	2013 年
湖南	0.34788	0.354458	0.352658	0.365414	0.36849	0.378632	0.398115	0.415545	0.424293
广东	0.802584	0.822645	0.797289	0.785148	0.784859	0.78319	0.82339	0.84773	0.829854
广西	0.302643	0.311376	0.312792	0.317893	0.321502	0.329614	0.349997	0.365499	0.366285
海南	0.536461	0.537822	0.531867	0.528013	0.52867	0.536133	0.529402	0.522795	0.526613
重庆	0.456067	0.457269	0.453323	0.456332	0.462536	0.47709	0.502574	0.524121	0.548481
四川	0.361261	0.36731	0.366341	0.372084	0.377303	0.386103	0.410238	0.428071	0.434107
贵州	0.306071	0.308187	0.30794	0.309956	0.309978	0.318268	0.328905	0.332046	0.338005
云南	0.344509	0.342956	0.333835	0.331993	0.332051	0.338118	0.339995	0.347493	0.354131
陕西	0.442418	0.44268	0.443363	0.454162	0.463596	0.472603	0.481061	0.492711	0.492649
甘肃	0.334272	0.339132	0.33603	0.336029	0.334168	0.335253	0.338982	0.346943	0.342039
青海	0.435884	0.435744	0.434461	0.428764	0.436178	0.436882	0.427628	0.429157	0.414488
宁夏	0.343969	0.349618	0.354766	0.354295	0.352458	0.355252	0.350055	0.355857	0.340053
新疆	0.226738	0.230302	0.225776	0.22357	0.213696	0.212668	0.213969	0.202291	0.191582
东部均值	0.661195	0.664047	0.654964	0.65663	0.660389	0.664996	0.677574	0.702902	0.695772
中部均值	0.396577	0.395914	0.391999	0.39566	0.393476	0.400724	0.405587	0.419105	0.417407
西部均值	0.353896	0.357341	0.35617	0.358795	0.360949	0.366719	0.374497	0.3826	0.382446
全国均值	0.477954	0.480086	0.475282	0.477832	0.479418	0.485155	0.493916	0.509779	0.506655

表7 生态效率全国均值对比结果

	2005 年	2006 年	2007 年	2008 年	2009 年	2010 年	2011 年	2012 年	2013 年
低于全国均值地区个数	21	21	21	20	21	20	20	20	19
达到全国均值地区个数	6	6	7	8	6	7	6	6	6
接近效率边界的地区个数	3	3	2	2	3	3	4	4	4
位于效率边界的地区个数	1	1	1	1	1	1	1	2	2

从总体分布趋势来看，我国生态效率呈现东、中、西部依次递减状态。由表6 结果可知，中、西部与东部间的差距有拉大趋势。2005 年中部生态效率低于东部 0.2646，2013 年该差距为 0.2784，涨幅 5.2%；2005 年西部生态效率低于东部 0.3073，2013 年低 0.3133，涨幅 2%。中部与西部相比差距逐渐缩小，2005 年西部低于中部 0.0427，2013 年差距变为 0.035 中、西部与东部间的差距虽然涨幅不大，但足以引起重视。

（二） 回归分析

为分析绿色技术创新效率对生态效率的影响，以生态效率（EE）作为被解释变量，绿色技术创新效率（GTIE）作为解释变量建立 tobit 随机效应回归模型，运用 Stata 14 进行面板回归。根据以往研究经验，影响地区生态效率的因素很多，环境污染、技术进步、资源消耗等都会影响生态效率，故将生态效率投入综合指标（I）、生态效率期望产出综合指标（O）和生态效率非期望产出（OB）作为控制变量添加到回归方程中，最终建立如下回归方程：

$$EE_{it}^{*} = X_{it}\beta + v_i + \varepsilon_{it}$$

$$EE_{it} = \begin{cases} EE_{it}^{*}, & \text{if } EE_{it} < 1 \\ 1, & \text{if } EE_{it} \geqslant 1 \end{cases}$$

1. 分析过程。根据表 8 单位跟检验结果可知，所选变量都是 I（1） 过程，是同价单整，符合做协整检验要求。根据表 9 协整检验结果可知，被解释变量 EE 与解释变量 GTIE、I、O、OB 间存在协整关系，符合进行面板数据回归的要求。

表8   单位根检验结果

	检验形式	LLC	Im – Pesaran – Skin	Fisher – ADF	Fisher – pp	结论
EE	（C, 0）	1.64194	4.05172	42.2116	33.8156	不平稳
GTIE	（C, 0）	− 1.70705 **	1.83875	50.9637	74.6698 **	不平稳
I	（C, 0）	− 3.56946 ***	− 0.42471	76.8097 *	81.1548 **	不平稳
O	（C, 0）	0.73342	4.13554	20.9330	17.6371	不平稳
OB	（C, 0）	− 0.97667	2.12358	36.1702	41.5301	不平稳
ΔEE	（C, 0）	− 4.09387 ***	− 2.42828 ***	97.3144 ***	105.121 ***	平稳
ΔGTIE	（C, 0）	− 20.6349 ***	− 7.74707 ***	176.335 ***	248.317 ***	平稳
ΔI	（C, 0）	− 11.3962 ***	− 5.79138 ***	150.281 ***	196.951 ***	平稳
ΔO	（C, 0）	− 14.8973 ***	− 5.66073 ***	136.655 ***	145.699 ***	平稳
ΔOB	（C, 0）	− 13.7063 ***	− 5.20646 ***	140.626 ***	192.909 ***	平稳

注：（1）（C, T） 代表单位根检验方程中的常数项和时间趋势项，0 表示无常数项或者无时间趋势项。（2）"Δ" 代表变量的一阶差分；（3） ***、 **、 * 分别表示在 1%、5%、10% 水平下显著，以下表格皆同。

表 9　　　　　　　　　　　　　KAO 协整检验结果

	EE	结论
GTIE	1.524487 *	存在协整关系
I	1.544196 *	存在协整关系
O	− 1.714685 **	存在协整关系
OB	3.033804 ***	存在协整关系

2. 实证结果。运用 Stata 14 建立 Tobit 随机效应模型，为验证模型稳定性同时进行面板 OLS 回归得出结果如表 10 所示。

表 10　　　　　　　　　　　　　　实证结果

	Tobit		OLS	
	模型 1	模型 2	模型 3	模型 4
GTIE	0.9015289 *** (14.69)	0.3214434 *** (9.37)	0.290409 *** (5.25)	0.112959 *** (4.92)
I		− 1.524979 *** (−23.91)		− 1.460976 *** (−16.79)
O		1.677303 *** (31.3)		1.614188 *** (22.48)
OB		− 0.1735144 *** (−4.32)		− 0.156873 *** (−4.02)
C	− 0.0866475 **	0.3546043 ***	0.302443 ****	0.478608 ***
Log likelihood/Ad − R²	153.2855 ***	370.4193 ***	0.212978	0.803465
F			9.088290 ***	92.64270 ***

注：括号中为 z 值（Tobit）和 t 值（OLS）。

根据表 10 结果可知，4 个模型中绿色技术创新效率的系数均在 1% 水平下显著，一方面证明绿色技术创新效率对生态效率存在显著影响，另一方面也证明所建立的回归模型是稳定的。根据模型 4 所得结果可知：

（1）绿色技术创新效率（GTIE）对生态效率有正向影响，但促进作用十分微弱。原因可能是多方面的，一方面本文选用的是大中型企业的绿色技术创新数据，并不能反映各地区总的绿色技术创新水平，但正如前文所说大中型企业在整个社会、经济发展过程中的作用是巨大的，其运营过程的"绿色"程度应该对生

态效率产生重要影响，所以数据代表力不足的原因是次要的；另一方面，该结果说明目前我国工业企业的技术创新的"绿色"程度不够，不足以对我国生态效率产生巨大促进作用，我国大中型企业技术创新更注重经济效益，对生态效益的重视程度虽有提升（绿色技术创新效率增幅达 18.9%）但仍不是首要考虑目标，这才是导致绿色技术创新技术效率促进作用不明显的重要原因。

（2）投入综合指标（I）和非期望产出综合指标（OB）对生态效率有负向作用，期望产出综合指标（O）对生态效率有正向作用。投入提升生态效率反而下降，说明我国目前经济发展模式仍对生态造成很大压力，当不断投入资源进行经济活动时，生态效率会呈下降态势，表明我国现阶段发展模式"绿色"程度不高，亟待提高。期望产出综合指标对生态效率的正向作用表明，经济实力的增强有助于生态环境的改善，这与现实情况是相符的，经济势力强的国家会有更多的资源倾注到生态保护上来。投入资源发展经济，即会破坏生态环境，又会促进生态环境的改善，这本身就是世界各国发展面临的矛盾境况，究竟是先发展后治理还是边发展边治理还没有一个确切的定论，但明确可知的是我国也面临着这样的矛盾。

（3）对生态效率影响最大的因素是投入综合指标（I）和期望产出综合指标（O）。投入综合指标（I）对生态效率的影响程度远大于绿色技术创新效率（GTIE）和非期望产出综合指标（OB），这解释了绿色技术创新效率提升明显但生态效率提升并不显著的原因。阻碍生态效率改善的主要因素并非想象中的非期望产出（工业三废等）而是投入，这说明我国资源利用效率并不高，资源投入的低效率是抑制生态效率提高的主因。投入资源促进发展，再以发展成果改善生态，这既是资源的无效率运用，也造成社会效用损失。须知效用并非减 1 再加 1 就能够弥补的，发展造成生态恶化产生的效用损失并不能简单地以改善生态来弥补，况且改善生态带来效用提高并不能完全弥补生态恶化的效用损失。我国的发展方式仍是非绿色、非效率的，这样的"非绿色、非效率"导致我国生态效率改善速度缓慢（生态效率增幅 6%）。

四、结论和对策

根据前文分析，不难得出以下结论：

第一，我国绿色技术创新效率和生态效率区域分布不均衡，且不均衡态势并未得到根本改变。两者基本都呈现经济发展较好地区高于经济发展不好地区的态势，且随着时间推移这种不均衡的状态并未有大的改变。

第二，绿色技术创新效率促进生态效率提高，但目前阶段该促进作用并不明显。对生态效率产生影响的因素中，有正向作用的是绿色技术创新效率和期望产出，投入和非期望产出对生态效率有副作用，其中期望产出和投入的影响明显。绿色技术创新效率的提高意味着更少的投入和更少的非期望产出，而期望产出保持同等水平或者更高，因此绿色技术创新效率对生态效率必然产生正向影响。

第三，提高绿色技术创新效率是改善生态效率的重要途径。一方面，要依靠期望产出来促进生态效率的提高必须加大投入，而加大投入既会提高期望产出也会提高非期望产出，投入和非期望产出的负向影响会抵消期望产出的正向影响，所以依靠期望产出的提升来促进生态效率提高的路径是不可取的，既不会提高生态效率，也会导致资源利用的无效率。所以应当依靠提高绿色技术创新效率促进生态效率的改善。另一方面，绿色技术创新效率的提高，既可以促进我国生态效率提高，又能够提高我国社会发展的绿色程度和效率水平。高水平的绿色技术创新效率，可以削弱投入和期望产出对生态环境的影响程度，提高经济运行的"绿色"性，从而增强绿色技术创新对生态效率的影响程度。更绿色的技术创新降低了资源利用的无效性，提高社会发展的效率水平，同时也会降低非期望产出，减少生态效率改善的负面因素。所以我们应当将绿色技术创新效率的提高作为改善我国生态效率的主要途径。

鉴于当前阶段我国绿色技术创新效率处在较低水平、区域间分布不均、对生态效率促进作用不明显等现状，提出以下建议：

首先，提高企业的绿色技术创新效率。坚持绿色发展观念，加强对企业绿色技术创新的引导和支持。不能仅依靠优惠、奖励等"简单粗暴"的方式吸引企业进行绿色技术创新，必须建立绿色发展的环境，从制度层面营造绿色发展氛围，使企业融入其中，找到符合自身实际的发展路径。

其次，改善当前绿色技术创新效率分布不均的状态。缩小东中西部的差距以提高我国的总体效率水平。东部地区应加大对中西部地区的技术转移及扶持力度，促进中西部地区绿色技术创新效率的提高，进而改善中西部生态效率。同时，中西部在承接东部及国外产业转移中更应牢固树立"绿色"发展意识，提升发展水平，杜绝污染源的引进。

最后，树立"绿色"观念。社会发展方式的绿色化并非仅靠规范经济发展就能实现的，应该在全社会树立"绿色"发展观念，倡导"绿色"消费模式、生活方式加强"绿色发展观"的宣传和引导，使社会大众普遍具有绿色发展的意识，贯彻"绿色发展观"。

参考文献

［1］冯志军：《中国工业企业绿色创新效率研究》，载《中国科技论坛》2013 年第 2 期。

［2］肖仁桥、王宗军、钱丽：《中国省际工业企业绿色技术创新效率实证研究》，第九届

中国管理学年会论文集，2014 年。

[3] 钱丽、肖仁桥、陈忠卫：《我国工业企业绿色技术创新效率及其区域差异研究》，载《经济理论与经济管理》2015 年第 1 期。

[4] 黄奇、苗建军、李敬银等：《基于绿色增长的工业企业技术创新效率空间外溢效应研究》，载《经济体制改革》2015 年第 4 期。

[5] 张江雪、朱磊：《基于绿色增长的我国各地区工业企业技术创新效率研究》，载《数量经济技术经济研究》2012 年第 2 期。

[6] 任耀、牛冲槐、牛彤等：《绿色创新效率的理论模型与实证研究》，载《管理世界》2014 年第 7 期。

[7] David Popp，2005：Lessons from patents：Using patents to measure technological change in environmental models，Ecological Economics，Vol. 54，No. 2 – 3.

[8] 许士春、何正霞、龙如银：《环境规制对企业绿色技术创新的影响》，载《科研管理》2012 年第 6 期。

[9] 曹霞、张路蓬：《企业绿色技术创新扩散的演化博弈分析》，载《中国人口·资源与环境》2015 年第 7 期。

[10] 李婉红、毕克新、孙冰：《环境规制强度对污染密集行业绿色技术创新的影响研究》，载《研究与发展管理》2013 年第 6 期。

[11] 曹霞、于娟：《绿色低碳视角下中国区域创新效率研究》，载《中国人口·资源与环境》2015 年第 5 期。

[12] S. K. S Wong，2013：Environmental Requirements，Knowledge Sharing and Green Innovation：Empirical Evidence from the Electronics Industry in China，Business Strategy & the Environment，Vol. 22，No. 5.

[13] 景维民、张璐：《环境管制、对外开放与中国工业的绿色技术进步》，载《经济研究》2014 年第 9 期。

[14] 岐洁、韩伯棠、曹爱红；《区域绿色技术溢出与技术创新门槛效应研究》，载《科学学与科学技术管理》2015 年第 5 期。

[15] 陈艳春：《中国低碳城市绿色技术创新的示范效应研究》，载《河北经贸大学学报》2016 年第 1 期。

[16] 李静、程丹润：《基于 DEA – SBM 模型的中国地区环境效率研究》，载《合肥工业大学学报（自然科学版）》2009 年第 8 期。

[17] 王兵、吴延瑞、颜鹏飞：《中国区域环境效率与环境全要素生产率增长》，载《经济研究》2010 年第 5 期。

[18] 初善冰、黄安平：《外商直接投资对区域生态效率的影响》，载《国际贸易问题》2012 年第 11 期。

[19] 付丽娜、陈晓红、冷智花：《基于超效率 DEA 模型的城市群生态效率研究》，载《中国人口·资源与环境》2013 年第 4 期。

[20] 潘丹、应瑞瑶：《中国农业生态效率评价方法与实证》，载《生态学报》2013 年第 12 期。

[21] 罗能生、李佳佳、罗富政：《中国城镇化进程与区域生态效率关系的实证研究》，载

《中国人口·资源与环境》2013 年第 11 期。

　　[22] 李胜兰、初善冰、申晨:《地方政府竞争、环境规制与区域生态效率》,载《世界经济》2014 年第 4 期。

　　[23] 成金华、孙琼、郭明晶:《中国生态效率的区域差异及动态演化研究》,载《中国人口·资源与环境》2014 年第 1 期。

　　[24] Tone Kaoru, 2004:Dealing with Undesirable Outputs in DEA:A Slacks-based Measure (SBM) Approach, 日本发展研究学会论文集。

　　[25] 吴延兵:《R&D 存量、知识函数与生产效率》,载《经济学(季刊)》2006 年第 4 期。

　　[26] 朱平芳、徐伟民:《政府的科技激励政策对大中型工业企业 R&D 投入及其专利产出的影响》,载《经济研究》2003 年第 6 期。

（与张万里合作，原载《湖北社会科学》2017 年第 3 期）

◆中 篇◆

国际贸易与低碳经济

对外贸易技术效应与中国
工业 CO_2 排放绩效

自 2001 年我国加入 WTO 以后，对外贸易规模迅猛增长，随之而来的是 CO_2 排放的急剧增长以及由此引发的"温室效应"等严峻的生态环境问题。借鉴格罗斯曼和克鲁格（Grossman & Krueger, 1991）[1] 的经典分析框架，对外贸易主要通过规模效应、结构效应和技术效应的机制影响东道国生态环境。其中，研究对外贸易技术效应对我国工业 CO_2 排放绩效的影响，对于低碳技术的国际转移与扩散过程中技术途径的优化和我国工业行业 CO_2 排放绩效的提升，具有重要的现实意义。

一、研究背景

对外贸易主要通过规模效应、结构效应与技术效应的机制影响东道国生态环境，在此基础上，国外学者进一步研究了对外贸易技术效应对东道国 CO_2 排放的影响，其理论分析的结果主要有三种：一是对外贸易技术溢出降低了 CO_2 排放。格拉布等[2]认为，东道国企业可以通过对外贸易模仿先进的环境技术，通过外贸市场上价格与质量的竞争压力或进口贸易国环境标准的压力促使东道国企业致力于环境技术水平的提升；二是对外贸易技术溢出促使 CO_2 排放增加。阿尔博诺兹等（Albornoz et al., 2009）[3]认为外贸市场竞争的压力也可能对技术溢出效应带来负面影响，导致东道国企业减少提升能源效率的投资或运营开支来降低成本；三是对外贸易技术溢出对 CO_2 排放的影响不确定。对外贸易技术溢出能否吸收再创新取决于东道国的吸收能力，如环境规制、劳动力的受教育程度等（Copeland, 2011[4]；Perkins & Neumayer, 2012[5]）。实证研究方面，耿和张（Geng & Zhang, 2011）[6]利用 35 个国家的分组研究发现，对外贸易的技术溢出对 CO_2 排放的影响与国别、进出口商品的技术含量水平有关。王天凤和张珺（2011）[7]运用时间序列数据分析表明，出口贸易对我国 CO_2 排放影响的技术效应为负。而将贸易开放度纳入我国 CO_2 排放绩效影响因素分析的相关文献中，有研究表明贸易

开放度对 CO_2 排放绩效的影响不明显（王群伟等，2010[8]），也有研究显示贸易开放度的提高降低了我国 CO_2 排放绩效（魏梅，2010[9]）。上述各经验研究结论的不一致可能来自指标选择、样本容量的差异。

　　由此可见，国内研究侧重于对外贸易与 CO_2 排放量、CO_2 排放强度两者关系的初步考察，而关于对外贸易不同技术溢出途径所发挥的技术效应对东道国工业行业 CO_2 排放绩效及其分解出的技术进步和技术效率指数影响的实证研究，目前尚无文献涉及。基于此，本文以 2001～2010 年中国 34 个工业行业为研究对象，试图从以下几个方面有所突破：（1）在 CO_2 排放的指标选择上，多数文献采用 CO_2 排放量或 CO_2 排放强度，而从工业行业层面对 CO_2 排放绩效的动态效应考察极少仅有李子豪等（2012）[10]，但将非期望产出 CO_2 排放作为投入要素处理违背了实际生产过程，可能导致测算结果的偏差。（2）从行业层面考察对外贸易技术效应对技术进步和技术效率的影响。现有研究主要集中在国家、地区层面，而对外贸易主要通过产业活动对东道国 CO_2 排放产生影响，考虑到 CO_2 排放集中于工业部门的现实，工业行业层面的研究可能能更好地考察两者的关系。（3）研究对外贸易的技术溢出主要通过何种途径影响工业行业 CO_2 排放绩效？对外贸易技术溢出途径是否存在行业异质性，同一途径的传导机制是否也存在行业异质性？因此，我们基于 Malmquist – Luenberger 指数测算工业行业 CO_2 排放绩效，并估算出重工业和轻工业 CO_2 排放绩效及其分解出的技术进步和技术效率指数，随后通过构造代表不同对外贸易技术效应的指标，以考察不同类型的对外贸易技术效应对 CO_2 排放绩效及其分解出的技术进步和技术效率指数的影响。

二、研究模型与数据说明

（一）研究模型

　　1. 基于 Malmquist – Luenberger 指数的 CO_2 排放绩效的测度模型。为测算贸易技术效应对我国工业 CO_2 排放绩效及其分解出的技术进步和技术效率指数影响的差异，本部分首先测算 2001～2010 年间我国 34 个工业行业 CO_2 排放绩效。同时，为衡量非期望产出减少与期望产出增加时的综合绩效，借鉴钟等[11]构建基于 Malmquist – Luenberger 指数的 CO_2 排放绩效测算模型：

$$ML^{t,t+1} = \left\{ \frac{[1 + \vec{D}_c^t(x^t,\ y^t,\ c^t;\ y^t,\ -c^t)]}{[1 + \vec{D}_c^{t+1}(x^{t+1},\ y^{t+1},\ c^{t+1};\ y^{t+1},\ -c^{t+1})]} \right.$$
$$\left. \times \frac{[1 + \vec{D}_c^{t+1}(x^t,\ y^t,\ c^t;\ y^t,\ -c^t)]}{[1 + \vec{D}_c^t(x^{t+1},\ y^{t+1},\ c^{t+1};\ y^{t+1},\ -c^{t+1})]} \right\}^{1/2} \qquad (1)$$

在规模报酬不变(CRS)的条件下，ML 指数可以分解为两种指数：技术进步指数和技术效率指数：

$$ML^{t,t+1} = \frac{1 + \vec{D}_c^t(x^t, y^t, c^t; y^t, -c^t)}{1 + \vec{D}_c^{t+1}(x^{t+1}, y^{t+1}, c^{t+1}; y^{t+1}, -c^{t+1})} \times \left\{ \frac{[1 + \vec{D}_c^{t+1}(x^t, y^t, c^t; y^t, -c^t)]}{[1 + \vec{D}_c^t(x^t, y^t, c^t; y^t, -c^t)]} \right. $$

$$\left. \times \frac{[1 + \vec{D}_c^{t+1}(x^{t+1}, y^{t+1}, c^{t+1}; y^{t+1}, -c^{t+1})]}{[1 + \vec{D}_c^t(x^{t+1}, y^{t+1}, c^{t+1}; y^{t+1}, -c^{t+1})]} \right\}^{1/2} $$

$$= MLEFF^{t,t+1} \times MLTE^{t,t+1} \tag{2}$$

其中，$ML^{t,t+1}$ 代表 CO_2 排放绩效指数；$MLEFF^{t,t+1}$ 代表技术效率指数，测度从 t 期到 t+1 期每个决策单元的实际生产与环境生产前沿面的追赶程度，若 $MLEFF^{t,t+1} > 1$，说明技术效率提升，反之则下降；$MLTE^{t,t+1}$ 代表技术进步指数，测度环境生产前沿面从 t 期到 t+1 期的变动情况，若 $MLTE^{t,t+1} > 1$，说明技术进步，反之则退步。为求解上述各指数，我们需要计算四个距离函数，涉及四个线性规划问题。求解 $\vec{D}_c^t(x^t, y^t, c^t; g^t)$ 的线性规划模型如下：

$$\vec{D}_c^t(x_{k'}^t, y_{k'}^t, c_{k'}^t; y_{k'}^t, -c_{k'}^t) = \max\beta$$

$$s.t. \sum_{k=1}^{K} z_k^t y_{km}^t \geq (1+\beta) y_{k'm}^t, \quad \forall m$$

$$\sum_{k=1}^{K} z_k^t c_{ki}^t = (1-\beta) c_{k'i}^t, \quad \forall i$$

$$\sum_{k=1}^{K} z_k^t x_{kn}^t \leq (1-\beta) x_{k'n}^t, \quad \forall n$$

$$z_k^t \geq 0, \quad \forall k \tag{3}$$

$\vec{D}_c^{t+1}(x^{t+1}, y^{t+1}, c^{t+1}; y^{t+1}, -c^{t+1})$ 和 $\vec{D}_c^t(x_{k'}^t, y_{k'}^t, c_{k'}^t; y_{k'}^t, -c_{k'}^t)$ 为同期方向性距离函数，将上述线性规划的 t 转换成 t+1 即可。求解 $\vec{D}_c^t(x^{t+1}, y^{t+1}, c^{t+1}; y^{t+1}, -c^{t+1})$ 为跨期方向性距离函数，其线性规划模型如下：

$$\vec{D}_c^t(x_{k'}^{t+1}, y_{k'}^{t+1}, c_{k'}^{t+1}; y_{k'}^{t+1}, -c_{k'}^{t+1}) = \max\beta$$

$$s.t. \sum_{k=1}^{K} z_k^t y_{km}^t \geq (1+\beta) y_{k'm}^{t+1}, \quad \forall m$$

$$\sum_{k=1}^{K} z_k^t c_{ki}^t = (1-\beta) c_{k'i}^{t+1}, \quad \forall i$$

$$\sum_{k=1}^{K} z_k^t x_{kn}^t \leq (1-\beta) x_{k'n}^{t+1}, \quad \forall n$$

$$z_k^t \geq 0, \quad \forall k \tag{4}$$

另外一个跨期方向性距离函数 $\vec{D}_c^{t+1}(x^t, y^t, c^t; y^t, -c^t)$ 的线性规划求解模型可以通过将上式的 t 和 t+1 互换即可。

2. 对外贸易技术效应与 CO_2 排放绩效的实证模型。沿袭格罗斯曼和克鲁格[1]的思路，将经济活动对环境的影响分解为规模效应、结构效应、技术效应三个作用机制，表述如下：

$$ML = Y \times S \times T \tag{5}$$

式中，ML 为 CO_2 排放绩效，Y 为产出水平，S 为行业结构，T 为低碳技术水平。其中，低碳技术水平，经由内部技术与外部技术渠道产生，内部技术渠道主要来自行业自主研发，外部技术渠道包括对外贸易和 FDI，其中对外贸易的技术效应分为进口贸易水平技术溢出 MHS、出口贸易水平技术溢出 EHS、进口贸易前向技术溢出 MFS、出口贸易后向技术溢出 EBS 四种技术效应。此外，企业所有制结构 SE 度量的市场竞争程度越高，行业垄断势力越弱，能源利用和低碳技术的创新动力越强。因此，关于 T 的函数如下：

$$T = T(RD,\ EHS,\ EBS,\ MHS,\ MFS,\ SE,\ FDI) \tag{6}$$

将方程（6）代入方程（5），得到：

$$ML = Y \times S \times T(RD,\ EHS,\ EBS,\ MHS,\ MFS,\ SE,\ FDI) \tag{7}$$

参考哈布勒和凯勒（Hubler & Keller）[12]的处理方法，本文将工业 CO_2 排放绩效方程设定如下：

$$\ln ML_{it} = \alpha_0 + \alpha_1 \ln Y + \alpha_2 \ln S_{it} + \alpha_3 \ln RD_{it} + \alpha_4 \ln EHS_{it} + \alpha_5 \ln MHS_{i,t}$$
$$+ \alpha_6 \ln EBS_{it} + \alpha_7 \ln MFS_{it} + \alpha_8 \ln SE_{it} + \alpha_9 \ln FDI_{it} + \eta_i + \varepsilon_{it} \tag{8}$$

其中，i 表示工业行业横截面单元，i = 1，2，…，34；t 表示时间；η_i 为行业差异的非观测效应；ε_{it} 为与时间和地点无关的随机扰动项；ML 为工业 CO_2 排放绩效；Y 为规模以上工业行业总产值；S 为行业结构，运用行业资本密集度来表示，即行业的固定资产净值年平均余额与该行业从业人员年平均人数的比值；RD 为行业研发投入强度；SE 为企业所有制结构衡量的市场竞争程度，运用行业的非国有企业总产值占行业总产值的比重来表示；FDI 为外商直接投资企业的技术效应，运用外商投资工业企业销售总值占规模以上工业企业销售总值的比重来表示；关于 EHS、MHS、MFS、EBS 指标的构建，借鉴贾沃尔奇克（Javorcik）[13]构建 FDI 水平与垂直技术溢出指标的方法如下：

$$MHS_{it} = \frac{IM_{it}}{Y_{it}} \tag{9}$$

$$EHS_{it} = \frac{ES_{it}}{Y_{it}} \tag{10}$$

$$MFS_{it} = \sum_{j,\ j \neq i} \alpha_{ji} \times \frac{IM_{jt}}{Y_{jt}} \tag{11}$$

$$EBS_{it} = \sum_{j,\ j \neq i} \alpha_{ij} \times \frac{ES_{jt}}{Y_{jt}} \tag{12}$$

式（9）~（12）中，IM 为进口贸易额，ES 为出口销售额，α_{ij} 为后向关联系数，α_{ji} 为前向关联系数。由此可知，MHS 为进口贸易品对内资同行业产品的水平关联效应，EHS 为行业内出口企业与非出口企业之间的水平关联效应，MFS 为下游行业通过购买上游行业进口的中间品与服务对下游行业的前向关联效应，EBS 为下游行业出口企业透过对上游企业中间投入品的需求对上游行业的后向关联效应，其余变量与上同。

根据 CO_2 排放绩效 ML 指数的分解，估算各工业行业的技术进步 MLTE 指数和技术效率 MLEFF 指数，用分解指标替代模型（8）中的 ML 指数，将模型（8）改造成模型（13）和模型（14）如下：

$$\ln MLTE_{it} = \alpha_0 + \alpha_1 \ln Y + \alpha_2 \ln S_{it} + \alpha_3 \ln RD_{it} + \alpha_4 \ln EHS_{it} + \alpha_5 \ln MHS_{i,t} + \alpha_6 \ln EBS_{it}$$
$$+ \alpha_7 \ln MFS_{it} + \alpha_8 \ln SE_{it} + \alpha_9 \ln FDI_{it} + \eta_i + \varepsilon_{it} \qquad (13)$$

$$\ln MLEFF_{it} = \alpha_0 + \alpha_1 \ln Y + \alpha_2 \ln S_{it} + \alpha_3 \ln RD_{it} + \alpha_4 \ln EHS_{it} + \alpha_5 \ln MHS_{i,t} + \alpha_6 \ln EBS_{it}$$
$$+ \alpha_7 \ln MFS_{it} + \alpha_8 \ln SE_{it} + \alpha_9 \ln FDI_{it} + \eta_i + \varepsilon_{it} \qquad (14)$$

考虑到对外贸易相关的解释变量的内生性问题：较宽松的环境规制（更多的 CO_2 排放）常常会促进经济的粗放式增长，经济增长又会带来更大规模的对外贸易。为消除内生性影响，本文用滞后一期的对外贸易技术效应变量代替方程（13）（模型 A1）和方程（14）（模型 B1）中的对外贸易技术效应变量，得到模型 A2 和模型 B2。为进一步考察较长时间对外贸易技术效应的滞后性影响，运用当期和前两年对外贸易技术效应的移动平均值代替方程（6）和（7）中的相应变量，得到模型 A3 和模型 B3。

（二）　数据说明与处理

由于 2001 年后才开始公布工业分行业出口交货值，为了保持统计口径的一致及数据可得，本文研究集中于 2001～2010 年，工业行业归并为 34 个行业类型，剔除"其他采矿业""木材及竹材采运业""工艺品及其他制造业""烟草制品业""废弃资源和废旧材料回收加工业"五个行业。测算数据分别来自《中国统计年鉴》《中国工业经济统计年鉴》《中国能源统计年鉴》《中国科技统计年鉴》各期以及 COMTRADE 数据库。为消除价格波动带来的影响，本文利用公布数据推算了相应工业行业价格指数，并利用该指数将 2001～2010 年工业分行业总产值折算成 2000 年不变价。

本文测算 CO_2 排放绩效的投入变量为资本存量、劳动力和能源消费量，产出变量为分行业工业总产值和 CO_2 排放量，并运用 MaxDEA 5.2 软件求解。基于技术效应视角的 CO_2 排放绩效实证模型包含行业结构、所有制结构、研发投入强度、分行业进出口产值等变量。①资本存量。运用工业行业固定资产净值年平均余额表示，并折算为 2000 年不变价。②劳动力。以工业行业年末就业人数表示。③能源消费量和 CO_2 排放量。考虑到电力与热力不仅是工业的一种行业类型，为避免重复计算，运用能源消费的统计中考虑了除电力与热力以外的其余所有种类的化石能源消费，相应行业 CO_2 排放量的估算方法参考《2006 年 IPCC 国家温室气体清单指南》。④工业总产值、行业结构和制度变量。工业总产值为规模以上工业总产值，折算成 2000 年不变价，行业结构运用行业的固定资产净值年平均余额与该行业从业人员年平均人数的比值来衡量，而制度变量采用各工业行业非国有企业工业总产值占全部规模以上企业工业总产值比重来表示。⑤研发投入和进出口贸易。研发投入强度运用大中型工业企业的单位科技活动人员的科技活动经费内部支出来表示，进口贸易来自联合国统计处的 COMTRADE 数据库中按 ISIC Rev. 3 分类的行业数据，将其转换成与我国工业行业分类标准（CICC）相一致的行业数据，出口贸易运用出口交货值来表示，所有外币表示的数据均按人民币汇率（年平均价）折算成本币。⑥前向、后向关联系数中的直接消耗系数。2001～2005 年取自 2002 年投入产出表，2006～2010 年取自 2007 年投入产出表，将基本流量表中的工业行业合并为 34 个工业行业，然后计算出相应的直接消耗系数矩阵。

三、实证结论

（一）对外贸易技术效应对 CO_2 排放绩效影响结果分析

表 1 给出了对外贸易技术溢出对工业 CO_2 排放绩效分解指数影响的估计结果。由表可知，A1、A2 和 A3 模型的 EHS 系数均为负值，B1、B2 和 B3 模型的 EHS、EBS 影响系数均为正值，这表明出口贸易水平技术溢出抑制了技术进步，而出口贸易水平技术溢出和出口贸易后向技术溢出促进了技术效率的改进。可能是因为，我国出口贸易结构一直以低技术含量的资源型和劳动密集型产品为主，《产业蓝皮书：中国产业竞争力报告（2012）》[14]指出，2010 年，我国资源型和劳动密集型产品出口占全球同类产品出口比重达 34%，远高于中国出口占全球出口的比重，相对竞争优势明显，因此，出口企业所面临的国际市场竞争压力迫使出口企业及其上游供应商与非出口企业均以压低成本为目的不断提高技术效率，包括能源利用效率，进而降低 CO_2 排放，却缺乏加强研发投入、促进能源和低碳技术进步的内在动力。与 A1 和 B1 模型相比，A2、A3 模型和 B2、B3 模型中 EHS、EBS 变量的影响系数明显增大，显著性均达到 5% 的水平，且滞后一期的显著性水平最高，说明出口贸易的关联效应存在滞后性。

表1 　　　　　　　　　对外贸易技术溢出的 CO$_2$ 排放效应的估计

模型	技术进步			技术效率		
	A1 FE	A2 FE（LAG）	A3 FE（MA）	B1 FE	B2 FE（LAG）	B3 FE（MA）
对外贸易技术溢出效应						
lnEHS	− 0.0375 * （0.0213）	− 0.1257 *** （0.0275）	− 0.1343 *** （0.0393）	0.0215 ** （0.0091）	0.0506 *** （0.0119）	0.0709 *** （0.0170）
lnEBS	− 0.0105 （0.0283）	− 0.0223 （0.0310）	− 0.0304 （0.0452）	0.0273 ** （0.0121）	0.0284 ** （0.0135）	0.0304° （0.0195）
lnMHS	0.0373 （0.0249）	− 0.0169 （0.0264）	0.0079 （0.0494）	− 0.0207 * （0.0106）	0.0044 （0.0115）	− 0.0054 （0.0213）
lnMFS	0.0204 （0.0342）	− 0.0411 （0.0390）	− 0.0105 （0.0556）	0.0083 （0.0146）	0.0313 * （0.0169）	0.0232 （0.0240）
控制变量						
lnFDI	− 0.0490 （0.0432）	− 0.0929 ** （0.0447）	− 0.1564 * （0.0814）	0.0009 （0.0185）	0.0139 （0.0194）	0.0255 （0.0352）
lnS	− 0.0362 （0.0403）	− 0.1133° （0.0787）	− 0.1566° （0.1092）	− 0.0093 （0.0173）	0.0107 （0.0341）	0.0333 （0.0472）
lnRD	0.0030 （0.0332）	0.0238 （0.0375）	0.0057 （0.0569）	0.0079 （0.0142）	0.0015 （0.0162）	0.0119 （0.0246）
lnSE	− 0.0026 （0.0563）	− 0.0077 （0.0622）	0.0282 （0.0755）	− 0.0172 （0.0241）	− 0.0192 （0.0270）	− 0.0179 （0.0326）
lnY	0.0011 （0.0303）	− 0.0597° （0.0377）	− 0.0093 （0.0651）	− 0.0081 （0.0129）	0.0126 （0.0163）	− 0.0059 （0.0281）
常数项	0.0445 （0.2090）	0.0824 （0.2515）	− 0.1991 （0.4255）	0.1810 ** （0.0894）	0.1841 * （0.1090）	0.2953 * （0.1838）
R^2	0.6751	0.6884	0.6119	0.6154	0.6223	0.6241
Adjusted − R^2	0.6494	0.6695	0.6070	0.6019	0.6081	0.6077
F	11.58	12.66	11.63	14.43	15.67	14.77
prob	0	0	0	0	0	0
样本	306	272	238	306	272	238

B1 模型的 MHS 影响系数为负，说明通过逆向工程与竞争效应，中间品与资本品的进口抑制了内资同行业产品供应商技术效率的改进。原因存在两种可能性：其一是物化于进口高新技术产品中的技术与内资供应商技术存在较大差距，技术势能的不断扩大限制了内资供应商的吸收消化能力，难以在核心技术上有所突破，随着进口贸易规模的不断增长，内资供应商的市场份额与赢利空间逐年缩小，从而不利于技术效率的改善；其二是进口的工业原材料为国内短缺资源，进口原材料相对内资原材料供应商存在明显的成本优势，进口规模的扩大会导致内资原材料供应商赢利空间缩小，进而抑制了技术效率的改善。那么，其原因究竟是哪一种可能性？为此，我们将工业行业区分为重工业行业和轻工业行业，进一步结合进口贸易结构深入分析，分别从两类行业的进口产品技术含量和进口产品类型的角度进行探讨；B2 模型的 MFS 影响系数显著为正，表明高技术含量的中间品和资本品要素投入提高了资源利用效率，有利于技术效率的改进。

（二）　不同行业吸收能力对贸易技术溢出的 CO_2 排放效应的影响

表 2 反映了对外贸易技术溢出分别对两类工业行业 CO_2 排放绩效及其分解指数影响的估计结果，其中，前三列为重工业行业的估计结果，后三列为轻工业行业的估计结果。由表 2 可知，就对外贸易技术溢出对 CO_2 排放绩效的影响而言，两类行业仅有 EHS 影响系数在 15% 的水平上显著为负，说明出口贸易水平技术溢出抑制了行业 CO_2 排放绩效水平的提高，通过比较行业 CO_2 排放绩效分解指数的影响系数发现，出口贸易技术效应对两类行业的技术进步和技术效率指数的影响与行业整体估计结果基本一致，而进口贸易技术效应的影响迥异：在轻工业行业，A2 模型的 MHS 影响系数显著为正，而 B2 模型的 MHS 影响系数显著为负，而在重工业行业，所有模型 MHS 影响系数均不显著，这说明进口贸易技术效应主要集中在轻工业行业。原因可能有如下两点：一是与轻工业行业进口贸易结构有关。据笔者计算，在 2001～2010 年轻工业行业中，仪器仪表及文化办公用机械制造业、纺织业、造纸及纸制品业三大行业进口贸易额占轻工业进口贸易总额的比重约为 77.6%，其中，仪器仪表及文化办公用机械制造业作为高新技术产业，精密仪器仪表等核心零部件在很大程度上仍然依赖进口，其进口贸易额比重约为 46.2%，同行业内资企业接触到的物化于进口中间品和资本品中技术知识的机会越多，有利于促进技术进步，同时，为应对国内资源短缺的困境，纺织业、造纸及纸制品业进口以原材料为主，对外依存度较高，导致上游内资供应商同时面临资源短缺和市场份额缩小两方面的压力，从而使内资供应商规模效益低下，不利于技术效率的改善。二是与重工业行业进口贸易结构有关。据笔者计算，在 2001～2010 年重工业行业中，电气机械及器材制造业、化学原料及化学制品制造业、石油和天然气开采业三大行业进口贸易额占重工业进口贸易总额的

比重约为49.5%的水平，涉及高新技术产品的进口仅占10%左右，使得重工业行业的进口贸易技术效应不如轻工业行业显著。

表2　　　　　对外贸易技术溢出的 CO_2 排放效应的分行业估计

模型	重工业			轻工业		
	CO_2 排放绩效	技术进步	技术效率	CO_2 排放绩效	技术进步	技术效率
	FE（LAG）	A2 FE（LAG）	B2 FE（LAG）	FE（LAG）	A2 FE（LAG）	B2 FE（LAG）
对外贸易技术溢出效应						
lnEHS	− 0. 0642° （0. 0410）	− 0. 0994 ** （0. 0409）	0. 0352 ** （0. 0147）	− 0. 0836° （0. 0566）	− 0. 2877 *** （0. 0657）	0. 2041 *** （0. 0509）
lnEBS	− 0. 1084 （0. 1146）	− 0. 2070 * （0. 1141）	0. 0986 ** （0. 0411）	0. 0044 （0. 0162）	− 0. 0472 ** （0. 0188）	0. 0517 *** （0. 0146）
lnMHS	− 0. 0329 （0. 0417）	− 0. 0392 （0. 0415）	0. 0062 （0. 0150）	0. 0012 （0. 0273）	0. 0630 ** （0. 0317）	− 0. 0618 ** （0. 0245）
lnMFS	− 0. 0079 （0. 0635）	− 0. 0067 （0. 0632）	− 0. 0012 （0. 0228）	0. 0490 （0. 0523）	− 0. 0196 （0. 0607）	0. 0686 （0. 0470）
控制变量						
lnFDI	− 0. 0802 （0. 0605）	− 0. 0855° （0. 0602）	0. 0053 （0. 0217）	− 0. 0392 （0. 0836）	− 0. 0676 （0. 0970）	0. 0284 （0. 0751）
lnS	− 0. 1758° （0. 1191）	− 0. 1992 * （0. 1186）	0. 0234 （0. 0427）	0. 0290 （0. 0794）	− 0. 0357 （0. 0922）	0. 0646 （0. 0714）
lnRD	0. 0325 （0. 0614）	0. 0385 （0. 0611）	− 0. 0061 （0. 0220）	− 0. 0007 （0. 0249）	− 0. 0145 （0. 0289）	0. 0138 （0. 0223）
lnSE	− 0. 0214 （0. 0801）	− 0. 0103 （0. 0798）	− 0. 0110 （0. 0287）	0. 0702 （0. 1798）	0. 5494 *** （0. 2087）	− 0. 4792 *** （0. 1616）
lnY	− 0. 0491 （0. 0575）	− 0. 0681 （0. 0573）	0. 0191 （0. 0206）	− 0. 0379 （0. 0332）	− 0. 0713 * （0. 0386）	0. 0334 （0. 0299）
常数项	0. 0669 （0. 4665）	− 0. 1380 （0. 4646）	0. 2049 （0. 1674）	0. 2796° （0. 1890）	0. 1661 （0. 2194）	0. 1135 （0. 1699）
R^2	0. 6483	0. 6306	0. 6561	0. 6268	0. 7376	0. 8397
Adjusted − R^2	0. 6370	0. 6204	0. 6409	0. 6145	0. 7278	0. 8253
F	12. 02	11. 76	12. 81	12. 44	15. 26	27. 49
prob	0	0	0	0	0	0
样本	152	152	152	120	120	120

四、结论与政策建议

本文运用中国 34 个工业行业 2001 ~ 2010 年面板数据，基于 DEA 非参数方法测算了工业行业 Malmquist – Luenberger CO_2 排放绩效，并估算出重工业、轻工业行业 CO_2 排放绩效及其分解出的技术进步和技术效率指数，同时，运用投入产出表构建进口和出口贸易水平技术溢出、出口贸易后向技术溢出以及进口贸易前向技术溢出四种指标，进而考察对外贸易技术效应对工业 CO_2 排放绩效及其分解指数的影响。结果发现：（1）全行业的研究表明，出口贸易水平技术溢出抑制了技术进步，而出口贸易水平技术溢出和出口贸易后向技术溢出促进了技术效率的改进；进口贸易水平技术溢出抑制了技术效率的改善，而进口贸易前向技术溢出促进了技术效率的提升。（2）分行业的研究表明，出口贸易技术效应对两类行业技术进步和技术效率的影响与全行业估计结果基本一致，而进口贸易技术效应的影响迥异，其中，轻工业行业对外贸易的技术效应对工业碳排放影响显著，而重工业行业影响系数不明显。

基于上述结论，本文认为以下几点建议值得参考：（1）在当前出口贸易规模增速趋缓的背景下，政府应积极为出口贸易企业创造条件并开拓出口贸易新兴市场，将出口贸易的重心从欧美市场转向东亚市场，旨在促进出口规模增长的同时优化出口贸易的技术结构，将技术含量低的资源与劳动密集型产业比较优势逐步转化为技术含量、附加值较高的产业比较优势。（2）给予一定的贸易政策倾斜，鼓励与促进出口贸易企业的本土化采购，强化本土供应商与出口贸易企业之间的关联程度，以充分发挥出口贸易后向技术溢出对技术效率的积极作用。（3）扩大高新技术产品的进口贸易份额，加大与物化于进口高新技术产品中能源环境技术相适应的研发投入方向和力度，使工业各行业技术研发存量、研发方向能更好地与进口贸易技术效应相匹配，具体而言，应着重加强轻工业行业的进口贸易规模与高新技术产品进口贸易份额，而对于轻工业行业的上游内资供应商如原材料供应商，应在资源禀赋有限的基础上，发挥规模经济效应，与进口原材料之间形成良性竞争的局面。

参考文献

［1］Grossman，Krueger，1991：Environmental Impact of North American Free Trade Agreement，NBER Working Paper.

［2］Grubb M. J.，Hope C.，Fouquet R.，2002：Climate Implications of the Kyoto Protocol：The Contribution of International Spillover，Climate Change，Vol. 54，No. 1.

［3］Albornoz F.，Cole M. A.，Elliott R. J.，et al.，2009：In Search of Environmental Spillo-

vers, The World Economy, Vol. 32, No. 1.

[4] Copeland B. R. , 2011：International Trade and Green Growth, The World Bank, Mimeo.

[5] Perkins R. , Neumayer E. , 2012：Do Recipient Country Characteristics Affect International Spillovers of CO$_2$ – Efficiency via Trade and Foreign Direct Investment? Climate Change, Vol. 112, No. 2.

[6] Geng W. , Zhang Y. Q. , 2011：The Relationship between Skill Content of Trade and Carbon Dioxide Emissions, International Journal of Ecological Economics & Statistics, Vol. 21, No. 11.

[7] 王天凤、张珺：《出口贸易对我国碳排放影响之研究》，载《国际贸易问题》2011 年第 3 期。

[8] 王群伟、周鹏、周德群：《我国二氧化碳排放绩效的动态变化、区域差异及影响因素》，载《中国工业经济》2010 年第 1 期。

[9] 魏梅、曹明福、江金荣：《生产中碳排放效率长期决定及其收敛性分析》，载《数量经济技术经济研究》2010 年第 9 期。

[10] 李子豪、刘辉煌：《中国工业行业碳排放绩效及影响因素——基于 FDI 技术溢出效应的分析》，载《山西财经大学学报》2012 年第 9 期。

[11] Chung Y. H. , Fare R. , Grosskopf S. , 1997：Productivity and Undesirable Outputs：A Directional Distance Function Approach, Journal of Environmental Management, Vol. 51, No. 3.

[12] Hubler M. , Keller A. , 2009：Energy Saving Via FDI? Empirical Evidence from Developing Countries, Environment and Development Economics, Vol. 15, No. 1.

[13] Javorcik B. S. , 2004：Does Foreign Direct Investment Increase the Productivity of Domestic Firms? In Search of Spillovers through Backward Linkages, American Economic Review, Vol. 94, No. 3.

[14] 张其仔：《产业蓝皮书：中国产业竞争力报告（2012）》，社会科学文献出版社 2011 年版。

（与李珊珊合作，原载《中国人口·资源与环境》2013 年第 3 期）

对外贸易技术效应与中国工业碳排放

——基于产业关联的视角

2009 年，中国在哥本哈根气候大会上承诺到 2020 年单位国内生产总值所排放的二氧化碳比 2005 年下降 40%~45%，自对外承诺以来，工业部门作为国内主要碳排放源，面临着越来越大的碳减排压力。"十二五"规划纲要将"加强气候变化领域国际交流，在科学研究、技术研发和能力建设方面开展务实合作"作为新时期国家应对气候变化战略的核心。由此可知，通过低碳技术创新来促进二氧化碳的中长期减排已成为人们的共识。目前我国二氧化碳减排面临的主要困境：一是工业化国家普遍存在的高碳"锁定效应"；二是低碳技术创新途径与我国经济条件相脱离。若我国在低碳技术的国际转移与扩散过程中注重技术途径的优化，则有可能缓解这一困境。

一、研究背景

格罗斯曼和克鲁格（1991）的经典分析框架表明，对外贸易通过规模效应、结构效应与技术效应三个作用机制影响东道国生态环境，在此基础上，国外学者进一步研究了对外贸易技术效应对东道国二氧化碳排放的影响，其理论分析的结果主要有三种：一是对外贸易技术溢出降低了二氧化碳排放。格拉布等（Grubb et al.，2002）认为，东道国企业可以通过对外贸易模仿先进的环境技术，通过外贸市场上价格与质量的竞争压力或进口贸易国环境标准的压力促使东道国企业致力于环境技术水平的提升；二是对外贸易技术溢出促使二氧化碳排放增加。阿尔博诺兹等（Albornoz et al.，2009）认为外贸市场竞争的压力也可能对技术溢出效应带来负面影响，导致东道国企业减少提升能源效率的投资或运营开支来降低成本；三是对外贸易技术溢出对二氧化碳排放的影响不确定。对外贸易技术溢出能否吸收再创新取决于东道国的吸收能力，如环境规制、劳动力的受教育程度等（Copeland，2011；Perkins & Neumayer，2012）。实证研究方面，耿和张（2011）

利用35个国家的分组研究发现，对外贸易的技术溢出对碳排放的影响与国别、进出口商品的技术含量水平有关。王天凤和张珺（2011）运用时间序列数据分析表明，出口贸易对我国碳排放影响的技术效应为负。由此可见，国内研究侧重于对外贸易与碳排放两者关系的初步考察，而关于对外贸易不同技术溢出途径所发挥的技术效应对工业碳排放影响差异的实证研究，目前尚无文献涉及。基于此，本文以2001~2010年中国34个工业行业为研究对象，试图从以下几个方面有所突破：（1）从行业层面考察对外贸易技术效应对工业行业碳排放的影响。现有研究主要集中在国家层面，而对外贸易主要通过产业活动对东道国碳排放产生影响，考虑到碳排放集中于工业部门的现实，工业行业层面的研究可能能更好地考察两者的关系。（2）研究对外贸易的技术溢出主要通过何种机制影响工业行业碳排放？对外贸易技术溢出途径是否存在行业异质性，同一途径的传导机制是否也存在行业异质性？其技术溢出的程度又受到哪些因素的影响？本文在阐释对外贸易技术溢出对工业碳排放影响机理的基础上，通过构造代表不同对外贸易技术溢出的指标，考察不同的技术溢出对工业碳排放产生的影响。

二、模型构建与数据说明

（一）计量模型和变量构建

沿袭格罗斯曼和克鲁格（1991）的思路，将经济活动对环境的影响分解为规模效应、结构效应、技术效应三个作用机制，表述如下：

$$C = Y \times S \times T \tag{1}$$

其中，C为碳排放量，Y为产出水平，S为行业结构，T为碳减排技术水平。将公式（1）转换为行业碳排放强度CI如下：

$$CI = C/Y = S \times T \tag{2}$$

其中，碳减排技术水平，经由内部技术与外部技术渠道产生，内部技术主要来自行业自主研发，外部技术渠道主要考察对外贸易的技术效应，包括进口贸易企业的水平关联MHS、出口贸易企业的水平关联EHS、进口贸易企业的前向关联MFS、出口贸易企业的后向关联EBS四种技术效应。此外，市场竞争程度越高，行业垄断势力越弱，能源利用和碳减排技术的创新动力越强。因此，关于T的函数如下：

$$T = T(RD, EHS, EBS, MHS, MFS, SE) \tag{3}$$

将方程（3）代入方程（2），得到：

$$CI = C/Y = S \times T(RD, EHS, EBS, MHS, MFS, SE) \tag{4}$$

参考哈伯勒和凯勒（Hubler & Keller，2009）的处理方法，本文将行业碳排放强度和行业碳排放方程设定如下：

$$\ln CI_{it} = \alpha_0 + \alpha_1 \ln S_{it} + \alpha_2 \ln RD_{it} + \alpha_3 \ln EHS_{it} + \alpha_4 \ln MHS_{i,t} + \alpha_5 \ln EBS_{it}$$
$$+ \alpha_6 \ln MFS_{it} + \alpha_7 \ln SE_{it} + \delta_t + \eta_i + \varepsilon_{it} \tag{5}$$

其中，i 表示工业行业横截面单元，$i = 1，2，\cdots，34$；t 表示时间；δ_t 为时间非观测效应，反映随时间变化的诸如能源价格、环境规制政策变化对行业碳排放或碳排放强度产生的影响；η_i 为行业差异的非观测效应；ε_{it} 为与时间和地点无关的随机扰动项；CI 为行业碳排放强度；Y 为工业总产值；RD 为行业研发投入强度；EHS、MHS、MFS、EBS 分别为进口贸易水平关联效应、出口贸易水平关联效应、进口贸易前向关联效应、出口贸易后向关联效应的度量指标；SE 为企业所有制结构衡量的市场竞争程度。各变量的具体含义如下：

RD$_{it}$ 为行业研发投入强度，由于研发统计口径的变化，本文运用大中型工业企业的单位科技活动人员的科技活动经费内部支出来表示，以保证研发统计口径的一致性与连续性。

借鉴贾沃尔奇克（Javorcik，2004）构建 FDI 水平关联与后向关联效应指标的方法，构建进口与出口贸易企业的水平关联、进口贸易企业的前向关联、出口贸易企业的后向关联四种效应的指标如下：

$$MHS_{it} = \frac{IM_{it}}{Y_{it}} \tag{6}$$

$$EHS_{it} = \frac{ES_{it}}{Y_{it}} \tag{7}$$

$$MFS_{it} = \sum_{j,j \neq i} \alpha_{ji} \times \frac{IM_{jt}}{Y_{jt}} \tag{8}$$

$$EBS_{it} = \sum_{j,j \neq i} \alpha_{ij} \times \frac{ES_{jt}}{Y_{jt}} \tag{9}$$

式（8）~（11）中，Y 为规模以上工业企业的总产值，IM 为进口贸易额，ES 为出口销售额，α_{ij} 为后向关联系数，α_{ji} 为前向关联系数。MHS 为进口渗透率，反映进口贸易品对本土行业同类产品的水平关联效应，EHS 为出口依存度，反映行业内出口企业与非出口企业之间的水平关联效应，MFS 为下游行业通过购买上游行业进口的中间品与服务对下游行业的前向关联效应，EBS 为下游行业出口企业透过对上游企业中间投入品的需求对上游行业的后向关联效应。

变量 S 运用行业资本密集度来表示，即行业的固定资产净值年平均余额与该行业从业人员年平均人数的比值；SE 为企业所有制结构，即行业的非国有企业总产值占行业总产值的比重来表示。

考虑到对外贸易相关的解释变量的内生性问题：较宽松的环境规制（更多的碳排放）常常会促进经济的粗放式增长，经济增长又会带来更大规模的对外贸易。为消除内生性影响，本文用滞后一期的对外贸易技术溢出变量代替方程（6）（模型 A1）和方程（7）（模型 B1）中的对外贸易技术溢出变量，得到模型 A2 和模型 B2。为进一步考察较长时间对外贸易技术效应的滞后性影响，运用当期和前两年对外贸易技术溢出的移动平均值代替方程（6）和（7）中的相应变量，得到模型 A3 和模型 B3。

对外贸易技术溢出并不是一个独立的过程，而是受到了东道国研发投入、企业所有制结构以及行业碳排放强度等反映吸收能力的行业特征的影响，为检验行业特征对对外贸易技术溢出效应的影响，步骤如下：分别构造国内研发、企业所有制结构与显著性水平较高的贸易水平技术溢出效应变量之间的乘积交互项，将方程（5）改造为方程（10），并按照工业行业碳排放强度标准进行分组考察。方程（10）构建如下：

$$\ln CI_{it} = \alpha_0 + \alpha_1 \ln S_{it} + \alpha_2 \ln RD_{it} + \alpha_3 \ln TR_{it} \times \ln RD_{it}$$
$$+ \alpha_4 \ln TR_{it} \times \ln SE_{it} + \alpha_5 \ln SE_{it} + \delta_t + \eta_i + \varepsilon_{it} \qquad (10)$$

式中，TR 为显著性水平较高的对外贸易技术关联，其余变量与上同。

（二） 数据来源说明

本文研究集中于 2001～2010 年间，期间工业分行业总产值、国有企业与非国有企业产值、出口交货值与能源消费数据、研发数据、人均固定资产总值分别来自《中国统计年鉴》《中国工业经济统计年鉴》《中国能源统计年鉴》《中国科技统计年鉴》各期，进口数据来自联合国统计处的 COMTRADE 数据库中按 ISIC Rev. 3 分类的行业数据，将其转换成与我国工业行业分类标准（CICC）相一致的行业数据。工业行业归并为 34 个行业类型，剔除"其他采矿业""木材及竹材采运业""工艺品及其他制造业""烟草制品业""废弃资源和废旧材料回收加工业"五个行业。为消除价格波动带来的影响，本文利用公布数据推算了相应工业行业价格指数，并利用该指数将 2001～2010 年工业分行业总产值折算成 2000 年不变价。关于前向、后向关联系数估算中的直接消耗系数，2001～2005 年取自 2002 年投入产出表，2006～2010 年取自 2007 年投入产出表，将基本流量表中的工业行业合并为 34 个工业行业，然后计算出相应的直接消耗系数矩阵。分行业碳排放量的估算方法参考《2006 年 IPCC 国家温室气体清单指南》。

三、计量回归分析

（一） 对外贸易的技术溢出影响结果分析

表 1 给出了各种对外贸易技术溢出对工业碳排放强度与碳排放量影响的分析

结果，EHS 与 MFS 的系数为负，表明其对工业碳减排有积极的促进作用，但在统计上并不显著；所有的 EBS 系数均为负值，表明出口贸易供应商对上游中间品供应商技术创新的需求与技术援助提高了工业碳减排技术水平，减少了工业碳排放量，影响系数从模型 A1 至 A3、模型 B1 至 B3 明显增大，显著性均达到 1% 的水平，说明出口贸易技术后向溢出的碳减排效应存在滞后性，可能原因在于行业内企业需要一定的时间消化吸收出口贸易技术溢出，滞后期的长度与本土的技术吸收能力密切相关；所有模型的 MHS 系数均显著为正，表明通过"逆向工程"与竞争效应，中间品与资本品的进口抑制了本土同行业产品供应商碳减排技术的提升，其影响系数在模型 A 和模型 B 中的变动与 EBS 影响系数类似，说明进口贸易技术水平溢出效应也存在滞后性，原因可能是物化于进口中间品与资本品中的节能减排技术与本土供应商技术存在巨大差距，技术势能过大限制了本土供应商的吸收消化能力，在进口贸易强化了同行业产品竞争的背景下，本土供应商难以在节能减排技术上有所突破，转向追求成本最小化战略，进而对碳减排带来负面影响。

表 1　　　　　　　　　　　　对外贸易技术溢出的碳排放效应

模型	工业碳排放强度			工业碳排放量		
	A1 FE	A2 FE(LAG)	A3 FE(MA)	B1 FE	B2 FE(LAG)	B3 FE(MA)
对外贸易技术溢出效应						
lnEHS	− 0.0198 (− 0.6500)	− 0.0007 (− 0.0243)	0.0611 (1.6357)	− 0.0344 (− 1.3312)	− 0.0268 (− 1.0572)	0.0367 (1.2057)
lnEBS	− 0.0726 * (− 1.7337)	− 0.0892 ** (− 2.1135)	− 0.1838 *** (− 4.2936)	− 0.0568 (− 1.5952)	− 0.0613 * (− 1.7459)	− 0.1188 *** (− 3.3657)
lnMHS	0.1412 *** (4.7948)	0.1321 *** (4.1145)	0.2290 *** (6.5748)	0.0579 ** (2.2120)	0.0413 (1.4800)	0.1263 *** (4.2283)
lnMFS	− 0.0055 (− 0.1159)	− 0.0355 (− 0.7370)	− 0.0254 (− 0.5172)	− 0.0687 * (− 1.6818)	− 0.0844 ** (− 2.0966)	− 0.0546 (− 1.3614)
控制变量						
lnS	− 0.1546 ** (− 2.1971)	− 0.1446 * (− 1.7636)	− 0.1017 (− 1.0171)	− 0.0402 (− 0.6619)	0.0156 (0.2231)	0.1809 ** (2.1224)
lnRD	− 0.1533 *** (− 3.2442)	− 0.1442 *** (− 2.9642)	− 0.1408 *** (− 3.2379)	− 0.1002 ** (− 2.4776)	− 0.1238 *** (− 3.0586)	− 0.1375 *** (− 3.8881)

续表

模型	工业碳排放强度			工业碳排放量		
	A1 FE	A2 FE(LAG)	A3 FE(MA)	B1 FE	B2 FE(LAG)	B3 FE(MA)
控制变量						
lnSE	0.1547 ** (2.1688)	0.1223 * (1.6828)	0.0796 (1.1352)	0.2206 *** (3.6230)	0.1851 *** (2.9617)	0.1173 ** (2.0516)
lnY				0.2606 *** (3.7594)	0.1996 *** (2.6904)	0.1978 *** (2.6496)
常数项	− 0.2290 (− 0.8270)	− 0.4706 (− 1.6411)	− 0.6000 ** (− 2.0636)	5.2917 *** (9.3056)	5.6463 *** (9.1779)	5.5303 *** (8.9325)
R^2	0.9839	0.9856	0.9907	0.9909	0.9923	0.9953
Adjusted − R^2	0.9812	0.9829	0.9887	0.9893	0.9908	0.9943
F	361.1925	366.0117	506.8465	629.8895	674.2858	987.8911
prob	0.0000	0.0000	0.0000	0.0000	0.0000	0.0000
样本	340	306	272	340	306	272

注：FE 表示固定效应估计，所有模型均采用行业和时间固定效应；*、**、*** 分别表示 10%、5% 和 1% 的显著性水平；A1 和 B1 表示模型采用当期的对外贸易溢出变量，A2 和 B2 表示模型采用滞后一期的对外贸易溢出变量，A3 和 B3 表示模型采用当期和前两年的对外贸易溢出变量的移动平均值；回归系数括号里的数为 t 值。

除模型 B1 外，表 1 中所有模型研发投入强度系数均在 1% 的水平显著为负，表明研发投入强度的增加有利于提高生产率或改进节能减排技术，进而降低工业碳排放强度和碳排放量。目前我国节能减排技术创新基础薄弱，约有 70% 的减排技术依赖进口，对成熟技术的引进、消化、吸收、再创新的研发投入严重不足。从研发经费支出占 GDP 的比重来看，我国 2001～2011 年间该指标从 0.95% 增至 1.83%，年均升幅 0.08%，而大多数创新型国家该指标高达 3% 左右，意味着我国在研发投入方面与创新型国家仍然存在巨大的差距，通过提高研发强度降低工业行业碳排放强度的空间较大。

与上述各影响因素不同，行业结构和企业所有制结构对工业碳排放强度和碳排放量的影响存在差别，其中，反映行业结构的行业资本密集度与工业碳排放强度显著负相关，而与工业碳排放量显著正相关，表明行业资本密集度的增加会降低行业碳排放强度，但却导致更多的碳排放量。原因可能在于，资本密集度对工业碳排放的影响具有双重性，一方面，资本密集度的增加直接导致更多的资本设备投入与能源消耗，进而导致更高的碳排放量和碳排放强度；另一方面，资本密集度通过能源—资本配置比的降低来间接实现碳排放强度的降低，因此，资本密集度对碳排放强度的间接影响效应大于直接影响效应（陈春华和路正南，2012），此结论与李子豪和刘辉煌（2011）不同；除模型 A3 外，所有模型企业所有制结构系数均显著为正，表明非国有企业比重的增加会促进碳排放强度与碳排放量的上升，这是因为，在缺少严格环境规制将环境污染成本内生化的背景下，非国有企业比重越高，市场竞争压力加剧，可能会缩小企业利润空间，限制企业对碳减排技术、现代化厂房以及设备等进行投资的能力与意愿，从而对工业碳减排带来负面影响。此外，工业产出与工业碳排放量在 1% 的显著性水平上正相关，原因与粗放式的工业产出增长模式所导致的能源、资源消耗较大有关。

（二）　行业吸收能力对贸易技术溢出的碳排放效应的影响

模型 1、4 分别为方程（5）按碳排放强度分组的估计结果，模型 2、4 分别为方程（10）以出口贸易后向技术关联为 TR 进行分组的估计结果，模型 3、6 分别为方程（10）以进口贸易水平技术关联为 TR 进行分组的估计结果，回归结果见表 2。从表 2 的结果可知，对外贸易的技术效应对不同碳排放强度行业的影响迥异：在高碳排放行业组，EBS 系数显著为负，MHS 系数均显著为正，与行业整体回归结果相比，其影响系数与显著性均明显增大，而在低碳排放行业组，所有对外贸易溢出变量的系数均不显著。这说明对外贸易技术效应主要集中在高碳排放行业，可能的原因是，对外贸易技术效应对工业碳排放的影响存在一定的"技术门槛"，与低碳排放行业相比，高碳排放行业的资本密集度普遍较高，而行业的资本密集程度反映了行业的技术和资本装备程度（Kokko，1996），在国内外碳减排技术水平存在巨大差距的背景下，行业资本密集度越高，意味着该行业对国外领先碳减排技术的吸收能力越强，从而使得高碳排放行业对外贸易技术效应对碳排放的影响更为显著。

表 2　　　　　　　因变量为碳强度自然对数（lnCI）的分组检验结果

	高排放行业组			低排放行业组		
	模型 1	模型 2 （TR = EBS）	模型 3 （TR = MHS）	模型 4	模型 5 （TR = EBS）	模型 6 （TR = MHS）
对外贸易技术溢出效应						
lnEHS	0.0655 （1.2217）			− 0.0533 （− 1.1372）		
lnEBS	− 0.1464 *** （− 2.6708）			− 0.0231 （− 0.3705）		

续表

	高排放行业组			低排放行业组		
	模型 1	模型 2 (TR = EBS)	模型 3 (TR = MHS)	模型 4	模型 5 (TR = EBS)	模型 6 (TR = MHS)
对外贸易技术溢出效应						
lnMHS	0.2040 *** (5.6486)			− 0.1229 (− 1.5240)		
lnMFS	− 0.0335 (− 0.5014)			0.1205 (0.8312)		
lnTR × lnRD		− 0.0055 (− 0.3954)	0.0425 *** (2.9005)		0.0161 (1.4798)	− 0.0068 (− 0.4612)
lnTR × lnSE		0.0783 *** (2.9821)	0.0618 ** (2.3527)		0.0877 (1.6477)	0.0786 (0.7116)
控制变量						
lnS	− 0.1887 (− 1.5952)	− 0.4000 *** (− 3.1488)	− 0.1212 (− 0.9016)	− 0.2739 ** (− 2.3848)	− 0.1800 (− 1.6064)	− 0.2563 ** (− 2.2620)
lnRD	− 0.0396 (− 0.5534)	− 0.0346 (− 0.4283)	− 0.0281 (− 0.3712)	− 0.1799 *** (− 3.0237)	− 0.1761 *** (− 3.0551)	− 0.1823 *** (− 3.0925)
lnSE	0.1216 (1.4582)	0.2263 ** (2.0864)	− 0.0210 (− 0.2191)	0.3682 (1.1385)	0.6844 * (1.8152)	0.5462 (1.4004)
常数项	0.8213 * (1.8505)	1.0384 *** (2.8063)	0.7195 * (1.9695)	− 1.2123 ** (− 2.5193)	− 1.1991 *** (− 4.3458)	− 1.1914 *** (− 4.0326)
R^2	0.9646	0.9538	0.9592	0.9813	0.9812	0.9807
Adjusted − R^2	0.9555	0.9429	0.9495	0.9765	0.9768	0.9762
F	106.3215	87.5615	99.6405	204.4665	221.9410	215.8341
prob	0.0000	0.0000	0.0000	0.0000	0.0000	0.0000
样本	153	153	153	153	153	153

注：*、**、*** 分别表示 10%、5% 和 1% 的显著性水平；A1 和 B1 表示模型采用当期的对外贸易溢出变量，A2 和 B2 表示模型采用滞后一期的对外贸易溢出变量，A3 和 B3 表示模型采用当期和前两年的对外贸易溢出变量的移动平均值；回归系数括号里的数为 t 值。

其他因素的影响存在较大的差别。行业结构方面，低碳排放行业资本密集度的提高能显著降低工业碳排放强度，而高碳排放行业影响系数较小，同为负值但不太显著，原因在于，与低碳排放行业相比，高碳排放行业资本密集度的存量水平相对较高，其资本密度强化通过资本设备投入、能源消耗进而促进碳排放强度提升的直接效应较为明显，而通过资本对能源的替代从而导致碳排放强度降低的间接效应比较有限。因此，低碳排放行业资本密度强化的综合效应更有利于碳减排；研发投入方面与已有的研究结论类似（李子豪和刘辉煌，2011），低碳排放行业研发投入与碳排放强度在1%的显著性水平上负相关，而高碳排放行业研发投入系数为负，但不显著。

关于行业特征对贸易技术效应对碳排放的影响方面，高碳排放行业的行业特征影响显著，而低碳排放行业的影响不明显。模型2结果显示企业所有制结构与出口贸易后向技术溢出的交互项系数显著为正，说明非国有企业比重的提高削弱了高碳排放行业出口贸易后向技术溢出对工业碳减排的积极效应，可能的原因在于，上游非国有企业比重的上升，加剧了上游本土供应商之间的市场竞争，利润空间的缩小限制了本土供应商研发能力的积累与吸收能力的提升，弱化了出口贸易的后向技术溢出效应；模型3结果显示进口贸易水平技术溢出分别与研发投入、企业所有制结构的交互项系数均显著为正，说明国内研发投入强度、非国有企业比重的提升不利于进口贸易水平技术溢出的碳减排效应，即国内研发作为吸收能力的作用不明显，原因可能与国内研发投入方向、力度和物化于进口中间品和资本品的节能减排技术之间不太匹配有关，而非国有企业比重的提高进一步加剧了进口贸易对本土同行业供应商的竞争压力，强化了进口贸易的竞争效应对技术溢出的碳减排效应的负面作用。

四、结论与政策建议

本文首先阐述了对外贸易技术效应对工业碳排放的影响机制，在此基础上，采用中国34个工业行业2001～2010年面板数据，运用投入产出表构建进口和出口贸易水平技术溢出、出口贸易后向技术溢出以及进口贸易前向技术溢出四种指标，以检验对外贸易技术效应对工业碳排放的影响，并估算了研发投入强度、企业所有制结构、碳排放强度等反映吸收能力的行业特征在对外贸易技术溢出的碳排放效应中的作用。我们发现：（1）从对外贸易技术效应的影响途径来看，出口贸易后向技术溢出、进口贸易水平技术溢出对全行业的碳排放强度或碳排放变化具有明显的作用，其中，出口贸易后向技术溢出对工业碳排放的降低存在积极影响，而进口贸易水平技术溢出对工业碳减排有负面影响。（2）分行业的研究显示，高碳排放行业对外贸易的技术效应对工业碳排放影响显著，而低碳排放行业影响系数不明显。（3）通过对行业特征影响的分析发现，行业特征对对外贸易技术效应的影响集中在高碳排放行业，研发投入、非国有企业比重的提高抑制了进口贸易水平方向技术溢出，且非国有企业比重的提升对出口贸易后向技术溢出存在负面影响。

基于以上结论与实证结果，本文认为以下几点建议值得参考：（1）给予一定的贸易政策倾斜，鼓励与促进出口贸易企业的本土化采购，强化本土供应商与出口贸易企业之间的关联程度，以充分发挥出口贸易后向技术效应对工业碳减排的积极作用。具体而言，应着重加强高碳排放行业出口力度，保持低碳排放行业的出口规模水平。（2）研发活动是获得技术最根本、最主动的方式，而目前国内研发投入、研发专利转化率严重不足，因此，政府应加强国内研发投入，特别是在运用"逆向工程"等方式学习模仿、消化吸收的过程中，加大与物化于进口中间品和资本品中节能减排技术研发方向相适应的研发投入力度，使工业各行业技术研发存量、研发方向能更好地与对外贸易技术溢出相匹配。（3）积极调整工业内部结构，适度提高行业资本密集度，通过工业行业能源—资本替代比例、化石能源占总能源消耗比例的降低促进工业碳减排。（4）缺乏碳减排制度的约束，碳减排技术的巨大差距下的竞争更多的是低成本竞争，不利于碳减排技术的跨国转移与扩散，因此，从长远来看，逐步强化环境规制力度，是工业碳排放强度长期持续下降的关键。

参考文献

［1］Grossman，Krueger，1991：Environmental Impact of North American Free Trade Agreement，NBER Working Paper.

［2］Grubb M. J.，Hope C.，Fouquet R.，2002：Climate Implications of the Kyoto Protocol：The Contribution of International Spillover，Climate Change，Vol. 54，No. 1.

［3］Albornoz F.，Cole M. A.，Elliott R. J.，et al.，2009：In Search of Environmental Spillovers，The World Economy，Vol. 32，No. 1.

［4］Copeland B. R.，2011：International Trade and Green Growth，The World Bank，Mimeo.

［5］Perkins R. and E. Neumayer，2012：Do Recipient Country Characteristics Affect International Spillovers of CO_2 – Efficiency via Trade and Foreign Direct Investment？Climate Change，Vol. 112，No. 2.

［6］Geng W. and Y. Q. Zhang，2011：The Relationship between Skill Content of Trade and Carbon Dioxide Emissions，International Journal of Ecological Economics & Statistics，Vol. 21，No. 11.

［7］王天凤、张珺：《出口贸易对我国碳排放影响之研究》，载《国际贸易问题》2011年第3期。

［8］Hubler M. and A. Keller，2009：Energy Saving Via FDI？Empirical Evidence from Developing Countries，Environment and Development Economics，Vol. 15，No. 1.

［9］Javorcik B. S.，2004：Does Foreign Direct Investment Increase the Productivity of Domestic

Firms? In Search of Spillovers through Backward Linkages, American Economic Review, Vol. 94, No. 3.

［10］李子豪、刘辉煌:《FDI 的技术效应对碳排放的影响》,载《中国人口·资源与环境》2011 年第 12 期。

［11］陈春华、路正南:《我国碳排放强度的影响因素及其路径分析》,载《统计与决策》2012 年第 2 期。

［12］Kokko A. , R. Tansini and M. C. Zejan, 1996: Local Technological Capability and Productivity Spillovers from FDI in the Uruguayan Manufacturing Sector, Journal of Development Studies, Vol. 32, No. 4.

（与李珊珊合作,原载《经济管理》2013 年第 1 期）

FDI、国际贸易技术效应与中国省际碳排放绩效

一、问题的提出与文献综述

自从中国在哥本哈根大会对外承诺以来，承受着来自国内碳减排与国际碳排放转移的双重压力。"十二五"规划纲要提出了中国应对气候变化的策略，明确了技术进步的战略核心地位。当前国内碳减排的困境突出体现在，一方面，国内低碳技术基础薄弱，70%的低碳技术依赖进口（邹骥，2010）；另一方面，对国外低碳技术的吸收能力不足。这一困境导致国内低碳技术创新乏力的结果，因此，在国际低碳技术的引进与扩散中优化技术进步路径，尤为重要。

关于FDI技术溢出对碳排放影响研究的理论观点为：其一，FDI技术溢出有利于碳减排。跨国企业与本土企业之间通过模仿示范、人力资本流动、产业供应链均有可能传递节能减排技术（Gorg & Strobl，2004；Albornoze et al.，2009）；其二，FDI技术溢出不利于碳减排。跨国企业所导致的市场竞争加剧可能会对压缩本土企业的利润空间，从而限制本土企业对先进设备进行投资的能力或意愿（Perkins & Neumayer，2009）；其三，FDI技术溢出对碳排放的影响不确定，与FDI来源国节能减排技术、东道国本土的吸收能力有关（Prakash & Potoski，2007；珀金斯和诺伊迈尔，2012）。实证方面，FDI技术溢出对东道国碳排放效率的影响与东道国本土的碳排放效率、制度质量等吸收能力有关（Perkins & Neumayer，2012），FDI技术溢出能明显提升工业行业碳排放绩效水平（李子豪和刘辉煌，2012）。

类似地，关于国际贸易技术溢出对碳排放影响的相关研究，其理论观点为：其一，国际贸易技术溢出有利于碳减排。本土企业在面临来自出口环境标准与市场竞争压力的背景下，通过模仿先进的进口设备改进节能减排技术（Grubb et al.，2002）；其二，国际贸易技术溢出不利于碳减排。在东道国环境规制不力的前提下，出口市场竞争的压力的加剧也可能导致本土企业以牺牲环境为代价以降

低成本（阿尔博诺兹等，2009）；其三，国际贸易技术溢出对碳排放的影响不确定。国际贸易技术溢出能否吸收再创新取决于东道国的吸收能力，如环境规制、劳动力的受教育程度等等（科普兰，2011；Perkins & Neumayer，2012）。实证研究的结论存在差异，对外开放程度的深化可能对中国碳排放绩效无明显影响（王群伟等，2010），也有可能会对中国碳排放绩效带来负面影响（魏梅，2010）。

通过文献综述发现，关于 FDI、国际贸易的技术效应与中国碳排放绩效关系考察，国内仅有陈震等（2011）综合考察了贸易开放程度、FDI 技术溢出与技术转移对全要素碳排放绩效水平的影响，而 FDI、国际贸易主要通过何种途径对全要素碳排放绩效分解出的技术进步和技术效率变化产生影响？同一传导途径的技术效应是否存在区域异质性？其技术溢出程度又会受到那些因素的影响？目前尚无文献涉及。由此，本文基于 Malmquist - Luenberger 指数测算全要素碳排放绩效，并对其进行分解，估算出东部、中部、西部地区的技术进步指数和技术效率变化指数，随后将 FDI、国际贸易技术效应分别纳入技术进步和技术效率影响因素的实证模型，考虑到变量的内生性问题，本文利用 1995 ~ 2010 年中国 28 个省级动态面板数据，运用系统广义矩方法（GMM）对 FDI 和国际贸易技术效应与碳排放绩效分解出的技术进步与技术效率的关系进行实证分析。

二、研究模型与数据说明

（一）研究模型

1. 基于 Malmquist - Luenberger 指数的全要素碳排放绩效的测度模型。为同时衡量非期望产出减少与期望产出增加时的综合绩效水平，借鉴钟等（1997）构建的基于 Malmquist - Luenberger 指数的碳排放绩效测算模型：

$$ML^{t,t+1} = \left\{ \frac{[1 + \vec{D}_c^t(x^t, y^t, c^t; y^t, -c^t)]}{[1 + \vec{D}_c^{t+1}(x^{t+1}, y^{t+1}, c^{t+1}; y^{t+1}, -c^{t+1})]} \right. $$
$$ \left. \times \frac{[1 + \vec{D}_c^{t+1}(x^t, y^t, c^t; y^t, -c^t)]}{[1 + \vec{D}_c^t(x^{t+1}, y^{t+1}, c^{t+1}; y^{t+1}, -c^{t+1})]} \right\}^{1/2} \tag{1} $$

假定规模报酬不变，将 ML 指数进一步分解为技术进步指数和技术效率变化指数：

$$ML^{t,t+1} = \frac{1 + \vec{D}_c^t(x^t, y^t, c^t; y^t, -c^t)}{1 + \vec{D}_c^{t+1}(x^{t+1}, y^{t+1}, c^{t+1}; y^{t+1}, -c^{t+1})} $$
$$ \times \left\{ \frac{[1 + \vec{D}_c^{t+1}(x^t, y^t, c^t; y^t, -c^t)]}{[1 + \vec{D}_c^t(x^t, y^t, c^t; y^t, -c^t)]} \times \frac{[1 + \vec{D}_c^{t+1}(x^{t+1}, y^{t+1}, c^{t+1}; y^{t+1}, -c^{t+1})]}{[1 + \vec{D}_c^t(x^{t+1}, y^{t+1}, c^{t+1}; y^{t+1}, -c^{t+1})]} \right\}^{1/2} $$
$$ = MLEFF^{t,t+1} \times MLTE^{t,t+1} \tag{2} $$

其中，$ML^{t,t+1}$ 代表全要素碳排放绩效指数；$MLEFF^{t,t+1}$ 代表技术效率变化指数，测度从 t 期到 t + 1 期每个决策单元的实际生产与环境生产前沿面的追赶程度，若 $MLEFF^{t,t+1} > 1$，说明技术效率提升，反之则下降；$MLTE^{t,t+1}$ 代表技术进步指数，测度环境生产前沿面从 t 期到 t + 1 期的变动情况，若 $MLTE^{t,t+1} > 1$，说明技术进步，反之则退步。

2. 技术效应与碳排放效率的实证模型。经济活动对环境的影响可分解为规模效应、结构效应、技术效应三个方面（Grossman & Krueger，1991），表述如下：

$$ML = Y \times S \times T \tag{3}$$

其中，ML 为全要素碳排放绩效指数，Y 为产出水平，S 为行业结构，T 为碳减排技术水平。其中，碳减排技术水平，经由内部与外部渠道产生，内部技术渠道主要来源于行业自主研发和人力资本，外部技术渠道主要考察 FDI、进出口贸易的技术效应。此外，市场竞争程度越高，行业垄断势力越低，能源利用和碳减排技术的创新动力越强。因此，关于 T 的函数如下：

$$T = T(RD，HR，FDIS，IMPS，EXPS，SE) \tag{4}$$

将方程（4）代入方程（3）得到：

$$ML = Y \times S \times T(RD，HR，FDIS，IMPS，EXPS，SE) \tag{5}$$

考虑到技术溢出存在一定的滞后性，碳排放绩效模型构建如下：

$$\ln ML_{it} = \beta_0 + \beta_1 \ln Y_{it} + \beta_2 \ln S_{it} + \beta_3 \ln RD_{it} + \beta_4 \ln HR_{it} + \beta_5 \ln FDIS_{it} + \beta_6 \ln FDIS_{i,t-1}$$
$$+ \beta_7 \ln IMPS_{it} + \beta_8 \ln IMPS_{i,t-1} + \beta_9 \ln EXPS_{it} + \beta_{10} \ln EXPS_{i,t-1} + \beta_{11} \ln SE_{it} + \varepsilon_{it}$$
$$\tag{6}$$

其中，i 表示地区，t 表示年份，ML 为全要素碳排放绩效指数，Y 为地区总产值，S 为产业结构，RD 为国内研发，HR 为人力资本，FDIS、IMPS、EXPS 分别为 FDI、进口、出口的技术效应，SE 为企业所有制结构。

为避免模型构建过程中全要素碳排放绩效影响因素的遗漏，我们加入被解释变量滞后一期：

$$\ln ML_{it} = \beta_0 + \beta_1 \ln ML_{i,t-1} + \beta_2 \ln Y_{it} + \beta_3 \ln S_{it} + \beta_4 \ln RD_{it} + \beta_5 \ln HR_{it}$$
$$+ \beta_6 \ln FDIS_{it} + \beta_7 \ln FDIS_{i,t-1} + \beta_8 \ln IMPS_{it} + \beta_9 \ln IMPS_{i,t-1}$$
$$+ \beta_{10} \ln EXPS_{it} + \beta_{11} \ln EXPS_{i,t-1} + \beta_{12} \ln SE_{it} + \varepsilon_{it} \tag{7}$$

根据全要素碳排放绩效 ML 指数的分解，估算各省区的技术进步指数 MLTE 和技术效率变化指数 MLEFF，并用分解出的指标替代模型(7)中的 ML 指数。考虑到与外部技术溢出相关的解释变量之间的内生性问题，我们采用系统 GMM 估计法来克服个体效应和内生性问题，其基本思想是选取适当的工具变量，引入矩约束条件，以实现模型的有效估计。

（二）数据说明与处理

基于数据的可得性与统计口径的一致性，本文选择的样本包括 28 个省、区、市（海南和西藏数据缺失，重庆并入四川），样本区间为 1995～2010 年（《中国能源统计年鉴》中各类能源消费条目自 1995 年才开始公布）。测算数据来自《中国统计年鉴》、各省市统计年鉴、《中国能源统计年鉴》、《中国劳动统计年鉴》各期以及《新中国六十年统计资料汇编》和《中国国内生产总值核算历史资料（1952～1995）》，以 1995 年为基期。

　　本文测算全要素碳排放绩效的投入变量为资本存量、劳动力和能源消费量，产出变量为 GDP 和碳排放量，并运用 MaxDEA 5.2 软件求解。基于技术效应视角的全要素碳排放绩效实证分析包含 FDI、进出口贸易、研发投入以及产业结构等因素，还包括人力资本和制度变量等反映吸收能力的因素。（1）资本存量。运用永续盘存法估算资本存量，借鉴张军等（2004）的方法补充数据，对名义资本存量的调整采用固定资产投资价格指数进行调整。（2）劳动力和人力资本。以各地年末就业人数表示，为保持数据来源一致，人力资本运用各地年末就业人员受教育存量来衡量。本文采用平均受教育年限法，其中，平均受教育年限 $= 6a + 9b + 12c + 16d$，a、b、c、d 分别为各教育程度就业构成。（3）能源消费量和碳排放量。各地能源消费统计是将煤炭、焦炭、原油、燃料油、汽油、煤油、柴油、天然气和电力等九类一次性能源消费量折算成统一热量单位标准煤，相应的碳排放量估算参考《2006 年 IPCC 国家温室气体清单指南》。（4）GDP、产业结构和制度变量。将各地名义 GDP 按 GDP 平减指数法以 1995 年不变价格进行换算，产业结构运用第二产业占 GDP 比重来衡量。而制度变量采用各地国有企业工业总产值占全部规模以上企业工业总产值比重来表示。（5）研发投入、FDI 和进出口贸易技术溢出等反映技术效应的因素。研发投入用研发支出占 GDP 比重表示，其中研发支出采用各地研究与发展经费内部支出数据，由于 1998 年后各地才公布研发数据，1995～1997 年数据的缺失根据全国研发数据总量以各地科技活动经费内部支出比例进行估算。FDI 和进出口贸易技术溢出采用 FDI 和进出口贸易额占 GDP 比重来衡量，所有外币表示的数据均按人民币汇率（年平均价）折算成本币。

三、实证结论

（一）　全要素碳排放绩效 ML 指数的测算与分解

　　本文基于 Malmquist - Luenberger 指数法，运用 MaxDEA 5.2 软件测算了 1995～2010 年东部、中部和西部地区的全要素碳排放绩效指数 ML 以及由此分解出的技术进步指数 MLTE 和技术效率变化指数 MLEFF。如表 1 所示，1995～2010 年间，从全国范围来看，全要素碳排放绩效的增长主要依靠技术效率的改进，而技术进步贡献相对较小；分三大区域来看，东部地区的全要素碳排放绩效的变动与全国类似，而中西部地区的全要素碳排放绩效的增长主要依靠技术进步，而技术效率变化的贡献相对较小。我们将从 FDI 和进出口贸易技术效应的视角进一步展开研究。

表1　　　　　　　　三大区域全要素碳排放绩效指数及分解

	ML	MLTE	MLEFF
全国	0.9974	0.9962	1.0014
东部地区	0.9916	0.9906	1.0012
中部地区	1.0078	1.0088	0.9991
西部地区	1.0139	1.0085	1.0042

（二）　FDI 和国际贸易技术效应对碳排放绩效的影响分析

表2是因变量分别为全要素碳排放绩效分解出的技术效率变化指数和技术进步指数的回归结果。我们运用系统 GMM 方法估计了动态面板回归方程，两个识别检验是必要的：一是检验过度识别约束的 Sargan 统计量，用于检验工具变量的有效性；二是误差项序列相关的 Arellano – Bond 统计量，用于检验水平方程中的误差项不存在序列相关性，两个统计量均要求接受原假设，运用 Stata 11.0 软件测算如表2所示。

表2　　　　　　　FDI、国际贸易技术效应对碳排放绩效分解指数的影响

	lnEFF				lnTE			
	全国	东部	中部	西部	全国	东部	中部	西部
FDI、国际贸易技术效应								
lnFDIS	0.0007 (0.0020)	− 0.0030 (0.0042)	0.0073 *** (0.0023)	0.0060 (0.0047)	0.0069 (0.0049)	− 0.0263 (0.0152)	0.0569 *** (0.0199)	0.0031 (0.0101)
L. lnFDIS	0.0046 (0.0028)	− 0.0080 ** (0.0037)	− 0.0002 (0.0030)	0.0055 (0.0044)	0.0033 (0.0032)	0.0363 ** (0.0143)	− 0.0256 (0.0215)	− 0.0134 (0.0150)
lnIMPS	− 0.0054 ** (0.0027)	0.0031 (0.0074)	− 0.0011 (0.0035)	0.0067 (0.0079)	− 0.0029 (0.0084)	− 0.0713 * (0.0384)	0.0107 (0.0249)	0.0233 (0.0435)
L. lnIMPS	0.0059 (0.0039)	− 0.0021 (0.0027)	− 0.0018 (0.0023)	0.0063 (0.0049)	− 0.0074 ** (0.0030)	0.0069 (0.0154)	− 0.0707 *** (0.0142)	− 0.0368 * (0.0200)

续表

	lnEFF				lnTE			
	全国	东部	中部	西部	全国	东部	中部	西部
FDI、国际贸易技术效应								
lnEXPS	0.0032 (0.0034)	0.0004 (0.0064)	0.0013 (0.0030)	−0.0042 (0.0061)	0.0210 ** (0.0088)	0.1328 *** (0.0486)	−0.0054 (0.0217)	0.0110 (0.0184)
L. lnEXPS	−0.0146 ** (0.0057)	0.0107 * (0.0056)	−0.0014 (0.0032)	0.0029 (0.0099)	−0.0043 (0.0041)	0.0848 *** (0.0298)	0.1078 *** (0.0336)	0.0033 (0.0309)
控制变量								
lnY	−0.0042 * (0.0022)	−0.0046 ** (0.0023)	−0.0024 (0.0047)	−0.0051 * (0.0029)	−0.0071 *** (0.0025)	−0.0766 *** (0.0260)	0.0246 (0.0368)	0.0042 (0.0323)
L. lnS	−0.0101 (0.0132)	0.0061 (0.0178)	−0.0250 ** (0.0098)	−0.0246 (0.0404)	−0.0839 *** (0.0271)	−0.1087 (0.1156)	−0.1771 ** (0.0869)	0.0589 (0.1419)
lnRD	0.0049 (0.0031)	0.0132 ** (0.0058)	−0.0039 (0.0074)	0.0018 (0.0052)	−0.0076 * (0.0046)	0.0005 (0.0255)	−0.0331 (0.0311)	0.0019 (0.0289)
lnSE	−0.0051 (0.0035)	−0.0009 (0.0049)	0.0008 (0.0026)	−0.0007 (0.0061)	−0.0137 * (0.0074)	−0.0413 (0.0283)	−0.0209 (0.0161)	−0.0114 (0.0336)
lnHR	−0.0062 (0.0163)	−0.0743 *** (0.0289)	0.1135 *** (0.0378)	−0.0064 (0.0614)	−0.0103 (0.0339)	−0.0120 (0.1429)	−0.1101 (0.1349)	−0.0601 (0.1129)
L. lnEFF or lnTE	−0.0383 (0.0334)	−0.0670 * (0.0390)	0.1226 *** (0.0377)	−0.1278 *** (0.0494)	−0.0243 (0.0502)	−0.0609 * (0.0331)	0.2951 ** (0.1443)	0.0254 * (0.0150)
常数项	0.0509 (0.0524)	0.2506 *** (0.0880)	−0.2437 ** (0.1159)	0.1404 (0.0961)	−0.0007 (0.0698)	0.5087 (0.4187)	−0.0674 (0.4524)	0.0783 (0.4493)
AR(1)	−3.18 (0.001)	−2.53 (0.011)	−3.13 (0.002)	−2.55 (0.011)	−2.91 (0.004)	−2.78 (0.005)	−2.56 (0.011)	−1.80 (0.072)
AR(2)	−0.34 (0.730)	0.42 (0.667)	−1.00 (0.315)	−0.34 (0.734)	−0.95 (0.340)	1.49 (0.136)	−1.48 (0.139)	−0.91 (0.364)
Sargan	411.66	127.58	101.99	113.71	388.69	124.02	105.66	104.15
test	(0.168)	(0.182)	(0.426)	(0.105)	(0.452)	(0.288)	(0.322)	(0.395)
样本	405	135	120	120	405	135	120	120

注：*、**、***分别表示10%、5%和1%的显著性水平；回归系数括号里的数为稳健标准误，AR 和 Sargan test 括号里的数分别为 prob > z 和 prob > chi^2 的值；在系统 GMM 估计中，回归中的前定变量为 lnEFF$_{i,t-1}$ 或 lnTE，内生变量为 FDIS、IMPS、EXPS。

　　从表2的回归结果来看，GMM 估计法不能拒绝模型没有二阶序列相关的原假设，说明 GMM 估计量是一致的，同时，Sargan 检验接受过度识别限制是有效的零假设，即工具变量有效。回归结果显示：

第一，从 FDI 技术效应来看，全国范围的 FDI 对全要素碳排放绩效指数分解出的技术进步指数和技术效率变化指数的影响不明显，而在区域比较上，东部地区的 FDI 促进了技术进步，抑制了技术效率的改进，中部地区的 FDI 促进了技术进步和技术效率的改进，而西部地区的 FDI 技术效应不显著。原因可能是 FDI 技术效应存在"门槛条件"，包括 FDI 流入规模、技术势能等条件，具体来看，截至 2010 年，FDI 流入东部地区的规模约占全国总量的 72.1%，中部地区占 18.4%，而西部地区仅占 9.5%，因此，中东部地区能较为便利地获得 FDI 技术溢出，同时，中东部地区的科研基础实力、人力资本存量相对较高，能够跨越 FDI 技术溢出的规模门槛和技术门槛条件，从而促进了中东部地区技术进步，而 FDI 对西部地区技术进步的影响不显著。此外，大规模流入东部地区的 FDI 通过竞争效应降低了劳动密集型行业的利润水平，在东部地区劳动力成本优势不断弱化的背景下，该行业逐步以牺牲环境为代价维持低成本优势，不利于技术效率的改进，相比而言，中西部地区在土地、能源、劳动力方面仍然具备明显的成本优势，而投融资环境相对处于劣势，FDI 流入有利于技术效率的改进。

第二，从进口贸易技术效应来看，全国范围的进口贸易对全要素碳排放绩效指数分解出的技术进步指数和技术效率变化指数存在明显的负面影响。区域层面，三大区域的进口贸易均抑制了技术进步，而对技术效率改善的影响不显著。原因可能有如下几点：一是进口贸易主要通过"逆向工程"与模仿作用于中国本土中间产品供应商的碳排放绩效，数据显示，自 20 世纪 90 年代中期以来，中国平均每年花费 100 多亿美元用于技术和设备引进，其中能源、石化、冶金、采掘、电力等引进了非常多的技术和外资（王海鹏，2010），这些行业能更多地接触到物化于进口产品中的国外领先技术，而物化于进口中间品与资本品中的节能减排技术与三大区域本土供应商的同类技术存在巨大差距，技术势能过大导致中国本土供应商难以消化吸收并在节能减排技术上有所突破；二是除物化技术以外，中间产品和资本品的进口贸易强化了中国本土同行业产品之间的竞争，竞争压力的加剧减少了中国本土供应商的利润，限制了中国本土供应商对减排技术投资的能力和意愿，转向追求成本最小化战略，进而对技术进步带来负面影响；三是在环境规制力度不够强的前提下，所追求的成本最小化战略是以牺牲环境为代价的成本最小化，同时，中国重型工业化的加速形成了对重型工业设备的进口需求，单位 GDP 能耗保持上升的总体趋势，抵消了物化于进口中间品与资本品中节能减排技术的贡献，进而对技术效率改善的影响不明显或存在负面效应。

第三，从出口贸易技术效应来看，全国范围的出口贸易促进了技术进步，抑制了技术效率的改进。分区域来看，东部地区的出口贸易同时促进了技术进步和技术效率的改善，且对技术进步的积极效应大于对技术效率改善的积极效应，中部地区的出口贸易对技术进步有明显的促进作用，而西部地区的出口贸易对技术进步和技术效率改善均无明显作用。首先，从全国范围来看，跨国公司对中国本土供应商出口的产品质量提出较高的要求，从而促使中国本土供应商在跨国公司技术援助的激励下加大人力资本投资，引导研发资本投入的方向和力度，不断提升技术水平，然而，为应对激烈的国际市场竞争并保持出口贸易竞争力，中国本土供应商会以牺牲环境为代价不断压低成本，不利于技术效率的改善。其次，不同区域影响的差异与各区域出口贸易技术结构紧密相关，中东部地区出口产品中，高新技术产品所占比重较高，2010 年，中东部地区高新技术产品出口所占比重达 35.3%，较高的利润效应使中东部地区加强高新技术研发投入，促进了技术进步和技术效率的改进，而西部地区高新技术产品出口所占比重仅为 16.4%，出口产品主要以劳动密集型或资源密集型产品为主，进而对技术进步和技术效率改善的作用不明显。

第四，从控制变量系数来看，全国范围和东部地区的经济发展规模抑制了技术进步和技术效率的改善，表明现阶段中国经济增长还未跨越倒 U 型环境库兹涅茨曲线的拐点，这意味着中国尤其东部地区仍然是以高能耗、高排放为代价的粗放型经济增长模式，而造成这一现象的深层次原因与政府主导型的经济体制密切相关，表现在地方政府难以抑制 GDP 冲动，缺乏强化环境规制的动力，导致环境成本无法真正纳入企业生产成本，环境技术水平也无法直接体现企业竞争力水平，从而使粗放型的经济增长模式难以得到根本扭转；全国范围和中部地区的产业结构变动阻碍了技术进步和技术效率的改善，其负面效应的原因可能有以下两点：一是中部地区正处于工业化进程的关键阶段，工业比重的不断提高必然伴随着大量的能源消耗以及碳排放。二是中部地区工业结构重型化的趋势不断加强，而重型工业企业对能源的依赖性更强。"十一五"期间，东部地区高能耗、高排放的"两高"产业向中西部的转移呈加速之势，重型工业企业产值比重的平均增速高于全国同期水平，截至 2010 年，中部地区工业内部结构重工业比重达 74%，较同期全国平均水平高出 3 个百分点；东部地区的研发活动促进了技术效率的提升，其余地区影响不明显，原因可能在于东部地区正在接近环境库兹涅茨曲线的拐点，对生态环境的保护和环境污染治理的投入力度相对较大，研发活动在改进资源利用效率的同时也特别注重生态环境的改善，而中西部地区所处的经济发展阶段还不具备控制污染排放和生态保护的内在动力和能力，多年来国家投资倾斜政策的累积导致工业结构重型化的过度发展；东部地区的人力资本投资抑制了技术效率的改善，与此相反，中部地区的人力资本投资促进了技术效率的改进。原因在于东部地区的人力资本存量相对较高，而且吸引了来自中西部地区受过高等教育的人力资本，同时现阶段东部地区制造业高端化转型面临内部成本与出口市场环境的双重困境，进而导致较低的人力资本回报率甚至失业，而中部地区人力资本存量较低，人力资本的增长反而有利于技术效率的改进。

四、结论及政策建议

2020 年中国碳减排目标的实现需要 62 种低碳核心技术的支撑，其中 42 种为中国目前并未掌握的核心技术（邹骥，2010），这一数据表明中国与发达国家在低碳核心技术领域仍然存在较大的差距。本文在对 1995～2010 年中国三大区域全要素碳排放绩效指数及其分解指数测算的基础上，考察了 FDI、国际贸易技术效应对各区域全要素碳排放绩效分解指数的影响，主要结论及政策建议如下：

第一，分区域来看，东部地区的 FDI 促进了技术进步，抑制了技术效率的改进，中部地区的 FDI 促进了技术进步和技术效率的改进，而西部地区的 FDI 技术溢出不显著。为此，东部地区应加强对高端制造业和现代服务业 FDI 的吸引力，吸引的方式从依靠优惠政策倾斜的短期策略向营造与高端制造业相适应的产业配套环境的战略规划转变，尤其是完善与高端制造业相匹配的人才长期培养机制，同时，促进中低端制造业 FDI 从东部地区向中西部地区转移，中西部地区在承接过程中也应优先考虑能耗和污染水平较低的 FDI，并不断加大环境规制的力度。

第二，三大区域的进口贸易均抑制了技术进步，对技术效率改善的影响不显著；东部地区的出口贸易促进了技术进步和技术效率的改善，中部地区的出口贸易对技术进步有明显的促进作用，而西部地区的出口贸易对技术进步和技术效率改善均无明显作用。因此，三大区域进口的中间品和资本品应与当地的人力资本存量、科研基础实力所反映的吸收能力相适应，同时又能促进当地吸收能力的提升，而并非一味地引进处于技术前沿的高端设备。对于中东部地区而言，应不断强化出口贸易对技术进步和技术效率改善的促进作用，在当前出口贸易规模增速趋缓的背景下，政府应积极为出口贸易企业创造条件并开拓出口贸易新兴市场，将出口贸易的重心从欧美市场转向东南亚市场，旨在促进出口规模增长的同时优化出口贸易的技术结构。

第三，东部地区经济发展规模的变动对技术进步与技术效率均存在明显的抑制作用，而研发投入有助于技术效率的改进。因此，东部地区短期内应加强东部地区环境规制的力度，长远来看，则应以经济体制转型的深化为切入点，运用市场主导的方式发展以低碳能源消耗为主的低碳产业，并改进产业链利益相关方的清洁技术，逐步走出高碳"锁定效应"的困境，同时，加强东部地区的研发投入力度，表现为，一方面加大与物化于进口中间品和资本品中节能减排技术相适应的研发投入方向和力度，另一方面鼓励出口贸易企业的自主研发创新，切实提高有研发成果转化的研发人员工资和福利待遇水平。

第四，中部地区产业结构变动不利于技术进步与技术效率的改善，而人力资本投资促进了技术效率的改进。为此，中部地区应以轻工业的发展促进产业整体的协调发展，并将人力资本投资的思路从培养人才到留住人才、吸引人才的思路转化。

参考文献

［1］陈震、尤建新、马军杰、卢超：《技术进步对中国碳排放绩效影响动态效应研究》，载《中国管理科学》2011 年第 10 期。

［2］李子豪、刘辉煌：《中国工业行业碳排放绩效及影响因素——基于 FDI 技术溢出效应的分析》，载《山西财经大学学报》2012 年第 9 期。

［3］王海鹏：《对外贸易与中国碳排放关系的研究》，载《国际贸易问题》2010 年第 7 期。

［4］王群伟、周鹏、周德群：《中国二氧化碳排放绩效的动态变化、区域差异及影响因素》，载《中国工业经济》2010 年第 1 期。

［5］魏梅、曹明福、江金荣：《生产中碳排放效率长期决定及其收敛性分析》，载《数量经济技术经济研究》2010 年第 9 期。

［6］张军、吴桂英、张吉鹏：《中国省际物质资本存量估算：1952 - 2000》，载《经济研究》2004 年第 10 期。

［7］联合国开发计划署：《2009/10 中国人类发展报告——迈向低碳经济和社会的可持续未来》，2010 年。

［8］Albornoz, F., M. A. Cole, R. J. Elliott and M. G. Ercolani, 2009：In Search of Environmental Spillovers, Social Science Electronic Publishing.

［9］Chung, Y. H., Fare R. and S. Grosskopf, 1997：Productivity and Undesirable Outputs：A Directional Distance Function Approach, *Journal of Environmental Management*, Vol. 51, No. 3.

［10］Copeland, B. R., 2011：International Trade and Green Growth, The World Bank.

［11］Gorg, H. and E. Strobl, 2004：Exports, International Investment, and Plant Performance：Evidence from a Non - Parametric Test, *Economics Letters*, Vol. 83, No. 3.

［12］Grossman, G. M. and A. B. Krueger, 1991：Environmental Impact of North American Free Trade Agreement, NBER Working Paper.

［13］Grubb, M. J., C. Hope and R. Fouquet, 2002：Climate Implications of the Kyoto Protocol：The Contribution of International Spillover, *Climate Change*, Vol. 54, No. 1 - 2.

［14］Perkins, R. and E. Neumayer, 2009：Transnational Linkages and the Spillover of Environment - Efficiency into Developing Countries, *Global Environmental Change*, Vol. 19, No. 3.

［15］Perkins, R. and E. Neumayer, 2012：Do Recipient Country Characteristics Affect International Spillovers of CO_2 - Efficiency via Trade and Foreign Direct Investment? *Climate Change*, Vol. 112, No. 2.

［16］Prakash, A. and M. Potoski, 2007：Invest up：FDI and the Cross - Country Diffusion of ISO14001 Management System, *International Studies Quarterly*, Vol. 51, No. 3.

（与梁圣蓉合作，原载《国际贸易问题》2018 年第 8 期）

FDI 行业结构对中国对外贸易隐含碳排放的影响

——基于指数因素分解的实证分析

一、引言

2009 年，中国在哥本哈根气候大会上承诺到 2020 年单位国内生产总值所排放的二氧化碳比 2005 年下降 40% ~ 45%，自对外承诺以来，中国面临来自国内碳减排与国际碳减排转移的双重压力，基于消费视角的对外贸易隐含碳的探讨有助于我们清晰认识国际碳减排转移的外部压力与应对策略。

国际贸易隐含碳的研究领域属于国际贸易与气候变化的一个分支，文献主要集中在对外贸易隐含碳的测度方面。国外最早运用投入产出法进行测算的是马查多（Machado, 2001）对 20 世纪 90 年代巴西对外贸易隐含碳的实证研究发现，截至 1995 年，巴西为隐含碳的净出口国，且单位美元出口隐含碳的排放比单位美元进口高出 56%[1]。随后，投入产出法在不同国家或区域对外贸易隐含碳的测度方面得以广泛运用：艾哈迈德等（Ahmad et al.）对 OECD 国家[2]、蒙杰利（Mongelli）对意大利[3]以及马恩帕等（Maenpaa et al.）对芬兰的测算等[4]。生命周期评价法（LCA）是另一种测度方法，该方法适用于特定商品的量化评估，而大规模的测算应采用投入产出法[5]。

国内运用投入产出法对对外贸易隐含碳的研究起步较晚，最早的文献追溯到马涛和陈家宽对 1994 ~ 2001 年中国工业进出口产品的污染密集度进行核算[6]。随后代表性的文献有齐晔等估算了 1997 ~ 2006 年中国进出口贸易隐含碳[7]；闫云凤等对 1997 ~ 2005 年中国出口隐含碳排放的变化及其影响因素进行了分析，衡量了出口量、出口结构、排放强度对隐含碳排放增长的影响[8]；王媛等采用平均 D 氏指数分解法进行了隐含碳排放结构分解分析[9]。而涉及 FDI 对碳减排影响的文献为主要在 FDI 对国内二氧化碳排放绩效方面，成果集中在最近两年，自赵晓莉等首次从 FDI 对东道国低碳经济发展双重作用的角度展开了定性分析后[10]，随之展开的研究由于样本选取与实证方法的不同，各研究结果存在较大的差异，其中，持环境负效应观点的有牛海霞等、刘华军等认为 FDI 通过规模效应或结构效应促进了中国二氧化碳的排放[11][12]，持环境正效应观点的有宋德勇等、谢文武等认为 FDI 能明显减少中国碳排放[13][14]，与上述研究不同，持折中观点的有邹麒等认为当期的外商直接投资恶化了中国碳环境，而其滞后项的碳排放效应呈现清洁作用[15]。综观上述研究文献，缺少 FDI 对贸易隐含碳影响的深入分析。因此，本文运用指数因素分解法，将影响贸易隐含碳排放的 FDI 分解为 FDI 数量、FDI 行业结构、投资的隐含碳强度因素进行实证分析，探讨 FDI 与对外贸易隐含碳排放的相关关系，为制定合理的引资政策提供相应的科学依据，引导 FDI 的产业流向，以减轻国际碳减排转移的压力。

二、FDI 与中国对外贸易隐含碳排放情况分析：1997~2009 年

（一） 中国对外贸易隐含碳的测算

隐含碳是指一种物品在生产过程中直接或间接的 CO_2 排放，具体包括整个生产链各种化石能源消耗的碳排放。隐含一词最初起源于 1974 年国际高级研究机构联合会（IFIAS）的能源工作组会议，会议提出了隐含能的概念，随后隐含的概念被广泛运用到土地资源、水资源、劳动力、环境污染等领域，发展出生态足迹、虚拟水、物化劳动以及隐含污染物等新的概念与研究领域。同样，隐含碳也是隐含能概念的衍生品[16]。从对外贸易的角度来看，对外贸易隐含碳排放与国际碳转移排放的含义接近，出口隐含碳排放是指出口商品在满足进口国消费需求的同时，其生产过程产生的二氧化碳排放在生产国，进口与此类似[17]。依据历年投入产出表，对中国各行业出口、进口及净出口贸易隐含碳计算过程如下：

$$EC_{jt}^{EX} = EX_{jt} \times T_j \qquad (1)$$

$$EC_{jt}^{IM} = IM_{jt} \times T_j \qquad (2)$$

$$EC_{jt}^{NX} = EC_{jt}^{EX} - EC_{jt}^{IM} \qquad (3)$$

上式中，EC_{jt}^{EX}、EC_{jt}^{IM} 分别代表第 t 年 j 部门出口与进口的隐含碳排放量；EX_{jt}、IM_{jt} 分别为第 t 年 j 部门的出口与进出数额；T_j 为 j 部门完全 CO_2 排放系数，$T_j = \sum_{i=1}^{n} r_i c_{ij}$，其中，$c_{ij}$ 代表 j 部门生产单位最终产品对 i 部门产品的完全需求量，a_{ij} 代表 j 部门生产单位最终产品直接消耗的 i 部门产品数量，由 c_{ij} 构成的矩阵 C 与

由 a_{ij} 构成的矩阵 A 之间的关系为 $C = (I - A)^{-1}$，另外，r_i 为 i 部门直接能源的消耗系数，$r_i = \sum_{k=1}^{8} \frac{E_{ik} \cdot \theta_k}{X_i}$，各能源碳排放系数 θ_k 可借鉴黄敏等的测算结果，E_{ik} 为 i 部门第 k 种能源消耗量，X_i 为 i 部门的总投入[18]。由于我国是典型的加工贸易国家，进口中的一部分作为加工贸易的原材料，包括一般来料加工与能源，因此，现有文献关于对外贸易隐含碳的测算可区分为含加工贸易与不含加工贸易两种情况，后者从进口国消费的角度如实地反映了贸易隐含碳排放的真实值。目前我国历年投入产出表编制中只有 2007 年分行业统计了进口中来料加工贸易额，缺少其他年份的真实数据，参考王媛等的做法，通过假设进口商品等比例用于中间使用和最终使用来编制简化的非竞争型投入产出表，剔除用于加工贸易的进口部分[9]，所测算的各行业贸易隐含碳排放变化趋势与依据竞争型投入产出表的变化趋势基本相同，不影响本文对 FDI 的贸易隐含碳排放效应的结论，所以本文仅选择竞争型投入产出表来测算并反映贸易隐含碳排放的变化趋势。

以 1997 年、2000 年、2002 年、2005 年、2007 年、2009 年数据为样本，其中，2009 年投入产出数据是以 2007 年为基准运用 RAS 方法反复迭代得到，该方法是利用目标年常规统计数据对基准投入产出表进行更新，以实现目标年投入产出数据获得的及时性。由于分行业 FDI 统计口径、投入产出统计口径与能源统计口径不一致，出于本文研究的目的，经调整后将行业类型划分为农林牧渔业、采掘业、制造业、电力煤气水生产和供应业、建筑业、交通运输仓储和邮政业、批发零售和住宿餐饮业、其他服务业等八个行业。能源统计数据来自各样本年《中国统计年鉴》。测算出的数据如表 1 所示。

表 1   中国各行业对外贸易隐含碳排放   单位：万吨标准煤

		农林牧渔业	采掘业	制造业	电力燃气水生产供应	建筑业	交通运输仓储和邮政	批发零售和住宿餐饮	其他服务业
1997 年	EC^{EX}	989.6	3647.5	90907.0	1158.6	121.0	3078.6	4129.2	2900.4
	EC^{IM}	969.5	7191.8	76505.6	5.8	247.8	575.8	138.1	1622.0
	EC^{NX}	20.1	-3544.3	14401.3	1152.8	-126.9	2502.8	3991.1	1278.5
2000 年	EC^{EX}	1284.1	2766.3	11.0×10^4	0	101.2	3553.6	4167.8	2845.2
	EC^{IM}	1192.6	11018.5	96383.1	0	167.1	735.3	193.1	2028.8
	EC^{NX}	91.5	-8252.2	13681.9	0	-65.9	2818.3	3974.6	816.4
2002 年	EC^{EX}	895.0	2654.4	11.9×10^4	964.7	369.5	5568.5	6430.4	4560.2
	EC^{IM}	1285.7	9879.4	11.6×10^4	199.8	281.8	1119.9	8.5	3285.5
	EC^{NX}	-390.6	-7225.0	3565.1	764.9	87.7	4448.6	6422.0	1274.6

续表

		农林牧渔业	采掘业	制造业	电力燃气水生产供应	建筑业	交通运输仓储和邮政	批发零售和住宿餐饮	其他服务业
2005年	EC^{EX}	1140.6	3743.8	28.2×10^4	776.0	720.6	11815.9	9928.3	6398.8
	EC^{IM}	3273.5	19654.5	25.0×10^4	305.6	450.1	7751.5	1897.3	6222.5
	EC^{NX}	-2132.9	-15910.7	32181.5	470.4	270.6	4064.4	8031.0	176.3
2007年	EC^{EX}	1029.2	2779.2	33.0×10^4	947.6	1258.1	12918.4	8174.5	7074.6
	EC^{IM}	3597.5	44892.4	22.7×10^4	261.7	680.8	3537.2	901.8	6617.2
	EC^{NX}	-2568.4	-42113.2	10.3×10^4	685.8	577.3	9381.2	7272.7	457.4
2009年	EC^{EX}	1270.6	3129.1	35.0×10^4	1017.2	1540.6	16682.9	11676.2	9205.9
	EC^{IM}	4441.4	50545.0	24.0×10^4	281.0	833.7	4568.0	1288.1	8610.7
	EC^{NX}	-3170.8	-47415.9	11.0×10^4	736.2	706.9	12114.9	10388.1	595.2

资料来源：根据历年中国投入产出表数据整理得到。

（二） FDI 与进出口隐含碳排放的相关性描述分析：以制造业为例

依据《中国统计年鉴》1997~2009 年实际 FDI 数据，FDI 主要流向制造业，自 1997 年至 2005 年，FDI 中制造业所占比例持续上升，最高达 2005 年的 70.4%，2005~2009 年所占比例降至 51.9%，仍吸引了半数以上的外资，说明在短期内制造业仍是外商直接投资的主要行业选择。

由此，以制造业为例，比较制造业 FDI 与中国制造业进出口隐含碳排放的变化趋势，以初步反映 FDI 与贸易隐含碳排放的相关性。从图 1 可以看出，中国制造业 FDI 从 1997~2005 年间呈现稳中有升的趋势，2005~2009 年略有下降。与贸易隐含碳排放量相比，制造业出口隐含碳排放 1997~2009 年一直保持上升的趋势，2005~2009 年增速放缓，而制造业进口隐含碳排放 1997~2005 年持续上升，2005~2009 年相对稳定。另外，从升幅的变化程度来看，2000~2005 年间制造业 FDI 无论是绝对数还是相对比例增幅均较大，相应制造业 2000~2005 年进出口隐含碳排放同期也呈现出较大幅度的上升。因此，制造业 FDI 与制造业进出口贸易隐含碳排放存在较为明显的内在关联，意味着 FDI 行业结构与中国贸易隐含碳排放可能存在正相关关系。

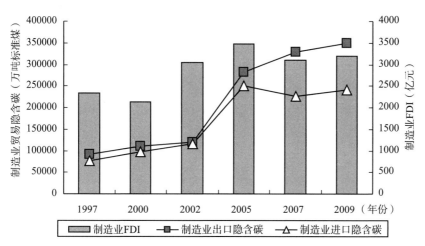

图1 中国制造业 FDI 与制造业进出口隐含碳排放

三、FDI 对外贸易隐含碳排放影响的指数因素分析

（一）研究方法与数据说明

运用指数因素分解法，将上述中国各行业对外贸易隐含碳指数分解为 FDI 数量效应、FDI 行业结构效应以及投资的贸易隐含碳强度效应，分别从三个方面来考察 FDI 对中国各行业对外贸易隐含碳排放的影响。

1. 中国各行业对外贸易隐含碳指数。

$$IN_{EC_t} = \frac{EC_t}{EC_{t-m}} = \frac{\sum\limits_{j=1}^{n} FDI_{jt} \times \dfrac{AI_{jt}}{FDI_{jt}} \times \dfrac{EC_{jt}}{AI_{jt}}}{\sum\limits_{j=1}^{n} FDI_{j,t-m} \times \dfrac{AI_{j,t-m}}{FDI_{j,t-m}} \times \dfrac{EC_{j,t-m}}{AI_{j,t-m}}} \qquad (4)$$

上式运用贸易隐含碳排放的环比指数来反映各期贸易隐含碳排放相对于上一期的变动程度，其中，IN_{EC_t} 代表第 t 年中国各行业对外贸易隐含碳指数，m 为相邻年份的时间跨度；EC_t 与 EC_{t-m} 分别代表第 t 期、第 t−m 期贸易隐含碳排放量，包括隐含碳出口、进口以及净出口，FDI_{jt} 代表第 t 期 j 行业的外商直接投资额，AI_{jt} 代表第 t 期 j 行业的总投资额，EC_{jt} 代表第 t 期 j 行业的隐含碳排放，包括隐含碳出口、进口以及净出口，则 $\dfrac{AI_{jt}}{FDI_{jt}}$ 为第 t 期 j 行业占总投资的比例，$\dfrac{EC_{jt}}{AI_{jt}}$ 为投资的贸易隐含碳强度；分母中的变量为相应的第 t−m 期各变量对应的值。

对外贸含碳量变化指数可以分解为 FDI 数量效应、FDI 行业结构效应以及投资的贸易隐含碳强度。

FDI 数量效应指数：

$$IN_{size} = \frac{\sum_{j=1}^{n} FDI_{jt} \times \dfrac{AI_{jt}}{FDI_{jt}} \times \dfrac{EC_{jt}}{AI_{jt}}}{\sum_{j=1}^{n} FDI_{j,\,t-m} \times \dfrac{AI_{jt}}{FDI_{jt}} \times \dfrac{EC_{jt}}{AI_{jt}}} \tag{5}$$

FDI 行业结构效应指数：

$$IN_{str} = \frac{\sum_{j=1}^{n} FDI_{j,\,t-m} \times \dfrac{AI_{jt}}{FDI_{jt}} \times \dfrac{EC_{jt}}{AI_{jt}}}{\sum_{j=1}^{n} FDI_{j,\,t-m} \times \dfrac{AI_{j,\,t-m}}{FDI_{j,\,t-m}} \times \dfrac{EC_{jt}}{AI_{jt}}} \tag{6}$$

投资的贸易隐含碳强度效应指数：

$$IN_{int} = \frac{\sum_{j=1}^{n} FDI_{j,\,t-m} \times \dfrac{AI_{j,\,t-m}}{FDI_{j,\,t-m}} \times \dfrac{EC_{jt}}{AI_{jt}}}{\sum_{j=1}^{n} FDI_{j,\,t-m} \times \dfrac{AI_{j,\,t-m}}{FDI_{j,\,t-m}} \times \dfrac{EC_{j,\,t-m}}{AI_{j,\,t-m}}} \tag{7}$$

2. 对外贸易含碳量变化的绝对值。

$$\Delta EC_t = \sum_{i=1}^{n} FDI_{it} \times \frac{AI_{it}}{FDI_{it}} \times \frac{EC_{it}}{AI_{it}} - \sum_{i=1}^{n} FDI_{i,\,t-m} \times \frac{AI_{i,\,t-m}}{FDI_{i,\,t-m}} \times \frac{EC_{i,\,t-m}}{AI_{i,\,t-m}} \tag{8}$$

式（8）运用贸易隐含碳的环比增加值来反映各期贸易隐含碳排放量相对于上一期的绝对数额的变动值，能较为直观地展现贸易隐含碳排放的变化量，是对环比指数分析的有益补充。

数量效应的绝对值：

$$\Delta IN_{size} = \sum_{i=1}^{n} FDI_{it} \times \frac{AI_{it}}{FDI_{it}} \times \frac{EC_{it}}{AI_{it}} - \sum_{i=1}^{n} FDI_{i,\,t-m} \times \frac{AI_{it}}{FDI_{it}} \times \frac{EC_{it}}{AI_{it}} \tag{9}$$

行业结构效应的绝对值：

$$\Delta IN_{str} = \sum_{i=1}^{n} FDI_{i,\,t-m} \times \frac{AI_{it}}{FDI_{it}} \times \frac{EC_{it}}{AI_{it}} - \sum_{i=1}^{n} FDI_{i,\,t-1} \times \frac{AI_{i,\,t-m}}{FDI_{i,\,t-m}} \times \frac{EC_{it}}{AI_{it}} \tag{10}$$

强度效应的绝对值：

$$\Delta IN_{int} = \sum_{i=1}^{n} FDI_{i,\,t-m} \times \frac{AI_{i,\,t-m}}{FDI_{i,\,t-m}} \times \frac{EC_{it}}{AI_{it}} - \sum_{i=1}^{n} FDI_{i,\,t-m} \times \frac{AI_{i,\,t-m}}{FDI_{i,\,t-m}} \times \frac{EC_{i,\,t-m}}{AI_{i,\,t-m}} \tag{11}$$

3. 数据说明。FDI 行业划分为上述八大行业类别，各行业实际 FDI 投资额来自样本年《中国统计年鉴》，按当年人民币平均汇率进行换算后用固定资产价格指数调整为实际值。各行业固定资产投资总额来自《中国固定资产投资统计年鉴》，用固定资产价格指数进行调整。各期对外贸易隐含碳的数据见表 1。

（二）数据结论分析

1. 环比指数分析。根据式（4）、（5）、（6）、（7），表2列出FDI与中国隐含碳出口、进口、净出口关系的环比指数分析结果，FDI影响因素包括FDI数量、FDI行业结构以及投资的隐含碳强度的变化。

表2　　　　　　　　　中国贸易隐含碳排放与FDI关系的环比指数分析

年份	EC^{EX}				EC^{IM}				EC^{NX}
	数量效应	结构效应	强度效应	总指数	数量效应	结构效应	强度效应	总指数	总指数
2000	0.878	1.482	0.897	1.167	0.870	1.458	1.009	1.280	0.664
2002	1.333	0.922	0.917	1.127	1.355	0.906	0.960	1.179	0.685
2005	1.052	2.340	0.915	2.254	0.986	2.486	0.898	2.201	3.035
2007	0.862	1.827	0.730	1.149	0.906	1.736	0.630	0.991	2.836
2009	1.091	1.377	0.720	1.082	1.063	1.407	0.726	1.087	1.067

表2中的数据为1997～2009年间各样本年中国各行业贸易隐含碳排放与FDI关系的环比指数，即报告期与前一期的比值。数据显示：

其一，中国出口隐含碳排放持续增加，其中数量效应表明外商直接投资在1997～2009年间反复波动，说明FDI数量变化对出口贸易隐含碳排放的影响是不稳定的，两者之间不存在稳定的内在联系；FDI行业结构效应除2000～2002年间略有下降以外，其余年份均稳步提高，尤其在2002后增幅较大，表明FDI行业结构变化促进了出口贸易隐含碳排放的增加；投资的出口贸易隐含碳强度效应一直在减少，且降幅不断增大。因此，中国出口贸易隐含碳排放的增加主要是由FDI行业结构效应所导致的。

其二，中国进口隐含碳排放除2005～2007年略微下降外，其余年份均保持明显的增加，其中数量效应表明1997～2009年外商直接投资历经下降—上升—下降—上升四个阶段，说明FDI数量变化对进口贸易隐含碳排放的影响不稳定，没有明显的内在关联；FDI行业结构效应除2000～2002年稍有下降以外，其余年份均明显提高，2002年后增幅显著，表明FDI行业结构变动导致进口贸易隐含碳排放增加；投资的进口贸易隐含碳强度效应1997～2000年间基本保持稳定，自2000年后持续下降，且降幅呈逐步增大的趋势。由此可知，中国进口贸易隐含碳排放的增加主要是由FDI行业结构效应所导致的，而碳排放的下降主要来自强度效应。

其三，中国净出口隐含碳排放净值1997～2002年间大幅下降，而2002～

2009 年间开始大幅上升,表明最初中国进出口隐含碳排放差距不断缩小,而 2002 年后不平衡程度逐步加剧。

2. 环比增加值分析。进一步根据式(8)、(9)、(10)、(11),表 3 列出受 FDI 影响的中国各行业进出口贸易隐含碳排放的绝对值变化情况。

表 3 贸易隐含碳排放与 FDI 关系的环比增加值分析　　　　单位:万吨标准煤

年份	EC^{EX}				EC^{IM}				EC^{NX}
	数量效应	结构效应	强度效应	总指数	数量效应	结构效应	强度效应	总指数	总指数
2000	-17283.3	46200.0	-11065.5	17851.2	16738.6	40379.2	821.5	24462.2	-6611
2002	35122.8	-8963.2	-10338.8	15820.8	34467.3	-10076.0	-4453.7	19938.0	-4117.2
2005	15680.5	17.2×10^4	-11899.6	17.6×10^4	-4216.8	17.6×10^4	-13402.8	15.8×10^4	18203.2
2007	-58393.2	19.1×10^4	-85615.0	47144.3	-29924.8	13.4×10^4	-10.7×10^4	-2692.5	49836.8
2009	32865.7	98963.0	-10.2×10^4	30027.9	18603.5	84840.0	-78609.9	24833.6	5194.3

表 3 中的数据为 1997～2009 年间各样本年中国贸易隐含碳排放与 FDI 关系的环比增加的绝对数值,即报告期相对前一期绝对数值的变化。数据显示:

(1)中国出口隐含碳排放持续上升。2000 年出口隐含碳排放与 1997 年相比增加 17851.2 万吨标准煤,其中 FDI 行业结构效应导致增加 46200.0 万吨标准煤,而 FDI 数量效应与投资的出口贸易隐含碳强度效应分别导致减少 17283.3、11065.5 万吨标准煤,2007 年的情况与此类似;2002 年相比 2000 年出口隐含碳排放增加 15820.8 万吨标准煤,其中 FDI 数量效应导致增加 35122.8 万吨标准煤,而 FDI 行业结构效应与投资的出口贸易隐含碳强度分别导致减少 8963.2 万吨、10338.8 万吨标准煤;2005 年相对于 2002 年出口隐含碳排放增加 176276.2 万吨标准煤,其中 FDI 数量效应与 FDI 行业结构效应分别导致增加 15680.5 万吨、172495.0 万吨标准煤,而强度效应导致减少 11899.6 万吨标准煤,2009 年与之相似。由此可知,FDI 行业结构分布是影响出口隐含碳排放的主导因素,表现在两个方面:一是除 2000～2002 年外其余年份 FDI 结构效应均为正值,说明其对出口隐含碳排放的增加有明显的促进作用;二是从 2000 年、2005 年、2007 年、2009 年的数据比较来看,FDI 行业结构分布的变化使出口隐含碳排放同上一期相比分别增加 46200.0 万吨、172495.0 万吨、191152.0 万吨、98963.0 万吨标准煤,表明这种促进作用有增强的趋势。

(2)中国进口隐含碳排放 1997～2005 年明显增加,2005～2009 年变化幅度较小,相对保持稳定。2000 年进口隐含碳排放相对于 1997 年增加 24462.2 万吨标准煤,其中 FDI 数量效应、行业结构效应以及强度效应分别导致增加 16738.6

万吨、40379.2万吨、821.5万吨标准煤;2002年相比2000年进口隐含碳排放增加19938.0万吨标准煤,其中FDI数量效应导致增加34467.3万吨标准煤,而结构效应与强度效应分别导致减少10076.0万吨、4453.7万吨标准煤;2005年与2002年相比大幅增长158073.0万吨标准煤,其中FDI行业结构效应导致增加175693.0万吨标准煤,而FDI数量效应与强度效应分别使之减少4216.8万吨、13402.8万吨标准煤,2007年的情况与此类似;2009年进口隐含碳排放比2007年增加24833.6万吨标准煤,其中数量效应与结构效应分别增长18603.5万吨、84840.0万吨标准煤,而强度效应减少了78609.9万吨标准煤的排放。由此可知,FDI行业结构是影响进口隐含碳排放的主导因素,且2005~2009年的影响程度有逐步减小的趋势。

(3)1997~2002年间中国的贸易隐含碳排放净值不断降低,2002年后进出口隐含碳排放量差距大幅上升,2009年达到最高(见图2)。

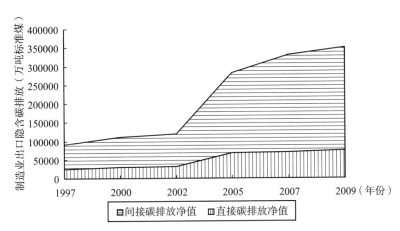

图2 中国制造业出口直接与间接隐含碳排放

结合以上环比指数与环比增加值指数,进一步分析可知:

FDI行业结构的变化促进了贸易隐含碳排放的增加,相对于其他行业而言,制造业为碳排放强度较大的行业,随着1997~2005年间制造业FDI份额的上升,FDI结构效应持续上升达到最大值,期间结构效应持续增加的原因可初步认为是FDI产业向碳排放强度较大的制造业转移所导致的,然而,2005~2009年间制造业FDI份额的下降并没有减少贸易隐含碳排放,只是增长的幅度有所减缓,前面的初步解释缺乏说服力,从投入产出的角度来看,较为合理的解释为,FDI行业结构效应包括直接碳排放效应与间接碳排放效应,其中,直接碳排放效应为在出口产品生产过程中FDI产业本身的碳排放,可依据贸易隐含碳计算公式将完全需求系数替换为直接消耗系数得到,间接碳排放效应为出口产品生产过程中与FDI

产业相关联的其他产业的碳排放，当制造业 FDI 份额上升，直接碳排放效应与间接碳排放效应均正，反之，当制造业 FDI 份额下降，直接碳排放效应为负，间接碳排放效应有所降低，但仍为正值，两者的综合效应为正，这意味着与 FDI 产业相关联的国内其他产业碳排放强度远大于 FDI 产业本身，可从下图制造业出口直接与间接碳排放量的对比看出，具体原因有待深入分析。另外，投资的贸易隐含碳强度效应说明投资的贸易隐含碳强度在持续下降，且降速不断加快，可能原因在于外资企业进入能提升中国能源利用效率[19]。而我国能源结构以煤炭为主，自 21 世纪初以来工业重型化的发展使煤炭消费比重不断攀升，能源结构的变化不利于强度效应的下降，而 FDI 数量变化对贸易隐含碳排放的影响不稳定，说明吸收外资数量的增长并不必然导致碳排放量的增加。

四、结论与启示

（一）　主要结论

1. 自 2002 年后，中国对外贸易隐含碳排放不平衡程度加剧，且制造业对外贸易隐含碳排放的失衡最为显著。中国对外贸易隐含碳排放不平衡程度的变化大致历经两个阶段，1997～2002 年间进口与出口隐含碳排放差距逐渐缩小，而 2002 年后隐含碳排放的不平衡程度加剧，隐含碳排放净值由 2002 年的 8947.3 万吨标准煤增至 83488.0 万吨标准煤，年均升幅达 54.6%，分行业来看，隐含碳排放净值的增加主要集中在制造业，其次以交通运输业、仓储和邮政业等为代表的服务业碳排放净值也呈现出明显的上升趋势，说明中国作为一个对外贸易大国，所承担的来自其他进口贸易国碳排放转移的压力越来越明显，而减少温室气体排放是所有国家和地区都必须共同面对与承担的责任，因此，按生产者原则核算的一国或地区碳排放不能较好地衡量该国或地区在生产过程碳减排的努力程度，也不利于形成公正、有效的碳减排约束机制。

2. 1997～2009 年间 FDI 对中国贸易隐含碳排放的影响主要来自 FDI 行业结构效应。本文运用 1997～2009 年间数据对制造业 FDI 与制造业进出口隐含碳排放进行对比分析，从变化的趋势来看，FDI 在制造业中的投资比例 1997～2005 年间稳中有升，2005～2009 年间略有下降，同时，中国出口隐含碳排放总量在此期间一直保持上升趋势，2005～2009 年增幅有所放缓，进口隐含碳排放总量的变化趋势与制造业 FDI 变化趋势相同；从升幅的变化来看，2000～2005 年间制造业 FDI、进出口碳排放总量上升的幅度明显增大。因此，初步认为制造业 FDI 与中国制造业进出口隐含碳排放之间存在明显的内在关联，FDI 行业结构与中国贸易隐含碳排放可能存在正相关关系。

在此基础上，运用指数因素分析模型分别将中国进出口隐含碳排放环比指数、环比增加值分解为 FDI 数量效应、FDI 行业结构效应以及投资的贸易隐含碳强度效应。其中，FDI 数量变化对中国进出口隐含碳排放的影响不稳定，两者之间不存在明显的关联；FDI 行业结构的变化对进出口隐含碳排放的作用除 2000 ~ 2002 年略有下降外，其余年份明显提高，说明 FDI 行业结构的变化促进了贸易隐含碳排放的增加；投资的进出口贸易隐含碳强度一直在下降，且降幅不断增大。这表明中国进出口隐含碳排放的增加主要是由 FDI 行业结构效应所导致的，与张为付等的研究结论相似，该研究从中国与主要贸易伙伴失衡度的视角发现中国对外贸易隐含碳排放的增加是由新一轮国际产业转移引起的[20]。

（二） 政策启示

1. 建立公平、有效的碳减排合作的双赢机制与执行机制。碳减排是中长期国家战略，低碳技术与资金支持是关键。2005 年正式生效的《京都议定书》明确了发达国家碳减排的目标与责任，近年来承担着较大的碳减排短期压力，而发展中国家在向低碳经济转型的过程中，还面临资金与技术的挑战。中国作为发展中国家，可在短期内适当分担发达国家碳减排转移的压力，以换取更多的 CDM 项目的跨国技术研发合作机会，用于弥补中国在低碳技术的资金投入与研发基础方面的短板，因此，两者之间存在碳减排合作的利益共赢基础，并且建立双边与多边碳减排合作机制是长期持续降低碳排放的关键。

2. 通过 FDI 产业关联渠道促进国内关相关产业的低碳技术改进，实现产业链的清洁生产。短期内制造业仍是 FDI 的主要选择，贸易隐含碳排放的减少需要限制加工贸易下 FDI 流入碳排放密集制造业的规模，更重要的是加强 FDI 产业关联效应以实现低碳技术的垂直型外溢，提升与 FDI 产业相关的本土产业能源利用效率，因此，通过制定合理的引资政策，引导外资的产业流向，鼓励外资企业优先选择清洁供应商，或以低碳技术研发合作的方式改进产业链利益相关方的清洁技术，对于减少贸易隐含碳排放净值、减轻国际碳排放转移的压力，有重要的现实意义。

参考文献

[1] Machado G., Schaeffer R., Worrell E., 2001：Energy and Carbon Embodied in the international Trade of Brazil：an Input-output Approach, Ecological Economics, Vol. 39, No. 3.

[2] Ahmad N., Wyckoff A. W., 2003：Carbon Dioxide Emissions Embodied in International Trade of Goods, OECD Publications.

[3] Mongelli I., Tassielli G., Notarnicola B., 2006：Global Warming Agreements, International Trade and Energy/Carbon Embodiments：an Input-output Approach to the Italian Case, Energy

Policy，Vol. 34，No. 1.

［4］Maenpaa I.，Siikavirta H.，2007：Greenhouse Gases Embodied in the International Trade and Final Consumption of Finland：an Input-output Analysis，Energy policy，Vol. 35，No. 1.

［5］Ackeman F.，Ishikawa M.，Suga M.，2007：The Carbon Content of Japan – US Trade，Energy Policy，Vol. 35，No. 9.

［6］马涛、陈家宽：《中国工业产品的国际贸易的污染足迹分析》，载《中国环境科学》2005 年第 4 期。

［7］齐晔、李惠民、徐明：《中国进出口贸易中的隐含碳估算》，载《中国人口·资源与环境》2008 年第 3 期。

［8］闫云凤、杨来科：《中国出口隐含碳增长的影响因素分析》，载《中国人口·资源与环境》2010 年第 8 期。

［9］王媛、魏本勇、方修琦等：《基于 LMDI 方法的中国国际贸易隐含碳分解》，载《中国人口·资源与环境》2011 年第 2 期。

［10］赵晓莉、熊立奇：《FDI 对东道国低碳经济发展的影响》，载《国际经济合作》2010 年第 8 期。

［11］牛海霞、胡佳雨：《FDI 与我国二氧化碳排放相关性实证研究》，载《国际贸易问题》2011 年第 5 期。

［12］刘华军、闫庆悦：《贸易开放、FDI 与中国 CO_2 排放》，载《数量经济技术经济研究》2011 年第 3 期。

［13］宋德勇、易艳春：《外商直接投资与中国碳排放》，载《中国人口·资源与环境》2011 年第 1 期。

［14］谢文武、肖文、汪滢：《开放经济对碳排放的影响——基于中国地区与行业面板数据的实证检验》，载《浙江大学学报》2011 年第 5 期。

［15］邹麒、刘辉煌：《外商投资和贸易自由化的碳排放效应分析》，载《经济与管理研究》2011 年第 4 期。

［16］Peters G. P.，Hertwisch E. G.，2008：CO_2 embodied in international trade with implications for global climate policy，Environmental Science & Technology，Vol. 42，No. 2.

［17］Ipek G. S.，Turut E.，2007：CO_2 emissions vs CO_2 responsibility：An input-output approach for the Turkish economy，Energy policy，Vol. 35，No. 2.

［18］黄敏、蒋琴儿：《外贸中隐含碳的计算及其变化的因素分解》，载《上海经济研究》2010 年第 3 期。

［19］陈媛媛、李坤望：《FDI 对省际工业能源效率的影响》，载《中国人口·资源与环境》2010 年第 6 期。

［20］张为付、杜运苏：《中国对外贸易中隐含碳排放失衡度研究》，载《中国工业经济》2011 年第 4 期。

（与李珊珊合作，原载《资源科学》2012 年第 5 期）

温室气体减排视角的国际
技术溢出研究述评

一、引言

　　"十二五"规划纲要提出积极应对全球气候变化的国家战略：我国要"充分发挥技术进步的作用，完善体制机制和政策体系"，通过"加强气候变化领域国际交流"，"在科学研究、技术研发和能力建设方面开展务实合作"。通过低碳技术创新来促进温室气体的中长期减排已成为人们的共识。关于 FDI、对外贸易对温室气体排放的影响，国内外学者进行了很多研究，这其中探讨了 FDI、对外贸易经由规模效应、结构效应、技术效应作用于温室气体排放的影响机制，在此基础上，对不同的国际溢出渠道所发挥的技术效应对东道国温室气体排放的影响逐渐成为近年来国外学者研究的热点，然而，国外学者基于温室气体减排视角的国际技术溢出影响的研究大多立足于跨国面板数据或截面数据，所得结论存在较多分歧，不能为单个国家的发展提供更多的洞察，而国内学者对此研究极少，仅有一两篇文献从 FDI 水平方向的技术溢出渠道进行初步考察。因此，本文对这些关于 FDI、对外贸易技术溢出对温室气体排放影响的研究进行综述与比较，以期对基于我国温室气体减排视角的国际技术溢出机制与路径优化的研究提供借鉴。

二、FDI、对外贸易技术溢出对温室气体排放影响的国外研究

（一）FDI 技术溢出对温室气体排放影响的理论分析和经验实证

　　1. FDI 技术溢出对温室气体排放影响的理论分析。FDI 技术溢出有利于温室气体的减排，代表性的观点有波特（Porter，1991）所提出的"波特假说"

（Porter hypothesis）[1]与格雷和布兰克（Grey & Brank，2002）所提出的"污染晕轮效应"（pollution halo）[2]。前者认为东道国提高环境规制标准的压力会鼓励跨国企业进行清洁生产和清洁产品的研发创新，这些研发投入有助于降低污染排放的技术和设备的研制，后者认为跨国企业通过广泛建立和推广全球控制，为东道国企业采用相似的环境管理技术标准提供了学习模仿的机会，推动东道国企业实行 ISO 14001 环境管理体系。以上观点均体现了跨国公司在环境规制方面对东道国企业的示范作用。戈尔格和斯特罗布尔（Gorg & Strobl，2004）认为，跨国企业与东道国企业之间人力资本流动也可能导致先进环境技术的非直接流动，可以发生在产业内同一部门或上下游产业之间[3]。阿尔博诺兹等（Albornoz et al.，2009）认为，外资企业可能选择从遵守东道国政府或跨国企业本身所制定的环境标准的供应商处购买中间产品，同时外资供应商选择向环境绩效较高的东道国企业出售商品，即外资企业可能通过供应链或上下游产业间人力资本流动来传递环境技术[4]。

尽管 FDI 技术溢出有助于温室气体减排的观点得到了一定的认可，但也有学者认为 FDI 技术溢出会促使温室气体排放增加。珀金斯和诺伊迈尔（2009）认为，跨国企业全球控制的推广所带来的竞争压力的加剧，可能会减少东道国企业的利润，限制东道国企业对现代化厂房、设备以及经营模式进行投资的能力，也有可能降低对减排技术进行投资的意愿，若东道国企业的技术水平与领先技术存在较大差距，可能会转向追求成本最小化战略，进而对温室气体减排带来负面影响[5]。

FDI 技术溢出对温室气体排放的影响不确定。这主要是指 FDI 来源国环境技术水平与东道国吸收能力的不确定性。一方面与 FDI 来源国的环境技术水平有关。普拉卡什和波托斯基（2007）认为，污染晕轮效应的作用前提为跨国企业拥有比东道国本土企业更为清洁的技术，这取决于 FDI 来源国的环境技术水平[6]。对此，联合国贸易与发展会议（UNCTAD，2007）指出，跨国公司拥有世界领先技术，包括碳减排前沿技术[7]，并且昂（Ang，2009）进一步认为来自碳减排技术水平较高国家的外资企业可能通过价格或质量竞争，促使竞争对手对更高水平的碳减排技术进行投资，同时使低效率的企业退出行业以提高东道国碳排放效率的整体水平。另一方面与东道国的吸收能力有关[8]。西迪克和威廉姆斯（Siddique & Williams，2008）认为，考虑到东道国的制度缺陷，外资企业面临比东道国本土企业更大的潜在风险，外资企业可能不会引进能够带来较高碳排放效率的知识和资本密集型技术，同时，外资企业为了最大限度地减少技术溢出的可能，宁愿选择外商独资的所有权模式，因此，制度越不完善，通过 FDI 渠道的技术溢出就越少[9]。豪姆（Haum，2010）进一步指出，低碳技术的扩散与传统技术不同，前者通常需要政府的干预，而跨国污染企业之所以没有对环境技术进行投资，原因在于市场的双重失灵，第一重失灵在于跨国污染企业无法将环境技术的投资成本转嫁到消费者身上，认为消费者可能不愿对环境友好型产品支付额外的费用，第二重失灵在于环境投资的公共性，环境投资企业无法获得充分的投资回报，而其余未对清洁技术进行投资的企业也可能从污染减排中获益，因此，政府政策的干预是环境技术扩散必不可少的条件[10]。同时，珀金斯和诺伊迈尔（2011）提出，FDI 技术溢出不仅依赖于东道国与碳排放效率较高的国家之间的联系，还与东道国对温室气体减排技术的吸收能力密切相关，认为不同国家的碳排放效率、教育水平与制度质量的差异是衡量东道国吸收温室气体减排技术能力的显著因素[11]。

2. FDI 技术溢出对温室气体排放影响的经验实证。关于 FDI 技术溢出对温室气体排放影响的经验实证研究主要有三方面：

其一，检验 FDI 技术溢出与能源强度或效率之间的关系，而能源创新在碳减排中起着关键作用（IPCC，2007[12]；Popp et al.，2009[13]）。经验实证的结果较为复杂，费舍尔·范登等（Fisher Vanden et al.，2009）运用中国工业企业层面的数据实证检验开放经济对能源生产率的影响，结果发现 FDI 垂直方向的知识溢出比 FDI 水平方向的知识溢出对能源生产率的影响更强，而且垂直溢出的渠道中，后向关联对于提升企业层面的能源效率方面的作用大于前向关联的作用，这与以往的经验研究结果不同，以往的研究建议企业通过提高自身研发创新活动和水平关联的技术溢出来提升中国能源生产率，这些研究忽略了垂直关联渠道对降低中国能源消费的潜在重要作用[14]。莱姆巴赫和鲍姆斯塔克（Leimbach & Baumstark，2010）对 FDI 的来源国进行了区分，认为 FDI 技术溢出促进了劳动力效率与能源效率的提升，进而降低减排成本，并运用 MIND – RS 模型对欧洲、中国、美国以及世界其他区域的样本进行研究，结果发现欧洲国家的能源效率高于美国，中国在能源效率方面与欧美国家的差距相对较大，因此，来自欧洲国家的资本技术溢出能有效提升中国能源效率，进而降低减排成本至 1.27%，比未溢出状态下的减排成本低 0.44 个百分点[15]。加隆等（Garrone et al.，2010）将专利活动纳入知识生产函数进行模型化分析，运用 1977～2006 年间 OECD18 个国家的面板数据，结果显示国际知识溢出对工业化国家可再生能源技术的专利活动有积极的正向作用，而且一国越是落后，知识存量越小，其贸易伙伴的公共研发投入越多，该国越有可能从国际知识溢出中获益[16]。布劳恩等（Braun et al.，2010）专门考察了风能与太阳能技术创新活动的决定因素，发现国际技术溢出效应相对本国国内的溢出效应而言是微不足道的[17]。

其二，FDI 技术溢出与环境之间的关系。经验实证的结果也较为复杂，丘德诺夫斯基和普帕托（Chudnovsky & Pupato，2005）从企业层面研究了阿根廷的产业内环境技术溢出，结果发现外资企业本身对环境技术溢出有积极的影响，但并非决定性的因素。具体来看，虽然外资企业比东道国本土企业更倾向于采用代表先进技术的环境管理系统（environmental management system）标准，但发展中国家需要具备一定的吸收能力才能获得环境技术溢出的正效应[18]。阿尔博诺兹等（2009）进一步运用阿根廷内外资企业层面数据，开创性地研究了环境技术的产业内溢出效应与前向、后向溢出效应，研究结果显示，相对于东道国本土企业，外资企业更为广泛地采纳并实施环境管理体系标准，外资企业之间的水平溢出不明显，垂直溢出较为显著，而外资企业对内资企业的溢出不显著[4]。周（2011）的研究表明环境规制对 FDI 技术溢出的提升有显著的促进作用[19]。

其三，FDI 技术溢出对碳排放的影响。经验实证的结果同样存在较大差异，格里姆斯和肯特（Grimes & Kentor，2003）运用 CKC 模型对 FDI 与碳排放技术的关系进行检验，结果表明 FDI 没有带来碳排放技术进步[20]，而珀金斯和诺伊迈尔（2011）运用 1984～2005 年间 77 个国家的面板数据，发现 FDI 通过技术渠道促进了东道国碳排放效率的提升，该提升作用与东道国自身的特征密切相关，表现为东道国碳排放效率越低、制度质量越高，则 FDI 技术效应对碳排放效率的影响越明显[11]。

（二） 对外贸易技术溢出对温室气体排放影响的理论分析和经验实证

1. 对外贸易技术溢出对温室气体排放影响的理论分析。大多数研究认为东道国企业可以通过对外贸易来模仿先进的环境技术标准，经由外贸市场上价格与质量的竞争压力或进口贸易国环境标准的压力促使东道国企业致力于环境技术水平的提升（格拉布等，2002[21]；普拉卡什和波托斯基，2007[6]）。

尽管对外贸易技术溢出有助于促进温室气体减排的观点得到了一定的认可，但也有学者认为对外贸易技术溢出会促使温室气体排放增加。阿尔博诺兹等（2009）认为外贸市场竞争的压力也可能不利于对外贸易渠道的技术溢出，导致东道国企业减少提升能源效率的投资或运营开支来降低成本，进而对温室气体排放带来负面影响[4]。

对外贸易技术溢出对温室气体排放的影响不确定。西迪克和威廉姆斯（2008）认为，由于设备和产成品的本土进口商熟悉本国的制度，在内部管理与风险控制方面适应能力更强，进而本土制度的缺陷对进口技术溢出影响较小[9]。卢克恩、隆佩（Luken and Rompaey，2008）[22] 以及沃雷尔等（Worrell et al.，2009）[23]均认为，进口渠道的碳减排技术溢出相比其他渠道更依赖于东道国内资企业的需求状况，没有证据表明碳排放效率较低国家的进口方偏好碳减排技术较高的设备和产成品进口。然而，波普（2011）的研究与早期不同，早期主要关注环境规制在多大程度上吸引技术创新和扩散，此研究关注技术可获得性是如何影响非技术创新国家环境规制的制定，他们在自由贸易的一般均衡模型中内生化了环境规制，发现对外贸易技术溢出对环境规制的影响存在正负面双重影响，贸易开放程度的扩大促进了外资企业与东道国本土企业之间的相互竞争，难以将环境规制成本转嫁到国内消费者身上，进而抑制环境规制实施的可能性，同时开放程度越高，越容易获取高效减排技术的机会，进而增加了接受环境规制的可能性[24]。在此基础上，科普兰（2011）进一步指出绿色创新技术扩散与大多数新技术扩散不同，后者扩散的动力来自较低的成本或消费需求，而前者往往比现有技术成本更高，同时消费者并不总是偏好环境友好型产品，因此，在环境政策缺失的条件下，采用环境友好型技术的单位个体动机不够充分，因此，环境政策的激励对于绿色技术的扩散至关重要，两者之间相互补充，而并非相互替代[25]。回顾加拉格尔（Gallagher，2006）提出的汽车部门跨国技术转移与扩散的案例，正好印证了这一观点，案例研究发现国外汽车制造商并没有向中国转移其所拥有的高效减排技术，原因在于中国本土并未设立排放标准的环境规制以形成对高效减排技术的需求，而高效减排技术的转移与扩散只有在排放的外部成本内部化以后才有可能实现[26]。另外，珀金斯和诺伊迈尔（2011）认为通过进口资本设备所获得的低碳技术，其技术能否合理运用还依赖于东道国劳动力的受教育程度[11]。

2. 对外贸易技术溢出对温室气体排放影响的经验实证。与对外贸易技术溢出对温室气体排放影响相关的经验实证研究主要有三方面：

其一，对外贸易技术溢出与能源之间的关系，经验实证的结果均表明对外贸易技术溢出有利于促进东道国能源效率或强度的提升。如珀金斯和诺伊迈尔（2009）的实证研究表明进口贸易技术溢出有利于提升东道国碳排放效率，而出口贸易技术溢出的正向作用不明显[5]。

其二，对外贸易技术溢出与环境之间的关系。经验实证的结果较为复杂，安特韦勒等（Antweiler et al.，2001）运用一般均衡模型针对对外贸易技术溢出的环境效应进行估计，发现对外贸易的技术效应能减少环境污染[27]，而随后的研究发现，来自对外贸易的技术溢出并不是自动进行的，而是与贸易双方的污染减排技术类型、人力资本水平、气候政策、收入水平等因素密切相关（He，2005[28]；Albornoz et al.，2009[4]）。如胡布勒（Hubler，2010）将 FDI 和进口渠道的技术溢出纳入递推动态 CGE 模型以分析气候政策，模型中区分了水平溢出与垂直溢出两种溢出渠道，并指出节能技术的国际溢出并非自动进行，可能需要中国国内经济政策、贸易合作伙伴的经济政策以及国际气候政策的相互协作，模型表明完全市场不能解决中国市场存在的诸多不完善之处，在给定一组模型结构与相关替代弹性系数的前提下，中国的边际减排成本是很低的[29]。波普（2011）以 45 个国家煤电站 NO_x 和 SO_2 排放规制的制定与实施为例，运用针对 NO_x 和 SO_2 减排的专利来衡量创新水平，研究发现贸易开放程度的扩大对环境规制的采纳存在相互矛盾的作用，实证结果表明正向效应起主导作用，其中，从收入水平的角度来看，发展中国家与发达国家相比，能在较低的人均收入水平上采纳这些环境规制，原因在于他们与发达国家相比，能够在同等发展阶段接触到更多的减排技术，同时，从人口密度的角度来看，一国的市场规模越大，越容易将管制成本转嫁到国外消费者身上，因此，收入水平与人口密度均有助于提高环境规制实施的可能性[24]。孟和倪（Meng & Ni，2011）基于中国 2002～2008 年间中东部地区 12 个省份数据，实证研究发现产业内贸易与一般贸易对中国环境的影响有不同效应，产品内专业化分工与贸易能减少污染排放，而一般贸易和分工会增加污染排放，差异的原因在于中间产品的进口能够为中国带来更为先进的技术和新的生产资源，进而有利于环境改善[30]。

其三，对外贸易技术溢出与碳排放之间的关系。珀金斯和诺伊迈尔（2011）通过考察东道国碳排放效率、人力资本以及制度质量三个影响因素，发现人力资本水平的提升能显著促进机械制品和产成品进口的技术溢出，而碳排放效率与制度质量对进口技术溢出的影响不明显[11]。

三、国内初步研究概况

与国际技术溢出对温室气体排放影响相关的国内研究比较有限，主要集中在对能源强度、效率和环境污染的影响方面，而仅有一两篇文献从 FDI 水平方向的技术溢出渠道对温室气体排放进行初步考察。在能源强度或效率影响方面，如孙（Sun，1998）基于我国 1980～1994 年间数据得出改革开放促进了能源利用效率提高的结论[31]，史丹（2002）依据 1953～2000 年间能源利用效率的变动过程得出了相似的结论[32]。而李未无（2008）则首先从理论层面探讨了对外开放尤其是 FDI、出口渠道影响能源利用效率的一般机制，包括对外贸易商品结构、国际能源价格、国内能源价格、节能技术和资本品进口以及国际分工和全球价值链模式等影响途径，然后分析了 1999 年、2002 年、2005 年三个年份 35 个工业行业横截面数据，结果显示能源强度与对外开放总体上呈显著的负相关关系[33]。岳等（Yue et al.，2010）运用 LMDI 模型将江苏能源强度分解为 FDI 规模、结构与技术效应，结果发现 FDI 技术效应对能源强度的影响反复波动，样本期间的技术累积效应为负值[34]。高大伟等（2010）运用 1991～2007 年间我国 32 个省市的面板数据，结果显示国际贸易技术溢出带来的技术进步能促进全要素能源效率的提高[35]。滕（Teng，2011）按能源消费强度分组考察了进口贸易技术溢出对工业行业能源消费强度的影响，该分析基于中国 1998～2007 年间 32 个工业行业面板数据，结果表明进口贸易的研发溢出有助于降低能源消费强度[36]。齐绍洲等

（2011）从中国区域划分的角度进行研究，发现 FDI 的技术溢出对能源强度的影响还存在较大的区域差异[37]；在环境污染影响方面，陈媛媛和王海宁（2010）运用 2001～2007 年间 36 个工业行业面板数据，实证检验了外资企业的水平溢出、前向溢出与后向溢出三种渠道对主要污染物 SO_2 和 COD 排放强度的影响，结论发现水平溢出能明显降低两种污染物的排放强度，前后向溢出对 SO_2 排放强度的影响均为正，而只有前向溢出对 COD 排放强度有一定的影响，但不够明显[38]。可见，垂直溢出对我国污染物排放强度的影响方式、方向与污染物类型有关；在温室气体排放影响方面，李子豪和刘辉煌（2011）采用 1999～2008 年间我国 35 个工业行业面板数据，研究发现 FDI 的产业内技术溢出能明显降低工业行业碳排放，其中人员流动的积极效应强于竞争与示范效应，分行业的研究表明，低排放行业的 FDI 技术效应能够显著降低行业碳排放，而高排放行业的积极影响并不显著[39]。耿和张（2011）利用 1991～2006 年间处于不同发展阶段的 35 个国家 56 个制造业面板数据，研究不同的贸易模式对碳排放的影响，将样本区分为 17 个 OECD 国家与 18 个亚洲和拉丁美洲国家两组，并按技术密集度标准划分为高、中、低技术密集型产业类型，研究显示，从出口的角度来说，中等技术密集型产品出口与 OECD 国家的碳排放显著为正，而低技术密集型产品出口对非 OECD 国家的碳排放有明显促进作用，从进口的角度来说，进口产品的技术密集程度越高，OECD 国家的碳排放水平越低，而非 OECD 国家的进口与该国碳排放水平无明显关联。对外贸易的技术溢出对碳排放的影响与国别、进出口商品的技术含量水平有关[40]。

四、简要述评与研究展望

FDI、对外贸易技术溢出渠道是促进东道国温室气体减排的两条重要途径，已经得到一定的认可，但是东道国通过 FDI、对外贸易技术溢出渠道降低温室气体排放还是受到一定的限制，主要由于作为东道国的发展中国家大部分处于工业化发展阶段，普遍存在高碳锁定效应，同时，FDI 技术溢出对我国低碳技术创新的影响路径与我国经济条件相脱离，导致了东道国低碳技术创新能力不足的困境，进而不利于东道国温室气体减排，也正因为如此，关于 FDI、对外贸易技术溢出对温室气体排放影响的理论分析结果不一致，甚至是完全相反。此外，由于温室气体排放的衡量指标不具有统一性，国内外学者使用不同的指标来衡量温室气体排放水平，又以不同的国家作为经验实证对象，且使用的数据年份和经验实证的方法不同以及大多数的实证研究没有进行相应的计量检验，未考虑到内生性问题，导致了 FDI、对外贸易技术溢出对温室气体排放影响的经验实证分析结论不一致。

目前，对外贸易技术溢出对温室气体排放影响的理论分析和经验实证仍然处于发展的初期阶段，而 FDI 对温室气体排放影响的理论分析很多，经验实证较少。FDI、对外贸易技术溢出对东道国各个区域的温室气体排放影响以及不同类型温室气体排放衡量指标影响的理论分析和经验实证较少，FDI、对外贸易技术溢出通过前后向关联、水平关联等何种产业关联渠道影响温室气体排放没有在实证研究中表现出来，主要原因可能是投入产出表数据更新的滞后与更新替代方法的局限性。另外，FDI、对外贸易技术溢出对温室气体排放的影响程度可能与东道国本身的经济条件密切相关，受到一系列诸如减排技术差距与类型、东道国人力资本水平、收入水平、制度质量与气候政策等因素的影响，这些影响因素关系到 FDI、对外贸易技术溢出对温室气体排放影响的程度以及影响是否显著，对此，国外学者的考察多使用跨国面板数据或截面数据，不能为单个国家的发展提供更多的洞察，这些都是未来研究的方向。如何在借鉴和吸收国外研究成果的基础上，结合我国 FDI、对外贸易与温室气体排放的特点，进行有针对性的研究，是当前摆在国内学者面前的一个重要课题，通过低碳技术的国际转移与扩散的过程中低碳技术路径的优化，缓解我国低碳技术创新能力不足的困境，这对于促进我国温室气体减排显然有着重要的现实意义。

参考文献

［1］Porter, M. E, 1991: America's Green Strategy, Scientific American, Vol. 264, No. 4.

［2］Grey, K. , D. Brank, 2002: Environmental Issues in Policy – Based Competition for Investment: A Literature Review, ENV/EPOC/GSP.

［3］Gorg, H. , E. Strobl, 2004: Exports, International Investment, and Plant Performance: Evidence from a Non – Parametric Test, Economics Letters, Vol. 83, No. 3.

［4］Albornoz, F. , M. A. Cole, R. J. Elliott, M. G. Ercolani, 2009: In Search of Environmental Spillovers, The World Economy, Vol. 32, No. 1.

［5］Perkins, R. , E. Neumayer, 2009: Transnational Linkages and the Spillover of Environment – Efficiency into Developing Countries, Global Environmental Change, Vol. 19, No. 3.

［6］Prakash, A. , M. Potoski, 2007: Invest up: FDI and the Cross – Country Diffusion of ISO14001 Management System, International Studies Quarterly, Vol. 51, No. 3.

［7］UNCTAD, 2007: World Investment Report: Transnational Corporations, Extractive Industries and Development, United Nations, Geneva.

［8］Ang, J. B, 2009: CO_2 Emissions, Research and Technology Transfer in China, Ecological Economics, Vol. 68, No. 10.

［9］Siddique, A. , A. Williams, 2008: The Use (and Abuse) of Governance Indicators in Economics: A Review, Economics of Governance. Vol. 9, No. 2.

［10］Haum, R. , 2010: Transfer of Low – Carbon Technology under the United Nations Framework Convention on Climate Change: The Case of the Global Environment Facility and its Market Transformation Approach in India, Unpublished DPhil Thesis, SPRU, University of Sussex, Brighton, UK, 2010.

[11] Perkins, R., E. Neumayer, 2011: Do Recipient Country Characteristics Affect International Spillovers of CO_2 - Efficiency via Trade and Foreign Direct Investment? Climate Change, Vol. 27, No. 8.

[12] IPCC, 2007: Climate Change 2007: Mitigation of Climate Change, Cambridge University Press, Cambridge.

[13] Popp, D., R. G. Newell, A. B. Jaffe, 2009: Energy, the Environment, and the Technological Change, NBER Working Paper Series.

[14] Fisher - Vanden, K., G. H. Jefferson, Y. D. Liu, J. C. Qian, 2009: Open Economy Impacts on Energy Consumption: Technology Transfer & FDI Spillovers in China's Industrial Economy, NBER Working Paper.

[15] Leimbach, M., L. Baumstark, 2010: The Impact of Capital Trade and Technological Spillovers on Climate policies, Ecological Economics, Vol. 69, No. 12.

[16] Garrone, P., L. Piscitello, Y. Wang, 2010: The Role of Cross - Country Knowledge Spillovers in Energy Innovation, SSRN Working Paper.

[17] Braun, F. G., J Schmidt - Ehmcke, P. Zloczysti, 2010: Innovation Activity in Wind and Solar Technology: Empirical Evidence on Knowledge Spillovers Using Patent Data, CEPR Discussion Paper Series.

[18] Chudnovsky, D., G. Pupato, 2005: Environmental Management and Innovation in Argentine Industry: Determinants and Policy Implications, Buenos Aires: CENIT, Mimeo.

[19] Zhou, C. Y, 2011: An Empirical Study on the Correlation between Environment Protection and Spillover Effects of Foreign Direct Investment, Management and Service Science Conference.

[20] Grimes, P., J. Kentor, 2003: Exporting the Green House: Foreign Capital Penetration and CO_2 Emissions 1980 - 1996, Journal of World - Systems Research, Vol. 9, No. 2.

[21] Grubb, M. J., C. Hope, R. Fouquet, 2002: Climate Implications of the Kyoto Protocol: The Contribution of International Spillover, Climate Change, Vol. 54, No. 1.

[22] Luken, R., F. Rompaey, 2008: Drivers for and Barriers to Environmentally Sound Technology Adoption by Manufacturing Plants in Nine Developing Countries, J Clean Prod, Vol. 16, No. 3.

[23] Worrell, E., L. Bernstein, J. Roy, L. Price, J. Harnisch, 2009: Industrial Energy Efficiency and Climate Mitigation, Energy Efficiency, Vol. 2, No. 2.

[24] Lovely, M., Popp, D, Trade, 2011: Technology and the Environment: Does Access to Technology Promote Environmental Regulation, Journal of Environmental Economics and Management, Vol. 61, No. 1.

[25] Copeland, B. R., 2011: International Trade and Green Growth, The World Bank, Mimeo.

[26] Gallagher, K. S., 2006: Limits to Leapfrogging in Energy Technologies? Evidence from the Chinese Automobile Industry, Energy Policy, Vol. 34, No. 4.

〔27〕 Antweiler, W., B. R. Copeland, M. S. Taylor, 2001：Is Free Trade Good for the Environment?, American Economic Review, Vol. 91, No. 9.

〔28〕 Jie, H, 2005：Environmental Impacts of International Trade：The Case of Industrial Emission of Sulfur Dioxide（SO₂）in Chinese Provinces, CERDI Working Paper.

〔29〕 Hubler, M, 2010：Technology Diffusion under Contraction and Convergence：A CGE Analysis of China, Energy Economics, Vol. 33, No. 1.

〔30〕 Meng, Y. H., X. Y. Ni, 2011：Intra - Product Trade and Ordinary Trade on China's Environmental Pollution, Procedia Environmental Sciences, No. 10.

〔31〕 Sun, J. W, 1998：Accounting for Energy Use in China：1984 - 94, Energy, Vol. 23, No. 10.

〔32〕 史丹：《我国经济增长过程中能源利用效率的改进》，载《经济研究》2002 年第 9 期。

〔33〕 李未无：《对外开放与能源利用效率：基于 35 个工业行业的实证研究》，载《国际贸易问题》2008 年第 6 期。

〔34〕 Yue, T., R. Y. Long, Y. Y. Zhuang, 2010：Analysis of the FDI Effect on Energy Consumption Intensity in Jiangsu Province, Energy Procedia, No. 1.

〔35〕 高大伟、周德群、王群伟：《国际贸易、R&D 技术溢出及其对中国全要素能源效率的影响》，载《管理评论》2010 年第 8 期。

〔36〕 Teng, Y. H., H. G. Wang, Y. Chen, 2011：R&D Spillover Embodied in Imports and Energy Consumption Intensity in China：An Empirical Analysis Based on Panel Data of 32 Industries, Asia - Pacific Power and Energy Engineering Conference.

〔37〕 齐绍洲、方扬、李锴：《FDI 知识溢出效应对中国能源强度的区域性影响》，载《世界经济研究》2011 年第 11 期。

〔38〕 陈媛媛、王海宁：《FDI、产业关联与工业排放强度》，载《财贸经济》2010 年第 12 期。

〔39〕 李子豪、刘辉煌：《FDI 的技术效应对碳排放的影响》，载《中国人口·资源与环境》2011 第 12 期。

〔40〕 Geng, W., Y. Q. Zhang, 2011：The Relationship between Skill Content of Trade and Carbon Dioxide Emissions, International Journal of Ecological Economics & Statistics, Vol. 21, No. 11.

（与王建军、李珊珊合作，原载《中南财经政法大学学报》2013 年第 9 期）

◆下 篇◆

国际投资与低碳经济

FDI 技术外溢的垂直效应与中国工业碳排放

一、引言

随着中国工业化步伐的加快，以二氧化碳为主要成分的温室气体排放以及由此引发的"温室效应"等生态环境问题日益严峻。2009 年，中国在哥本哈根气候大会上承诺到 2020 年单位国内生产总值所排放的二氧化碳比 2005 年下降 40% ~ 45%，自对外承诺以来，国内主要面临来自工业行业碳减排的压力。格罗斯曼和克鲁格（Grossman & Krueger，1991）的经典分析框架表明，FDI 能通过规模效应、结构效应以及技术效应等途径影响东道国生态环境，盛斌和吕越（2012）结合中国数据的研究显示，技术效应是 FDI 改善中国环境质量的根本原因，FDI 通过技术引进与扩散带来的正向技术效应超过了负向的规模效应与结构效应。从技术效应途径来看，联合国贸易和发展会议（UNCTAD，2007）指出，跨国公司拥有世界领先技术，包括碳减排前沿技术，中国作为发展中国家，工业碳减排技术与跨国公司存在巨大差距，离不开发达国家的碳减排技术与金融支持。

那么，FDI 技术效应如何影响东道国碳排放环境？其作用机制是怎样的？其中，FDI 技术外溢与碳排放环境的关系可能存在内生性问题或反向因果关系：较宽松的环境规制，通常会引发地方政府在引资环境标准方面的"触底竞争"，容易吸引旨在规避母国严格环境规制的污染密集型跨国企业，导致跨国企业的环境技术外溢程度较低，反之，在严格的环境规制条件下，环境成本被纳入企业生产成本，环境技术水平直接反映企业竞争力的价值，清洁产业的跨国转移更具竞争优势，则跨国企业的环境技术外溢程度更高。本文以此为切入点，在对相关变量的内生性进行有效控制的前提下，结合中国工业碳减排技术的吸收能力，探讨 FDI 溢出效应下不同技术进步路径对中国工业碳排放影响的差异，对于促进中国工业碳减排，制定相互有机联系的引资政策、产业政策及节能环保政策提供了合理的判断依据与政策建议。

二、文献综述

国内外学者关于 FDI 对二氧化碳排放的影响进行了很多研究，这其中探讨了 FDI 经由规模效应、结构效应、技术效应作用于二氧化碳排放的影响机制，在此基础上，对 FDI 溢出渠道所发挥的技术效应对东道国碳排放的影响逐渐成为近年来国内外学者研究的热点，研究主要包括理论分析与经验实证两方面，其中，理论分析的结果主要有三种：一是 FDI 技术外溢降低了二氧化碳排放。代表性的观点有"波特假说"（Porter，1991）与"污染晕轮效应"（Grey & Brank，2002）。前者认为东道国提高环境规制标准的压力会鼓励跨国企业进行清洁生产和清洁产品的研发创新，后者认为跨国企业通过全球控制为东道国企业实行 ISO14001 环境管理体系提供了学习模仿的机会。随后的研究表明，跨国企业与东道国企业之间人力资本流动、产业供应链也可能传递环境技术（Gorg & Strobl，2004；Albornoz et al.，2009）。二是 FDI 技术外溢促使二氧化碳排放增加。珀金斯和诺伊迈尔（Perkins & Neumayer，2009）认为，跨国企业全球控制的推广所带来的竞争压力的加剧，可能会限制东道国企业对现代化厂房、设备等进行投资的能力，或降低投资的意愿而转向追求成本最小化战略。三是 FDI 技术外溢对二氧化碳排放的影响不确定。这主要是指 FDI 来源国环境技术水平与东道国吸收能力的不确定性。一方面，普拉卡什和波托斯基（2007）认为，污染晕轮效应的作用前提在于跨国企业拥有比东道国企业更为清洁的技术，这取决于 FDI 来源国的环境技术水平；另一方面，珀金斯和诺伊迈尔（2012）提出，国际技术外溢不仅依赖于东道国与碳排放效率较高的国家之间的联系，还与东道国自身碳排放效率、教育水平与制度质量等减排技术的吸收能力的差异有关。

与 FDI 技术外溢对二氧化碳排放影响相关的经验实证的结果存在较大差异，格里姆斯和肯托（Grimes & Kentor，2003）运用 CKC 模型对 FDI 与碳排放技术的关系进行检验，结果表明 FDI 没有带来碳排放技术进步，而珀金斯和诺伊迈尔（Perkins & Neumayer，2012）运用 77 个国家的动态面板数据，发现 FDI 通过技术渠道促进了东道国碳排放效率的提升，该提升作用与东道国自身碳排放效率、制度质量等吸收能力相关。李子豪和刘辉煌（2011）采用我国工业行业面板数据，研究发现 FDI 的产业内技术外溢能明显降低工业行业碳排放，其中人员流动的积极效应强于竞争与示范效应。

综上所述，现有研究存在以下四个方面的不足：一是国外学者的研究成果涉及中国的较少，国内的相关成果仅有一篇文献从 FDI 产业内技术渠道进行初步考察，而根据以往的研究显示，FDI 技术效应更有可能通过产业间关联渠道实现（Javorcik，2004）；二是 FDI 技术外溢并不是随外资进入而自动产生的，而相关文献并未结合东道国自身的吸收能力因素进行全面考察；三是现有文献大多采用静态面板数据，没有控制有关变量的内生性问题。因此，本文的贡献主要在于：本文尝试在引进国外研究成果的基础上，以中国 2001～2010 年 35 个工业行业为样本，结合研发投入强度、所有制结构、行业结构等反映东道国吸收能力的行业特征，综合考察了 FDI 前向与后向关联渠道的技术效应对工业行业碳排放强度的影响，同时使用系统广义矩估计方法消除内生性问题，以期对现有研究进行延伸与补充。

三、计量模型及其内生性

（一） 计量模型及其变量设定

1. 静态模型设定。沿袭格罗斯曼和克鲁格（1991）的思路，将经济活动对环境的影响分解为规模效应、结构效应、技术效应三个作用机制，表述如下：

$$C = Y \times S \times T \tag{1}$$

其中，C 为碳排放量，Y 为产出水平，S 为行业结构，T 为碳减排技术水平。将公式（1）转换为行业碳排放强度 CI 如下：

$$CI = C/Y = S \times T \tag{2}$$

其中，碳减排技术水平，经由内部与外部渠道产生，内部技术渠道主要是行业自主研发，外部技术渠道主要来自 FDI 技术外溢，包括水平方向与垂直方向的技术外溢。此外，王然等（2010）的研究表明以国有企业比重度量的企业所有制结构会影响内资企业对 FDI 技术外溢效应的充分吸收与利用；科尔等（Cole et al.，2008）认为企业的规模经济有利于技术的研发与引进。因此，关于 T 的函数如下：

$$T = T(RD, HS, BS, FS, SE, GM) \tag{3}$$

将方程（3）代入方程（2），得到：

$$CI = C/Y = S \times T(RD, HS, BS, FS, SE, GM) \tag{4}$$

同时考虑到内资企业吸收能力的局限性，FDI 技术外溢存在一定的滞后性（Zahra & George，2002），设立如下模型。

$$\ln CI_{it} = \alpha_0 + \alpha_1 \ln RD_{it} + \alpha_2 \ln RD_{i,t-1} + \alpha_3 \ln HS_{it} + \alpha_4 \ln HS_{i,t-1}$$
$$+ \alpha_5 \ln BS_{it} + \alpha_6 \ln BS_{i,t-1} + \alpha_7 \ln FS_{it} + \alpha_8 \ln FS_{i,t-1} + X'_{it}\beta + \lambda_i + \varepsilon_{it}$$

$$\tag{5}$$

　　其中，i 表示工业行业横截面单元，i = 1，2，…，35；t 表示时间；CI 为碳排放强度；RD 为工业行业研发投入强度；HS、BS、FS 分别为 FDI 水平技术外溢、后向技术外溢以及前向技术外溢效应度量指标；X 是其他控制变量，包括企业所有制结构 SE、行业结构 JG、企业规模 GM；λ_i 是不随时间变化的行业个体效应，ε_{it} 为与时间和地点无关的随机扰动项。各变量的具体含义如下：

　　RD_{it} 为第 t 年行业 i 的研发投入强度，由于研发统计口径的变化，本文运用大中型工业企业的单位科技活动人员的科技活动经费内部支出来表示，以保证研发统计口径的一致性与连续性。

　　HS_{it} 为 FDI 水平技术外溢变量，外资企业对该行业内资企业的水平技术外溢（如示范效应、人员流动效应以及竞争效应）与外资企业的产值规模直接相关，借鉴贾沃尔奇克（Javorcik，2004）衡量水平关联的方法，运用外资企业产值占行业总产值的比重来表示，具体计算公式如下：

$$HS_{it} = \frac{Y_{it}^f}{Y_{it}} \tag{6}$$

　　BS_{it} 为 FDI 后向技术外溢变量，运用行业 i 向其下游行业 j 外资企业提供的中间投入品占行业 j 的工业产值比重表示，反映行业 j 外资企业透过对上游企业中间投入品的需求对上游行业 i 的碳减排技术的影响，借鉴贾沃尔奇克（2004）衡量后向关联的方法，具体计算公式如下：

$$BS_{it} = \sum_{j, j \neq i} \alpha_{ij} \times \frac{Y_{jt}^f}{Y_{jt}} \tag{7}$$

　　上式中，α_{ij} 为后向关联系数，是投入产出表中行业 j 的单位工业产值中所直接消耗的行业 i 的中间投入品的比重。

　　FS_{it} 为 FDI 前向技术外溢变量，运用行业 i 的投入品中上游行业 j 外资企业的投入比重来表示，反映行业 i 通过购买上游行业 j 外资企业的中间产品与服务来影响该行业碳减排技术水平，借鉴王然等（2010）度量前向关联的方法，在前向关联指标中剔除外资企业与内资企业生产的用于出口的产品，具体计算公式如下：

$$FS_{it} = \sum_{j, j \neq i} \alpha_{ji} \times \left(\frac{TS_{jt}^f - ES_{jt}^f}{TS_{jt} - ES_{jt}} \right) \tag{8}$$

　　上式中，α_{ji} 为前向关联系数，是投入产出表中行业 i 的单位工业产值中所直接消耗的行业 j 的中间投入品的比重；TS_{jt}^f 与 TS_{jt} 为第 t 年行业 j 外资企业与全部企业的销售总额，ES_{jt}^f 与 ES_{jt} 为第 t 年行业 j 外资企业与全部企业的出口总额。

　　其他控制变量 SE_{it} 为第 t 年行业 i 的企业所有制结构，运用行业 i 中非国有企业总产值占行业总产值的比重来表示；JG_{it} 为第 t 年行业 i 的行业结构，参考李小平等（2010），运用行业 i 的资本密集度来表示，即行业 i 的固定资产净值年平均余额与该行业从业人员年平均人数的比值；GM_{it} 为第 t 年行业 i 的企业平均规模，由于企业平均产出的度量指标与行业结构变量之间存在较强的相关性，本文选用企业平均从业人数来表示，即行业 i 第 t 年的平均从业人数与该行业的企业数目之比。

2. 动态模型设定。方程（5）中很可能存在四个主要内生变量：碳排放强度、FDI 水平技术外溢、FDI 前向技术外溢与 FDI 后向技术外溢。此外，方程（5）可能会遗漏环境规制、各行业人力资本投入等与碳排放有关的变量，由于环境规制代理变量的测量误差以及工业行业人力资本统计数据的缺失，在方程（5）的构建中无法将解释变量全部列出，使得遗漏的解释变量被纳入随机扰动项，当遗漏的解释变量与模型中列出的解释变量相关时，可能会导致内生性问题。因此，本文运用一阶差分广义矩估计（DGMM）与系统广义矩估计（SGMM）方法对下述动态差分模型进行估计，以消除联立性与遗漏变量带来的内生性问题。中国各工业行业的碳排放很可能存在滞后效应，在静态模型中引入被解释变量滞后项以反映动态效应，在方程（5）基础上设立如下动态模型。

$$\ln CI_{it} = \alpha_0 + \alpha_1 \ln CI_{i,t-1} + \alpha_2 \ln RD_{it} + \alpha_3 \ln RD_{i,t-1} + \alpha_4 \ln HS_{it} + \alpha_5 \ln HS_{i,t-1}$$
$$+ \alpha_6 \ln BS_{it} + \alpha_7 \ln BS_{i,t-1} + \alpha_8 \ln FS_{it} + \alpha_9 \ln FS_{i,t-1} + X'_{it}\beta + \lambda_i + \varepsilon_{it} \quad (9)$$

在实证模型中引入被解释变量的滞后项会造成严重的内生性问题，即参数估计的非一致性，因此，本文采用 DGMM 与 SGMM 方法进行估计，两种方法均能在模型存在被解释变量滞后项和解释变量内生性的情况下得到一致估计量，适用于大 N 小 T 的面板数据结构，其基本思想是选取适当的工具变量，引入矩约束条件，以实现模型的有效估计，并运用工具变量过度识别检验 Sargan 检验与 Hansen 检验共同判定工具变量选择的合理性。从两者的区别来看，其一，DGMM 方法采用水平值的滞后项作为差分变量的工具变量，而 SGMM 方法进一步采用差分变量的滞后项作为水平值的工具变量，同时利用原始水平值的回归方程和差分回归方程，增加了可用的工具变量，提高了估计效率；其二，SGMM 方法采用的滞后水平值工具变量比 DGMM 方法采用的一阶差分值工具变量方差更小，且少损失一个时间维度，具有较好的有限样本性质。因此，本文的模型估计可能更适用 SGMM 方法。

（二）研究方法与检验步骤

很多文献表明，FDI 技术外溢并不是一个独立的过程，而是受到了东道国研发投入、企业所有制结构、行业结构以及行业碳排放强度等反映吸收能力的行业特征的影响，为检验行业特征对 FDI 技术外溢效应的影响，本文在基本模型的基础上运用两种方法，一是通过构造行业特征变量与代表 FDI 溢出效应变量的乘积交互项进行检验，二是按照行业特征分组检验。检验步骤如下：首先，分别构造国内研发、企业所有制结构、行业结构与 FDI 前向、后向技术外溢效应变量的乘积交互项，将方程（5）分别改造为方程（10）、方程（11）。随后，按照工业行业碳排放强度标准分组，分别运用方程（10）、方程（11）中乘积交互项的系数估计结果，进一步考察工业行业碳排放强度、行业企业规模在 FDI 前向技术外溢效应与后向技术外溢效应对工业行业碳排放强度影响中的作用。方程（10）、（11）构建如下：

$$
\begin{aligned}
\ln CI_{it} = {} & \beta_0 + \beta_1 \ln BS_{it} \times \ln RD_{it} + \beta_2 \ln BS_{i,t-1} \times \ln RD_{i,t-1} + \beta_3 \ln BS_{it} \times \ln SE_{it} \\
& + \beta_4 \ln BS_{i,t-1} \times \ln SE_{i,t-1} + \beta_5 \ln BS_{it} \times \ln JG_{it} + \beta_6 \ln BS_{i,t-1} \times \ln JG_{i,t-1} \\
& + \beta_7 \ln CI_{i,t-1} + X'_{it}\theta + \lambda_i + \varepsilon_{it}
\end{aligned} \tag{10}
$$

$$
\begin{aligned}
\ln CI_{it} = {} & \beta_0 + \beta_1 \ln FS_{it} \times \ln RD_{it} + \beta_2 \ln FS_{i,t-1} \times \ln RD_{i,t-1} + \beta_3 \ln FS_{it} \times \ln SE_{it} \\
& + \beta_4 \ln FS_{i,t-1} \times \ln SE_{i,t-1} + \beta_5 \ln FS_{it} \times \ln JG_{it} \\
& + \beta_6 \ln FS_{i,t-1} \times \ln JG_{i,t-1} + \beta_7 \ln CI_{i,t-1} + X'_{it}\theta + \lambda_i + \varepsilon_{it}
\end{aligned} \tag{11}
$$

四、数据来源及其处理

（一）　数据来源

由于现行统计年鉴提供的工业分行业数据统计口径在 1998 年以前为乡及乡以上独立核算工业企业，而 1998 年及以后为全部国有及规模以上非国有工业企业，前后统计口径不匹配，同时，2001 年后才开始公布工业分行业出口交货值，为了保持统计口径的一致及数据可得，本文研究集中于 2001～2010 年间。工业分行业总产值、销售产值、出口交货值与能源消费数据分别来自《中国统计年鉴》《中国工业经济统计年鉴》《中国能源统计年鉴》各期，将工业行业归并为36 个行业类型，剔除"其他采矿业""木材及竹材采运业""工艺品及其他制造业""烟草制品业""废弃资源和废旧材料回收加工业"五个行业。另外，电力与热力不仅是工业的一种行业类型，也是其余 35 个工业行业能源消费的重要来源，为避免能源消费与碳排放重复计算的问题，本文在各工业行业能源消费的统计中考虑了除电力与热力以外的其余所有种类的化石能源，涉及的化石能源包括原煤、洗精煤、焦炭、焦炉煤气、其他煤气、其他焦化产品、原油、汽油、煤油、柴油、燃料油、液化石油气、炼厂干气、其他石油制品、天然气等 15 种能源类型。来自《中国统计年鉴》中的分行业工业总产值数据均为当年价格的名义值，为消除价格波动带来的影响，本文利用公布数据推算了相应工业行业价格指数，并利用该指数对 2001～2010 年工业分行业总产值进行了价格平减（2000年 =100）。

此外，研发数据来源于《中国科技统计年鉴》各期；国有企业与非国有企业产值、人均固定资产总值、企业平均从业人数与行业从业总人数数据来源于《中国工业统计年鉴》；关于前向、后向关联系数估算中的直接消耗系数，2001～2005 年取自 2002 年投入产出表，2006～2010 年取自 2007 年投入产出表，将基本流量表中的工业行业合并为 35 个工业行业，然后计算出相应的直接消耗系数矩阵。

（二） 分行业碳排放强度的计算

分工业行业碳排放强度为单位工业产值所排放的二氧化碳，其中，分行业碳排放量的估算方法参考《2006 年 IPCC 国家温室气体清单指南》，具体的估算公式如下：

$$C_i = \sum_{j=1}^{15} C_{ij} = \sum_{j=1}^{15} E_{ij} \cdot NCV_j \cdot CEF_j \cdot COF_j \cdot \frac{44}{12} \tag{12}$$

其中，i = 1，2，…，35，表示工业行业类型；j = 1，2，…，15，表示能源种类；C 代表工业能源消费碳排放，单位为万吨；E 代表工业能源消费量，单位为万吨；NCV 代表一次能源平均低位发热量的折标准煤系数，单位为千克标准煤/千克，见《中国能源统计年鉴 2008》的附录 4，附录中缺乏其他石油制品、其他焦化产品和其他煤气的平均低位发热量数据，为此，其他石油制品的系数用原油参数替代，其他焦化产品系数用煤焦油参数替代，其他煤气采用焦炉煤气参数替代；CEF 代表单位热量的碳排放系数，单位为万吨/万吨标准煤，见 IPCC（2006）；COF 代表碳氧化因子，此处取缺省值 1。

五、回归结果分析

（一） 不同路径 FDI 技术效应对工业碳减排影响的初步检验

表 1 是 FDI 技术效应对中国 35 个工业行业碳排放影响的回归结果。模型 1、4 用固定效应模型估计了静态回归方程（5），其中模型 1 的估计包括方程（5）所有变量的系数，而模型 4 是对方程（5）中不显著因子逐次剔除得到的最优静态回归方程的估计，Hausman 检验结果显示固定效应模型估计优于随机效应模型。模型 2、5 采用 DGMM 方法估计了动态回归方程（9），其中模型 2 是对方程（9）所有变量系数的估计，而模型 5 是对方程（9）运用逐次剔除法确定的最优动态回归方程的估计。模型 3、6 采用 SGMM 方法估计了动态回归方程（9），其中模型 3 的系数估计包含方程（9）的所有变量，而模型 6 的系数对方程（9）

按逐次剔除法得到的最优动态回归方程的估计，运用 Stata 11.0 软件测算如表 1 所示。

表1　　　　　　　　　FDI 技术外溢对中国工业碳排放强度的影响

	变量剔除之前			变量剔除之后		
	模型 1 FE	模型 2 Diff – GMM	模型 3 Sys – GMM	模型 4 FE	模型 5 Diff – GMM	模型 6 Sys – GMM
FDI 溢出效应						
lnHS	0.1670 (0.1818)	0.1270 (0.1169)	0.1483 (0.1089)			
L. lnHS	− 0.1503° (0.0924)	− 0.1250 (0.0799)	− 0.1444 (0.1050)			
lnBS	0.0287 (0.0923)	0.0729 (0.0499)	0.0826° (0.0511)		0.1622 * (0.0902)	0.1127 ** (0.0561)
L. lnBS	− 0.2890 *** (0.0913)	− 0.0999 ** (0.0414)	− 0.0716° (0.0462)	− 0.2680 *** (0.0886)	− 0.1083 *** (0.0396)	− 0.0958 * (0.0491)
lnFS	− 0.2927 (0.2489)	− 0.6765 *** (0.1969)	− 0.3412 *** (0.1111)		− 0.9049 *** (0.2319)	− 0.3888 *** (0.1226)
L. lnFS	− 0.4498 * (0.2336)	0.1595 (0.1427)	0.3362 *** (0.1123)	− 0.5991 ** (0.2683)	0.2482 * (0.1286)	0.4048 *** (0.1259)
控制变量						
lnRD	− 0.4597 *** (0.0652)	− 0.1669 *** (0.0355)	− 0.0943 *** (0.0307)	− 0.4900 *** (0.0636)	− 0.1447 *** (0.0310)	− 0.1164 *** (0.0314)
L. lnRD	− 0.3905 *** (0.0806)	0.0107 (0.0394)	0.1117 *** (0.0337)	− 0.4071 *** (0.0669)		0.1044 *** (0.0329)
lnSE	− 0.1141 (0.2191)	− 0.2601 ** (0.1058)	− 0.0982 *** (0.0301)		− 0.2037 *** (0.0748)	− 0.0673 *** (0.0172)
lnJG	− 0.4304 *** (0.1253)	− 0.1832 *** (0.0701)	− 0.0612 *** (0.0180)	− 0.3876 *** (0.0987)	− 0.2649 *** (0.1012)	− 0.0470 *** (0.0179)
lnGM	− 0.0882 (0.1440)	− 0.1280 ** (0.0592)	− 0.0220 (0.0178)		− 0.1743 ** (0.0782)	

续表

| | 变量剔除之前 | | | 变量剔除之后 | | |
	模型 1 FE	模型 2 Diff – GMM	模型 3 Sys – GMM	模型 4 FE	模型 5 Diff – GMM	模型 6 Sys – GMM
控制变量						
L. lnCI		0.7846 *** (0.0582)	1.005 *** (0.0074)		0.8212 *** (0.0421)	1.004 *** (0.0093)
常数项	– 1.180 (1.017)		– 0.1573 (0.1258)	– 0.4557 (0.8365)		0.0597 (0.0912)
AR（1）		– 3.42 (0.001)	– 3.15 (0.002)		– 3.11 (0.002)	– 2.76 (0.006)
AR（2）		0.58 (0.559)	0.18 (0.855)		0.61 (0.543)	0.39 (0.697)
Sargan		176.35	184.70		125.14	133.74
test		(0.193)	(0.708)		(0.332)	(0.739)
Hansen		32.40	29.78		33.04	33.31
test		(1.000)	(1.000)		(1.000)	(1.000)
F	31.84 (0.0000)			56.69 (0.0000)		
Within – R^2	0.6808			0.6735		
样本	315	280	315	315	280	315

注：o、＊、＊＊、＊＊＊分别表示15%、10%、5%和1%的显著性水平；回归系数括号里的数为稳健标准误，AR、Sargan test、Hansen test 和 F 统计括号里的数分别为 prob > z、prob > chi^2、prob > chi^2 和 prob > F 的值；在 GMM 估计中，回归中的前定变量为 lnCI$_{i,t-1}$，内生变量为 HS、BS、FS。

从表1的回归结果来看，模型1、4存在内生性问题，固定效应估计可能是有偏与非一致的，而模型2、3、5、6运用 GMM 估计法对相关变量的内生性进行了有效控制，并将碳排放强度的一阶滞后项纳入模型，运用鲁德曼和大卫（Roodman & David，2006）的 xtabond2 程序进行估计，结果显示，GMM 估计法不能拒绝模型没有二阶序列相关的原假设，说明 GMM 估计量是一致的，同时，本文通过 Sargan 与 Hansen 检验考察工具变量的有效性，Sargan 检验与 Hansen 检验都接受过度识别限制是有效的零假设，即工具变量有效。从上述三种估计法对应的系数估计值符号与显著性的稳健性判断，SGMM 估计结果更为合理，与前文理论分析一致。因此，本文的模型估计方法以 SGMM 方法为主，并借鉴固定效应与 DGMM 的估计结果。

与大多数文献关于行业研发投入的结论一致（Fisher – Vanden et al.，2006；李子豪和刘辉煌，2011），表 1 中所有模型研发投入强度系数均在 1% 的水平显著为负，表明研发投入强度的增加有利于提高生产率或改进环境技术，进而降低行业碳排放强度。目前我国节能减排技术创新基础薄弱，约有 70% 的减排技术依赖进口，对成熟技术的引进、消化、吸收、再创新的研发投入严重不足。从研发经费支出占 GDP 的比重来看，我国 2001 ~ 2011 年间该指标从 0.95% 增至 1.83%，年均升幅 0.08%，而大多数创新型国家该指标高达 3% 左右，意味着我国在研发投入方面与创新型国家仍然存在巨大的差距，通过提高研发强度降低工业行业碳排放强度的空间较大。

从 FDI 技术垂直溢出系数来看，表 1 中所有模型后向技术外溢滞后一期系数均显著为负，即上期外资企业的增加有利于当期上游该行业碳排放强度的下降。可从以下两个方面来理解：其一，为减少运输成本与充分利用东道国要素禀赋，外资企业通常在东道国建立物流体系，逐步实施采购本土化经营战略，一般选择从遵守东道国政府或跨国企业所制定的环境标准的供应商处购买中间产品，使之与先进的技术相匹配，这导致上游内资供应商为应对环境标准的压力而进行清洁生产与清洁产品的研发创新；其二，考虑到上游内资企业在技术研发基础、制造方式方面与国际供应商之间存在的巨大差距，为避免上游内资企业可能存在的中间投入品质量以及供货问题，外资企业会定期派遣高级技术人员对其上游内资企业提供技术指导，协助引进设备生产线，甚至与内资企业共同投资联合研发以实现技术创新。

除模型 1、4 以外，表 1 中其余模型前向技术外溢当期系数均显著为负，而前向技术外溢滞后一期系数显著为正，意味着外资企业的增加短期内会降低下游行业碳排放强度，而对长期行业碳排放强度的降低存在抑制作用。这一动态变化表明，一方面，外资企业向下游内资企业出售高技术含量的中间产品，如汽车行业外资企业向国内自主品牌汽车生产企业出售高技术含量的零部件等，在短期内能改善内资企业的生产效率；另一方面，外资企业凭借其技术垄断与品牌优势而拥有较高的中间产品议价能力，中间产品价格在卖方势力的制约下价格偏高，无疑增加了下游内资企业的要素支付，进而减少了研发资本积累，在下游内资企业技术吸收能力薄弱的背景下，内资企业对内化于中间产品中的先进技术的消化吸收再创新能力有限，反而会抑制长期内资企业生产率或技术效率的提升，不利于行业碳排放强度的持续下降。

关于控制变量系数，除表 1 中模型 1、4 统计上不够显著外，其余模型企业所有制结构与行业碳排放强度显著负相关，说明企业所有制结构有助于行业碳排放强度的降低，可能的原因在于，企业所有制结构中私营企业比重越高，市场竞争越充分，越有利于吸引并甄别有先进技术实力的外商投资；表 1 中所有模型行业结构系数显著为负，说明行业资本密集度的增加会降低行业碳排放强度，可能的原因在于，资本密集度对碳排放强度的影响具有双重性，一方面，资本密集度的增加直接导致更多的资本设备投入与能源消耗，进而促进碳排放强度的上升；另一方面，资本密集度通过能源—资本配置比的降低来间接实现碳排放强度的降低，其间接影响效应大于直接影响效应（陈春华等，2012），此结论与李子豪和刘辉煌（2011）不同，后者未考虑资本结构强化的间接效应；最后，表1中大多数模型企业规模与行业碳排放强度没有明显的关联，说明工业行业的碳排放并不存在规模经济的现象。

（二） 行业特征影响 FDI 后向技术外溢的碳减排效应的进一步检验

为进一步检验行业特征是否影响 FDI 后向技术外溢对碳排放强度的影响，本文在方程（9）对 FDI 后向技术外溢效应考察的基础上，运用 SGMM 方法对方程（10）分别以工业行业整体、高碳排放行业与低碳排放行业子样本进行估计，得到模型 1、2、3 的系数估计结果，随后对模型 1、2、3 按逐步剔除法逐次剔除不显著因子进行优化，得到模型 4、5、6 的系数估计结果，见表 2。

表 2　　　　行业特征对 FDI 后向技术外溢的碳减排效应影响的进一步检验

	变量剔除之前			变量剔除之后		
	模型 1	模型 2	模型 3	模型 4	模型 5	模型 6
L. lnCI	1.0071 *** (0.0066)	1.0163 *** (0.0131)	0.9639 *** (0.0256)	1.0022 *** (0.0093)	1.0117 *** (0.0150)	0.9632 *** (0.0228)
FDI 后向技术外溢效应						
lnBS × lnRD	0.0263 * (0.0125)	0.0072 (0.0146)	0.0180 (0.0191)	0.0288 *** (0.0091)		
L. lnBS × L. lnRD	− 0.0260 *** (0.0077)	− 0.0251 *** (0.0070)	− 0.0225 * (0.0128)	− 0.0230 *** (0.0079)	− 0.0257 *** (0.0071)	− 0.0134 ** (0.0052)
lnBS × lnSE	0.0657 (0.0481)	0.0582 (0.0777)	0.1554 ** (0.0673)		0.0398 *** (0.0101)	0.1644 *** (0.0541)
L. lnBS × L. lnSE	− 0.0575 (0.0477)	− 0.0488 (0.0770)	− 0.0938 (0.0549)			− 0.0925 * (0.0532)
lnBS × lnJG	0.0092 (0.0146)	0.0207 (0.0233)	− 0.0181 * (0.0099)		0.0357 *** (0.0082)	− 0.0179 *** (0.0058)
L. lnBS × L. lnJG	− 0.0071 (0.0114)	0.003 (0.0237)	− 0.0110 (0.0124)			

续表

	变量剔除之前			变量剔除之后		
	模型1	模型2	模型3	模型4	模型5	模型6
控制变量						
lnRD	0.0319 (0.0324)	-0.0558 (0.0499)	0.0256 (0.0484)		-0.0897*** (0.0312)	
lnSE	-0.0965** (0.0401)	-0.0581 (0.0429)	0.1403 (0.1508)	-0.0727*** (0.0158)		0.1802** (0.0888)
lnJG	-0.0598* (0.0352)	-0.0279 (0.0401)	-0.0355 (0.0538)	-0.0442*** (0.0144)		
lnGM	-0.0248° (0.0153)	0.0027 (0.0244)	-0.1137* (0.0597)			-0.1149** (0.0526)
常数项	-0.2297** (0.1102)	0.0063 (0.1679)	-0.7332** (0.3209)	0.0460 (0.0767)	0.1058 (0.1815)	-0.7646** (0.3052)
AR (1)	-3.27 (0.001)	-2.20 (0.028)	-2.39 (0.017)	-2.75 (0.006)	-1.85 (0.065)	-2.33 (0.020)
AR (2)	-0.34 (0.735)	0.20 (0.842)	-0.93 (0.354)	0.29 (0.773)	0.33 (0.738)	-0.93 (0.350)
Sargan	227.82	132.33	129.35	142.25	129.25	128.40
test	(0.764)	(0.728)	(0.644)	(0.549)	(0.822)	(0.666)
Hansen	27.27	0.22	0.05	32.22	15.98	3.06
test	(1.000)	(1.000)	(1.000)	(1.000)	(1.000)	(1.000)
样本	315	162	153	315	162	153

注：*、**、***分别表示10%、5%和1%的显著性水平；回归系数括号里的数为稳健标准误，AR、Sargan test、Hansen test和F统计括号里的数分别为 prob > z、prob > chi^2、prob > chi^2 和 prob > F 的值；在 GMM 估计中，回归中的前定变量为 $lnCI_{i,t-1}$，内生变量为 HS、BS、FS。

从研发投入强度的影响来看，所有模型 FDI 后向技术外溢与研发投入强度的交互项滞后一期系数均显著为负，表明研发投入强度会强化 FDI 后向技术外溢对工业碳减排的积极效应。跨国企业出于利润最大化考虑，将使行业内水平溢出最小化，而鼓励一般性技术知识向互补行业纵向流动（Kugler，2006），就后向关联而言，外资企业一般要求上游内资供应商提供的中间产品必须达到产品质量认证体系所规定的环境质量标准，考虑到内外资企业的碳减排技术差距，外资企业会采用多样化的方式提供技术援助与研发合作，为上游内资供应商提供了干中学的机会，从而使研发投入与后向关联的技术外溢之间有较好的适配性。

然而，从企业所有制结构与行业结构的影响来看，模型3、6的FDI后向技术外溢与所有制结构的当期系数显著为正，与行业结构交互项的当期系数显著为负，说明私营企业比重的提高削弱了低碳排放行业FDI后向技术外溢对工业碳减排的积极效应，而资本密集度增加的影响方向相反。其中，上游行业私营企业比重的上升，加剧了上游内资供应商之间的市场竞争，导致上游内资供应商与下游外资采购商议价能力的下降，中间产品的售价随之下降，这无疑压缩了内资供应商的利润空间，限制了内资供应商研发资本的积累与吸收能力的提升，弱化了外资的后向技术外溢效应。另外，上游行业资本密集度的增加，意味着内资供应商资本装备与技术水平的提高，缩小了内外资企业的碳减排技术差距，有助于FDI后向技术外溢的充分吸收与利用。此外，低碳排放行业的外资参与度显著高于高碳排放行业，内外资企业之间联系更多，强化了所有制结构与行业结构特征对FDI后向技术外溢效应的影响程度。

（三）行业特征影响FDI前向技术外溢的碳减排效应的进一步检验

在方程（9）对FDI前向技术外溢效应估计的基础上，本文进一步检验行业特征对FDI前向技术外溢的碳减排效应的影响，运用SGMM方法对方程（11）分工业行业整体、高碳排放行业与低碳排放行业子样本进行估计，得到模型1、2、3的系数估计结果，并对模型1、2、3按逐步剔除法逐次剔除不显著因素进行优化，得到模型4、5、6的估计结果，见表3。

表3　　　　行业特征对FDI前向技术外溢的碳减排效应影响的进一步检验

	变量剔除之前			变量剔除之后		
	模型1	模型2	模型3	模型4	模型5	模型6
$L. \ln CI$	0.9981 *** (0.0081)	1.0099 *** (0.0134)	0.9393 *** (0.0336)	1.0035 *** (0.0084)	1.0166 *** (0.0132)	0.9394 *** (0.0299)
FDI前向技术外溢效应						
$\ln FS \times \ln RD$	0.0173 (0.0256)	0.1007 (0.0811)	0.0129 (0.0299)	0.0267 *** (0.0093)	0.1222 ** (0.0506)	
$L. \ln FS \times L. \ln RD$	− 0.0343 *** (0.0121)	− 0.0456 *** (0.0137)	− 0.0091 (0.0120)	− 0.0342 *** (0.0122)	− 0.0479 *** (0.0133)	
$\ln FS \times \ln SE$	0.0199 (0.1022)	− 0.1407 (0.1301)	0.1962 * (0.1037)	0.0378 *** (0.0130)	− 0.1585 * (0.0882)	0.1540 ** (0.0761)

续表

	变量剔除之前			变量剔除之后		
	模型1	模型2	模型3	模型4	模型5	模型6
FDI 前向技术外溢效应						
$L.\ln FS \times L.\ln SE$	0.0014 (0.0203)	0.0103 (0.0190)	-0.1339° (0.0832)			-0.1393* (0.0795)
$\ln FS \times \ln JG$	0.0005 (0.0385)	-0.0913 (0.0844)	-0.0261 (0.0450)		-0.1219** (0.0526)	-0.0224* (0.0129)
$L.\ln FS \times L.\ln JG$	0.0066 (0.0156)	-0.0004 (0.0240)	0.0019 (0.0180)			
控制变量						
$\ln RD$	-0.0224 (0.0718)	0.1924 (0.2369)	0.0119 (0.0739)		0.2624* (0.1435)	
$\ln SE$	-0.0401 (0.2480)	-0.4694 (0.3421)	0.1252 (0.5277)		-0.5445** (0.2483)	
$\ln JG$	-0.0379 (0.0903)	-0.3382 (0.2502)	-0.1090 (0.1215)	-0.0630*** (0.0209)	-0.4269*** (0.1556)	-0.1043** (0.0485)
$\ln GM$	-0.0316 (0.0223)	-0.0082 (0.0255)	-0.1162* (0.0616)	-0.0338° (0.0223)		-0.1139** (0.0486)
常数项	-0.2197** (0.1118)	-0.0673 (0.1517)	-0.6710** (0.3017)	-0.2211** (0.1017)	-0.1049*** (0.0259)	-0.6560*** (0.2224)
AR (1)	-3.12 (0.002)	-2.12 (0.034)	-2.25 (0.024)	-2.73 (0.006)	-1.79 (0.073)	-2.28 (0.023)
AR (2)	0.31 (0.755)	0.36 (0.717)	-0.82 (0.410)	0.41 (0.685)	0.35 (0.723)	-0.97 (0.333)
Sargan 检验	215.44 (0.906)	127.44 (0.820)	131.57 (0.591)	150.20 (0.389)	122.69 (0.786)	128.56 (0.494)
Hansen 检验	23.59 (1.000)	0.15 (1.000)	1.29 (1.000)	33.73 (1.000)	15.87 (1.000)	13.10 (1.000)
样本	315	162	153	315	162	153

注：o、*、**、***分别表示15%、10%、5%和1%的显著性水平；回归系数括号里的数为稳健标准误，AR、Sargan test、Hansen test 和 F 统计括号里的数分别为 prob > z、prob > chi^2、prob > chi^2 和 prob > F 的值；在 GMM 估计中，回归中的前定变量为 $\ln CI_{i,t-1}$，内生变量为 HS、BS、FS。

从研发投入强度的影响来看，除模型3、6以外，其余模型FDI前向技术外溢与研发投入强度交互项滞后一期系数均在1%的水平上显著为负，说明研发投入强度的增加对外资的前向技术外溢效应有明显的促进作用，原因可能在于，越来越多的外资企业在中国设立研发中心，逐步以东道国市场为导向开展研发活动，其研发技术内化于中间产品之中，通过产业前向关联渠道实现研发技术外溢，与国内研发投入方向能较好地匹配。

从企业所有制结构的影响来看，模型3、6的FDI前向技术外溢与所有制结构交互项当期系数在10%的水平上显著为正，说明私营企业比重的提升强化了FDI前向技术外溢对工业碳减排的负面效应，具体原因与所有制结构对后向关联的影响类似。除此以外，私营企业以劳动密集型低端制造加工业投资为主，技术与资本装备水平相对较低，对外资企业的高品质中间产品需求较小，减少了外资通过前向关联技术外溢的可能性。

六、结论与政策启示

本文采用中国35个工业行业2001～2010年面板数据，运用投入产出表构建FDI后向技术外溢与前向技术外溢指标，以检验FDI通过不同技术外溢路径对工业碳减排的影响，估算了研发投入强度、所有制结构、行业结构等不同指标度量的吸收能力对FDI技术外溢的碳减排效应的影响，并按行业碳排放强度进行了分组检验。在计量方法的选择上，利用固定效应、DGMM、SGMM估计法提高回归结果的稳健与可靠程度。我们发现，经由前向关联与后向关联产生的技术外溢效应显著而不一致，表现为外资企业通过后向关联的技术外溢有利于工业碳减排，经由前向关联的技术外溢短期内能促进工业碳减排，但对长期工业碳减排存在明显的抑制作用。更进一步地，我们对行业特征影响的分析发现，研发投入与行业结构均对FDI技术外溢均有明显的促进作用，而市场化程度对FDI技术外溢存在负面影响。

基于以上结论与实证结果，本文认为以下几点建议值得参考：（1）政府在对外引资中应侧重产业链引资，加大与内资产业关联度较大的外资引进力度，以充分发挥FDI技术产业间溢出对工业碳减排的积极效应。（2）研发活动是获得技术最根本、最主动的方式，而目前国内研发投入、研发专利转化率严重不足，因此，政府应加强国内研发投入，促进内资企业对引进技术消化吸收再创新的研发资本积累，鼓励内资企业与外资企业运用共同投资联合研发的模式进行合作，有效整合外资企业的先进技术优势、现代管理模式与内资企业国内市场的营销关系网络资源，建立合作共赢的利益基础，切实提高有研发成果转化的研发人员收益回报，以促进内资企业对先进技术的吸收能力与自主创新能力的有效提升。以 FDI 对内资供应商的后向关联为例，内资供应商在技术研发与制造方式方面与国际优秀供应商存在较大的差距，向下游外资企业提供的中间产品附加值低，市场议价能力有限，从而限制了内资企业研发资本的积累，为此，应鼓励内资供应商与下游订单外资企业联合研发，介入产品设计期形成产业链上游的核心竞争优势，从制造型企业向设计服务的系统供应商转变，逐步获取中间产品的定价权，避免以单纯获取订单为目标、以压低要素投入成本为手段的短视行为。(3) 营造公开、公平、公正的制度环境与市场投资经营环境，逐步消除在市场准入、投融资、土地审批及税收等方面制约私营企业发展的体制性障碍与政策歧视，同时建立与市场竞争相适应的监管制度与监管体系，规范内外资企业之间的交易关系与竞争方式，严格监管操纵价格等恶意竞争行为，有效提升私营企业的议价能力与利润空间，更好地发挥产权制度明晰的私营企业的学习激励机制，以促进对 FDI 技术外溢的充分吸收与利用。如 FDI 对下游内资企业碳减排的负面效应，反映出外资较强的议价能力，高昂的要素成本挤出了内资企业自主研发投入，导致对内化于中间产品中的先进技术吸收能力不足，因此，从根本上消除私营企业发展的制度劣势，是提升私营企业议价能力的关键。(4) 积极调整工业内部结构，适度提高行业资本密集度，通过工业行业能源－资本替代比例、化石能源占总能源消耗比例的降低促进工业碳减排。

参考文献

［1］Grossman and Krueger, 1991: Environmental Impact of North American Free Trade Agreement, NBER Working Paper.

［2］盛斌、吕越:《外国直接投资对中国环境的影响》, 载中国社会科学, 2012 (5): 54 – 75.

［3］UNCTAD, 2007: World Investment Report: Transnational Corporations, Extractive Industries and Development, United Nations, Geneva.

［4］Porter M. E, 1991: America's Green Strategy, Scientific American, Vol. 264, No. 4.

［5］Grey K. , D. Brank. Environmental Issues in Policy – Based Competition for Investment: A Literature Review［D］. ENV/EPOC/GSP, 2002.

［6］Gorg H. and E. Strobl, 2004: Exports, International Investment, and Plant Performance: Evidence from a Non – Parametric Test, Economics Letters, Vol. 83, No. 3.

［7］Albornoz F. , M. A. Cole, R. J. Elliott and M. G. Ercolani, 2009: In Search of Environmental Spillovers, The World Economy, Vol. 32, No. 1.

［8］Perkins R. and E. Neumayer, 2009: Transnational Linkages and the Spillover of Environment – Efficiency into Developing Countries, Global Environmental Change, Vol. 19, No. 3.

［9］Prakash A. and M. Potoski, 2007: Invest up: FDI and the Cross – Country Diffusion of ISO14001 Management System, International Studies Quarterly, Vol. 51, No. 3.

［10］Perkins R. and E. Neumayer, 2012: Do Recipient Country Characteristics Affect International Spillovers of CO₂ – Efficiency via Trade and Foreign Direct Investment? . Climate Change, Vol. 112, No. 2.

［11］Grimes P. and J. Kentor, 2003: Exporting the Green House: Foreign Capital Penetration and CO₂ Emissions 1980 – 1996, Journal of World – Systems Research, Vol. 9, No. 2.

［12］李子豪、刘辉煌:《FDI 的技术效应对碳排放的影响》,载《中国人口·资源与环境》2011 年第 12 期。

［13］Javorcik B. S., 2004: Does Foreign Direct Investment Increase the Productivity of Domestic Firms? In Search of Spillovers through Backward Linkages, American Economic Review, 2004, Vol. 94, No. 3.

［14］王然、燕波、邓伟根:《FDI 对我国工业自主创新能力的影响及机制——基于产业关联的视角》,载《中国工业经济》2010 年第 11 期。

［15］Cole M. A., R. Elliott and W. Shanshan, 2008: Industrial Activity and the Environment in China: An Industry-level Analysis, China Economic Review, Vol. 19, No. 3.

［16］Zahra S. and G. George, 2002: Absorptive Capacity: A Review, Reconceptualization and Extension, The Academy of Management Review, Vol. 27, No. 2.

［17］李小平、卢现祥:《国际贸易、污染产业转移和中国工业 CO₂ 排放》,载《经济研究》2010 年第 1 期。

［18］Roodman and David, How to do Xtabond2: An Introduction to Difference and System GMM in Stata, Center for Global Development Working Paper.

［19］Fisher – Vanden K., H. J. Gary and M. Jingkui, 2006: Technology Development and Energy Productivity in China, Energy Economics, Vol. 28, No. 5 – 6.

［20］陈春华、路正南:《我国碳排放强度的影响因素及其路径分析》,载《统计与决策》2012 年第 2 期。

［21］Kugler M., 2006: Spillovers from Foreign Direct Investment: Within or Between Industries［J］. Journal of Development Economics, Vol. 80, No. 2.

（与李珊珊合作,原载《山西财经大学学报》2012 年第 11 期）

FDI、吸收能力与制造业产业结构优化：以湖北省为例

一、引言

我国已经进入工业化中期的后半阶段，当务之急是研究如何提升工业的整体竞争实力，其中，作为工业主导部门的制造业，历年产值占工业总产值的比重一直保持在85%以上，因此，制造业竞争实力的提高是现阶段工业化演进的主要动力。制造业竞争实力提升的过程，实质上是制造业产业结构不断调整与优化的过程，体现为资源在制造业内部的重新配置与效率改善。而伴随全球产业转移的FDI内涵资本、技术、管理、制度等复合要素于一身，集中流向我国制造业，对制造业产业结构的调整与优化带来了深刻的影响。由于我国地域宽广，区域经济发展不平衡，FDI的制造业产业结构效应与影响机理呈现出一定的区域性特征。随着东部地区劳动力成本优势的逐步丧失，FDI制造业由东部沿海向中西部地区迁移的步伐加快，中部各省面临承接产业转移与制造业产业结构剧烈变动的这一历史机遇，展开了激烈的引资竞争。湖北省率中部六省之先进入工业化中期，近年来在地方大型项目投资与承接产业转移的双轮驱动下，开创了GDP增速引领中部六省的局面。在此背景下，本文基于湖北省探讨中部地区FDI引用质量与经营绩效，以促进制造业产业结构的优化。

二、文献综述

国外关于FDI对东道国产业结构影响的主要研究文献，归纳为如下五个方面的内容：其一，FDI技术外溢效应：拉潘等（Lapan et al.，1973）认为东道国与跨国公司的技术对应于不同的要素密集度，因此，两者技术差距越大，技术溢出

效应越小；芬德莱（Findlay，1978）的观点与此相反，通过建立发达国家向落后国家技术转移的模型，研究表明落后国家的产业技术进步率与两者技术差距之间呈正相关关系；而肖霍姆（Sjoholm，1999）综合了上述两者的观点，认为技术溢出与技术差距之间呈非线性关系，溢出效应最初与技术差距正相关，而当技术差距增加到超出本地企业的吸收能力范围之外时，溢出效应随着技术差距的进一步增加反而减小。除技术差距以外，东道国经济发展水平、人力资本以及市场竞争程度等影响因素文献也有涉及。其二，"缺口"填补效应：钱纳里与斯特劳特的"储蓄、外汇"两缺口理论，随后由赫尔希曼引入"技术、管理与企业家才能"缺口，以及托塔罗在引进"税收缺口"基础上修正的四缺口理论，阐明了外资能够填补东道国产业跨越式发展可能出现的资源瓶颈，为产业结构调整提供了必要的物质基础，对我国储蓄投资转化率低、外汇结构性赤字的现实仍有较强的借鉴意义。其三，自主创新能力积累效应：拉尔（Lall，1983）提出的技术地方化理论、坎特韦和托伦蒂诺（Cantwel & Tolentino，1990）提出的技术创新产业升级理论都认为，发展中国家对于引进的技术不是被动模仿与复制，而是主动对技术加以消化、改进和创新，换言之，外资引进的技术能有效地促进本土企业技术自主创新能力的提升，以自主创新带动产业升级与结构优化。其四，产业结构的低端锁定效应：阿克巴和布赖德（Akbar & Bride，2004）指出以资源、出口为导向的外商直接投资，对东道国本土企业的技术进步存在负面影响，这类外资一般投资于东道国具有比较优势的产业类型，如我国沿海部分城市的加工贸易投资对劳动密集型产业低端环节的锁定。其五，市场扭曲效应：海默（Hymer，1970）认为跨国公司的直接投资是其垄断势力在海外的延伸，卡夫（Caves，1982）认为跨国公司在东道国的竞争对手比母国少，容易形成串谋寡占的局面，旨在获取东道国市场的垄断超额利润。外资对资本密集、技术知识密集产业的市场控制可能会替代或抑制东道国本土相应产业类型的发展。前三个方面是外资对产业结构的积极效应，而后两个方面是可能存在的负面影响。

国内关于 FDI 与工业结构或制造业产业结构关系的文献主要集中在实证研究方面。张帆等（1999）对 FDI 与我国工业部门结构关系的实证研究发现，跨国公司主要投向资本、技术密集型行业，有助于工业结构向更高的资源配置效率转变。宋泓等（1999）针对三资企业在工业结构中的变动倾向进行了研究，发现向上游采掘业、能源业及交通运输业的变动倾向增进了产业间结构效益，而用非劳动密集型行业替代劳动密集型行业的变化倾向由于降低了价值增值率而使得产业内结构效益趋于恶化。赵晋平（2002）认为外资对产业升级的促进作用来源于投资本身的技术装备程度与投资的行业分布特性，前者能明显提升我国全部工业行业的技术装备水平，后者由于外资偏向劳动密集型行业而从很大程度上抵消了整体工业资本装备水平的提升效果。徐斌等（2006）认为外商对江苏制造业的投资提升了制造业投入产出效率和整体技术装备水平，进而推动了制造业产业结构升级。

从已有的文献研究来看，外资对制造业产业结构的影响是一柄"双刃剑"，在双刃剑性质的正负效应之间，孰强孰弱，不同区域之间存在较大差异。近年来，制造业 FDI 在国内区域分布方面加快了向中西部迁移的步伐，中部地区面临吸收外资与承接制造业区域转移相结合的挑战，研究中部地区如何制定地方引资政策以促进制造业升级与结构优化，有着较强的现实意义。现有文献大多将我国包括长三角、珠三角区域或东部沿海城市作为研究对象，缺少中部各省的研究成果。因此，本文以湖北省为例，探讨外资对制造业产业结构的影响机理，运用模型考察外资的产业结构总体效应及其影响因素，将定性分析与定量分析两者相结合，并在综合性实证分析的基础上提出旨在提升湖北省引资质量、投资绩效的政策建议。

三、FDI 对制造业产业结构的影响机理

截至 2010 年，湖北省引进外商直接投资项目数的 47.4%，合同外资金额的 56.5%，实际外资金额的 61.1% 流向了制造业，制造业吸收外资实际到位率高达 157%，表明外商对于湖北省制造业的发展前景具有较强的投资信心。处于工业化中期的湖北省产业发展典型以投资为导向，制造业固定资产投资有近 20% 来源于外资企业，FDI 集中流向制造业，有效提升了制造业部门的技术资本密集程度、同行业内资企业的竞争实力，也带来了诸如制造业产业结构调整的外资依赖、同行业内资企业淘汰挤出等负面影响，关系到制造业产业结构优化与产业的可持续发展。具体表现为以下两个影响渠道：

渠道一，FDI 的制造业行业投资结构，通过改变固定资产投资结构进而促进制造业产业结构的转变。

存在行业偏向性的 FDI 的流入能直接改变制造业产业结构，在此，运用中分类的 28 个制造业行业数据计算外商制造业企业投资的行业偏向指数。行业偏向指数为某一行业外资企业固定资产占制造业全部外资企业与该行业全部企业固定资产占制造业全部企业的比值，能够反映外资向该行业的集中程度。若指数值大于 1，说明外资向该行业的集中程度较高，若指数值小于 1，则说明外资向该行业投资的偏好较弱。表 1 即 2010 年外商制造业企业投资的行业偏向指数。

表1 外商投资行业偏向指数分类

行业偏向指数分类	行业数	行业名称
3以上	1	文教体育用品制造业
2~3	3	电气机械及器材制造业，饮料制造业，造纸及纸制品业
1~2	6	交通运输设备制造业，食品制造业，化学纤维制造业，医药制造业，农副食品加工业，非金属矿物制品业
1以下	18	有色金属冶炼及压延加工业，橡胶制品业，家具制造业，金属制品业，纺织服装、鞋、帽制造业，印刷业和记录媒介的复制，皮革、毛皮、羽绒及其制品业，石油加工、炼焦及核燃料加工业，纺织业，通用设备制造业，塑料制品业，木材加工及木、竹、藤、棕、草制品业，工艺品及其他制造业，化学原料及化学制品制造业，仪器仪表及文化、办公用机械制造业，专用设备制造业，黑色金属冶炼及压延加工业，通信设备、计算机及其他电子设备制造业

资料来源：根据《湖北统计年鉴》2011年工业部分数据整理得到。

　　根据表中显示的结果，文教体育用品制造业的外资行业偏向指数最高，为3以上，电气机械及器材制造业、饮料制造业、造纸及纸制品行业的外资行业偏向指数在2~3之间，由此可知，外资偏好程度较高的行业集中在成品加工业，尤其以生活消费品行业为主导。进一步来看，以上四个行业外资企业占该行业固定资产比重的最低值为40%，最高达62.5%，远远高于行业偏向指数在2以下的行业，不仅在湖北省的外资引进规模以上四个行业具有相对优势，而且外资是该行业固定资本的主要来源之一。从行业要素密集度来看，行业偏向指数在1以上的行业之中，除饮料制造业、造纸及纸制品业属于中度资本密集型以外，其余八个行业有三个属于中度劳动技术密集型，有五个集中在劳动密集型行业，反映出生产要素成本尤其是低廉的劳动力成本、相对丰富的人力资源是湖北省当前吸引外资的显著优势。

　　从湖北省FDI的发展历程来看，FDI投资结构趋于优化。20世纪80年代末期FDI开始流向内陆城市，引资初期FDI额度较小，自2001年入世后步入外资引进规模的高速轨道。2000年外资企业高度集中在文教体育用品制造业、皮革毛皮羽绒及其制品业等劳动密集型产业，随后外商在制造业领域的投资不断拓宽，2006年外资集中的部门由2000年的2个行业扩展到13个行业，新增加的行业为：交通运输设备制造业、饮料制造业、造纸及纸制品业、化学纤维制造业、电气机械及器材制造业、木材加工业、橡胶制品业、食品制造业、家具制造业、塑料制品业、农副食品加工业，其中有1个中度资本技术密集型，3个中度劳动技术密集型，2个中度资本密集型，其余5个行业属于劳动密集型，在此期间湖北省外商投资结构由劳动密集型向技术、资本密集型行业转移。将2006年与

2010 年的外资行业偏向指数大于 1 的行业相比较，发现"十一五"期间外资集中的行业领域有所缩小，外商投资结构趋于高级化，表现在外资集中的部门由 13 个减至 10 个，其中，减少的 5 个行业除塑料制品业为中度劳动技术密集型以外，其余均属于劳动密集型行业，而新增加 2 个行业中 1 个属于中度劳动技术密集型，1 个属于劳动密集型，这一变化趋势说明近年来外商投资进入行业结构稳步调整阶段，正逐渐由劳动密集型行业向技术密集型程度较高的行业转移，制造业产业结构趋于高级化。

诚然，跨国公司通过跨国并购、股权投资、增资扩股等方式深刻地影响了湖北省制造业企业尤其是国有企业存量、增量资本调整与产业优化升级，外资企业固定资产占湖北省制造业固定资产投资近 20%，对制造业产业结构的整体提升功不可没。然而，外商投资已进入到企业股权的有效控制阶段，可能演化出过度依赖外资的制造业产业结构调整模式。随着劳动力成本的逐年上升，湖北省吸引外资的人力成本优势逐渐弱化，在基础设施、投资软环境政策以及流通成本没有明显改善的情况下，以成本为导向的外商投资存在不可持续的风险，制造业产业结构调整的不确定性可能增加。

渠道二，FDI 通过技术转让和扩散、产业前后向关联以及示范和竞争三个层面作用于制造业内资企业，以改变制造业产业结构与效率，促进制造业产业结构的优化。

跨国公司对内资企业不同层面的影响，可能提升同类行业内资企业技术含量与产出效率，也可能导致处于竞争劣势的内资企业淘汰出局，形成内资企业固定资产投资与市场份额的挤入或挤出。参照王岳平对中国工业行业按要素密集度的分类标准，选取技术密集型制造业为例，通过制造业销售收入、出口贸易额以及相应份额等指标来反映外资企业对湖北省技术密集型制造业竞争力的变化情况。

假设一定时期内，在不考虑国际市场需求波动的情况下，某地区行业出口结构的变化能较为直接反映该地区行业竞争实力的变化。经历了 2007 ~ 2008 年金融危机背景下国际市场需求萎缩、人民币持续升值、石油等大宗原材料价格上涨的冲击，2009 年湖北省技术密集型行业出口中外资份额逆势上升 1 个百分点，而且内资技术密集型行业出口占内资份额下降 1.9 个百分点，说明湖北省内资技术密集型行业出口降幅大于外资、甚至内资非技术密集型行业，反映出湖北省内资技术密集型行业应对外需风险的能力相对较弱，可能的原因在于湖北省内资制造业处于按中国工业行业要素划分的技术密集型产业链的低端环节，存在向产业链高附加值环节延伸的潜在空间。

2010 年湖北省制造业出口强劲，技术密集型行业出口份额从 68.9% 上升到 73.1%，显著上涨 4.2 个百分点。这一结构的变化主要受益于外资企业技术密集型行业出口比重的增加，这一比重从 2009 年的 41.1% 增加到 52.2%，增幅达

11.1 个百分点，明显推动了我国出口贸易结构的优化，增强了湖北省技术密集型行业的国际竞争实力，有助于湖北省制造业产业结构的优化升级。尽管外资企业在技术密集型行业中所占份额在逐步上升，这意味着湖北省内资企业所占份额的逐步减少，但从表 2 可以看出，在外资技术密集型行业出口的带动下，内资技术密集型行业的出口规模呈现出大幅增长的总趋势，这可能与外资对内资企业的技术转让与扩散，或者与其丰富的市场营销渠道、品牌塑造的示范有关。

表 2   外资企业对湖北省技术密集型制造业的影响情况

年份	制造业销售产值					制造业出口				
	总额（亿元）	技术密集型产值占总产值的比重（%）	技术密集型产值中外资所占比重（%）	内资产值（亿元）	内资技术密集型产值占内资产值比重（%）	总额（亿元）	技术密集型出口额占总出口额比重（%）	技术密集型出口额中外资所占比重（%）	内资出口额（亿元）	内资技术密集型出口额占内资出口额比重（%）
2007	8077.0	60.2	32.9	5981.9	54.6	537.6	69.9	45.8	310.0	65.6
2008	11442.9	62.3	31.2	8558.2	57.3	661.1	69.5	40.1	419.2	65.6
2009	13264.6	60.2	27.1	10357.6	56.1	645.7	68.9	41.1	411.1	63.7
2010	18812	60.3	28.1	14645	55.6	949	73.1	52.2	519	63.9

资料来源：根据《湖北统计年鉴》2008～2011 年工业部分数据整理得到。

需要强调的是，内资技术密集型行业出口占内资份额基本稳定，仅变动 0.2 个百分点，而且内资技术密集型销售产值份额逐年减少，说明内资企业本身的出口结构、产值结构并未表现出向科技含量、附加值高的行业转型的趋势。因此，进一步分行业探讨外资对内资企业的影响，本文选择 2010 年外资工业总产值占该行业比重超过 20% 的行业类型作为分析对象。

从表 3 中可以看到，饮料制造业、医药制造业、造纸及纸制品业的内外资企业产值变动负相关，外资企业产值的增加对内资企业有明显的挤出效应，其余六个行业内外资产值变动正相关，存在较为显著的挤入效应。其中，技术密集型行业包括交通运输设备制造业、电气机械及器材制造业、通信设备计算机制造业、医药制造业，除通信设备计算机制造业外资工业产值负增长导致内资企业增速放缓以外，其余技术密集型行业增速提高；就非技术密集型制造业而言，除饮料制造业增速降低外，其余制造业增速稳步提升。由此可知，湖北省内资制造业自身并没有实现出口、产值结构的优化升级可能原因在于，相对于外资对内资技术密集型行业的技术提升作用，外资同样也对内资传统劳动密集型制造业存在明显的示范和带动作用。

表3　　　　　　　　2007～2010 年湖北省代表性制造业的产值增速与相关比重　　　　　　单位: %

行业	外资年均增速	内资年均增速	外资出口额占销售产值比重	外资工业总产值占该行业工业总产值比重	相关关系
仪器仪表文化办公用机械	1.6	13.5	96.6	72.4	+
交通运输设备制造业	29.2	36.3	1.0	53.1	+
电气机械及器材制造业	45.1	33.5	9.1	35.8	+
通信设备计算机制造业	-0.6	33.2	56.7	32.0	+
饮料制造业	21.7	43.6	0.1	30.4	-
医药制造业	37.9	18.2	13.0	27.2	-
食品制造业	45.0	41.4	3.4	24.7	+
造纸及纸制品业	13.5	33.5	1.8	23.9	+
皮革毛皮及其制品业	3.0	19.4	9.1	21.2	+

资料来源: 根据《湖北统计年鉴》2008～2011 年工业部分数据整理得到, 其中缺乏外资企业分行业的进口统计额。

其一, 来自东部沿海地区的外资产能绝大部分集中在传统劳动密集型制造业, 湖北省凭借其人力资源成本与质量的优势在所承接的劳动密集型行业仍然具备较大的发展潜能, 如发达国家农副食品加工业产值一般是农业总产值的 3 倍以上, 食品加工业产值与农业总产值之比为 2～3∶1, 而 2010 年湖北省两者的比重分别为 0.8∶1、0.2∶1, 远远低于发达国家水平, 还有很大的发展空间, 外资的流入有助于传统劳动密集型制造业产业结构效率的改进。

其二, 结合湖北省外资所有权结构的变化来看, 以独资模式进入的合同项目比重、实际投资金额比重均呈现稳步上升趋势, 分别从 2000 年的 47.7%、33.6% 增加到 2010 年的 63.1%、58.1%, 逐步成为外商直接投资的主导模式, 这一变化趋势表明了外资企业内部化组织程度与技术垄断能力的提升, 抑制了技术密集型行业内水平方向的技术溢出。

其三, 虽然外资企业较为成功地抑制了同行之间的技术溢出, 但 FDI 溢出渠道可能发生在行业间而不是行业内。近年来, 职能外包战略已成为跨国公司实现专业化经营、提升核心竞争力的普遍手段, 生产外包、信息系统外包等外部化策略已逐步取代了内部化策略, 公司以外的上游供应商、下游客户被纳入以跨国公司为核心的国际化生产网络, 形成了有助于 FDI 溢出的垂直关联渠道。以湖北省外资企业出口额占销售产值的比重来反映外资企业对内资企业的前向关联作用, 从表 3 中可以看出, 仪器仪表文化办公用机械、通信设备计算机制造业的这一比重分别高达 96.6%、56.7%，其余行业比重较小，说明除上述两个行业以外，其他行业外资企业对内资企业的前向关联作用明显，因此，就其中技术密集程度较高的交通运输设备制造业、电气机械及器材制造业以及医药制造业来看，外资的技术溢出效应相对较为显著。

四、FDI 制造业产业结构效应及其影响因素辨析：基于吸收能力的视角

（一）模型构建、变量选择与数据说明

FDI 对制造业产业结构的影响，不仅仅取决于 FDI 自身结构的变化，与引资地区的吸收能力也存在较大关系。本文借鉴赫梅斯和伦辛克（Hermes & Lensink，2003）所提出的模型进行了拓展，选取人力资本、研发投入、贸易开放度三个指标来衡量湖北省吸收能力，并设定模型如下：

第一，考察 FDI、人力资本、研发投入以及贸易开放度对制造业产业结构的影响：

$$\text{LnMS}_t = c + \alpha \text{LnFDIS}_t + \beta \text{LnHR}_t + \gamma \text{LnR\&D}_t + \delta \text{LnOPEN}_t + \varepsilon_t \qquad (1)$$

第二，为了避免可能出现的多重共线性问题，模型②③④的方程式中省略变量 FDI，分别以人力资本、研发投入、贸易开放度与 FDI 的交互项反映地区吸收能力与 FDI 之间的适配程度，从而对 FDI 的制造业产业结构效应的影响：

$$\text{LnMS}_t = c + \alpha \text{LnFDIS}_t \times \text{LnHR}_t + \beta \text{LnHR}_t + \gamma \text{LnR\&D}_t + \delta \text{LnOPEN}_t + \varepsilon_t \qquad (2)$$

$$\text{LnMS}_t = c + \alpha \text{LnFDIS}_t \times \text{LnR\&D}_t + \beta \text{LnHR}_t + \gamma \text{LnR\&D}_t + \delta \text{LnOPEN}_t + \varepsilon_t \qquad (3)$$

$$\text{LnMS}_t = c + \alpha \text{LnFDIS}_t \times \text{LnOPEN}_t + \beta \text{LnHR}_t + \gamma \text{LnR\&D}_t + \delta \text{LnOPEN}_t + \varepsilon_t \qquad (4)$$

第三，进一步将模型①、④中的变量 LnOPEN 依次替换成 LnIMP、LnEXPT，形成模型⑤、⑥、⑦、⑧，模型⑤、⑥分别考察进口、出口对技术密集型制造业产值结构提升的直接影响，而模型⑦、⑧则分别考察进口、出口通过影响 FDI 外溢效应进而间接促进制造业产业结构的变动。

其中，MS_t 代表第 t 年湖北省制造业产业结构优化的指标，制造业产业结构的演变表现为从劳动密集型产业向资本密集型产业，进而向技术密集型产业转型升级的一般规律，选择制造业技术密集型行业总产值占制造业总产值的比重来衡量，对于技术密集型产业类型的划分同样以王岳平对中国工业行业按要素密集度的分类为参考标准；FDIS_t 代表第 t 年湖北省外商直接投资的资本供给与技术外溢效应指标，运用 FDI 实际投资额占湖北省 GDP 的比重来表示，即 $\text{FDIS}_t =$

$\dfrac{FDI_t}{GDP_t}$；HR_t 代表第 t 年湖北省的人力资本，本文选择普遍采用的平均受教育年限法，各教育程度年限确定为未上过小学 0 年，小学 6 年，初中 9 年，高中 12 年，大专、大学及研究生折中为 16 年，平均受教育年限 $=6a+9b+12c+16d$，a、b、c、d 分别为各教育程度就业构成；$R\&D_t$ 代表第 t 年湖北省国内研发投入，包括国内企业、政府机构等内部经费支出；$OPEN_t$ 代表第 t 年湖北省的贸易开放程度，运用进出口贸易总额与湖北省 GDP 的比重表示，而 IMP_t、$EXPT_t$ 则分别代表湖北省进口额、出口额占 GDP 的比重。

　　本文样本包括湖北省 1989～2009 年各变量的时间序列数据。制造业分行业总产值、FDI 实际投资额、进出口贸易、GDP 等数据主要来自各年度《湖北统计年鉴》。各教育程度年限构成数据中 2001～2009 年来自各年度《中国劳动统计年鉴》，1989～2000 年数据采用陈钊等（2004）的估算结果。研发投入数据来自各年度《中国科技统计年鉴》。

（二）实证分析

　　1. ADF 检验。由于本文采用的是时间序列数据，而大部分时间序列数据是非平稳的，若直接进行回归可能带来伪回归的结果，因此，首先应对各变量的平稳性进行检验。此处运用 ADF 检验法对各变量进行单位根检验，检验形式（C，T，L）代表常数项、时间趋势项与滞后项。检验结构见表 4，各变量均为一阶单整序列，满足 $I(1)$ 过程。

表 4　　　　　　　　　　　　　　　　ADF 检验结果

变量	检验形式	ADF 值	P 值	变量	检验形式	ADF 值	P 值
LnMS	（C，T，1）	−3.145	0.125	ΔLnMS	（C，T，0）	−3.420	0.078
LnFDIS	（0，0，4）	0.682	0.853	ΔLnFDIS	（0，0，1）	−2.361	0.021
LnHR	（C，0，2）	−0.200	0.922	ΔLnHR	（C，0，1）	−7.315	0.000
LnR&D	（C，T，0）	−1.266	0.867	ΔLnR&D	（C，0，0）	−3.411	0.024
LnOPEN	（0，0，0）	−0,.501	0.486	ΔLnOPEN	（0，0，0）	−3.131	0.004

　　2. 协整检验。本文采用 Johansen 特征根协整检验法来考察各回归方程中变量之间的长期动态均衡关系，由于此方法所建立的 VAR 模型对滞后期的选择较为敏感，根据 AIC 信息准则确定最优滞后阶数为 1，检验时假设含截距项而不含时间趋势项。此处以模型①的检验结果为例，限于篇幅，其他从略。

表5   模型①的 Johansen 协整检验结果

原假设	特征值	最大特征值统计量	最大特征值统计量临界值		P 值
			5%	1%	
r = 0 *	0.964	124.155	69.819	77.819	0.000
r = 1 *	0.748	60.848	47.856	54.682	0.002
r = 2	0.691	34.659	29.797	35.458	0.013
r = 3	0.473	12.320	15.495	19.937	0.142

注：检验结果表明在 1% 的显著性水平上存在 1 个协整关系，在 5% 的显著性水平上存在 2 个协整关系。

3. 基于吸收能力角度考察的模型估计结果。结果如表6所示。

表6   基于湖北省技术吸收能力角度的估计结果

	模型①	模型②	模型③	模型④	模型⑤	模型⑥	模型⑦	模型⑧
c	-0.403 (0.671)	-0.518 (0.575)	-0.542 (0.560)	-0.550 (0.556)	-0.528 (0.559)	-0.251 (0.787)	-0.612 (0.487)	-0.381 (0.679)
LnFDIS	0.034 * (0.090)				0.015 (0.547)	0.034 * (0.064)		
LnHR	0.566 * (0.052)	0.628 ** (0.025)	0.570 * (0.051)	0.574 ** (0.050)	0.595 ** (0.032)	0.498 * (0.087)	0.606 ** (0.029)	0.499 * (0.088)
LnR&D	0.260 ** (0.031)	0.261 ** (0.030)	0.233 ** (0.050)	0.259 ** (0.033)	0.216 * (0.060)	0.293 ** (0.015)	0.212 * (0.064)	0.293 ** (0.015)
LnOPEN	0.008 (0.912)	0.007 (0.922)	0.0094 (0.901)	-0.037 (0.681)				
LnIMP					0.071 (0.314)		0.064 (0.476)	
LnEXPT						-0.040 (0.554)		-0.085 (0.248)
LnFDIS * LnHR		0.018 * (0.083)						
LnFDIS * LnR&D				-0.007 * (0.096)				

续表

	模型①	模型②	模型③	模型④	模型⑤	模型⑥	模型⑦	模型⑧
LnFDIS * LnOPEN				−0.013 (0.102)				
LnFDIS * LnIMP							−0.003 (0.616)	
LnFDIS * LnEXPT								−0.012 * 0.068
R^2	0.811	0.812	0.809	0.808	0.823	0.815	0.821	0.814
Adjusted − R^2	0.764	0.766	0.762	0.760	0.778	0.769	0.777	0.767
F − statistic	17.141	17.321	16.991	16.866	18.549	17.606	18.386	17.483
prob	0.000	0.000	0.000	0.000	0.000	0.000	0.000	0.000

注：表内数字为回归系数，括号内数字为 P 值。***、**、* 分别代表 1%、5%、10% 的显著性水平。

从表 6 可以看出：

（1）FDI 与制造业产业结构。模型①、⑥中 FDI 在 10% 的显著性水平上与技术密集型制造业产值比重呈正相关关系，而模型⑤中 FDI 系数为正但不显著，这可能模型⑤中引入的进口变量与 FDI 之间存在较高相关性的缘故，如外商投资企业通过进口先进设备、仪器等方式进行实物投资或产业技术转移。这说明 FDI 对于湖北省技术密集型制造业产值比重的提升有一定的促进作用，与前面第三部分的结论一致。

（2）人力资本与制造业产业结构。人力资本的回归系数全部显著为正，而且所有模型的人力资本回归系数均高于其他变量的系数值，这说明了人均受教育水平是现阶段推动湖北省制造业产业结构优化最为关键的因素，当人均受教育水平越高，其对外来先进技术的学习、模仿、吸收与创新的能力就越强。

（3）国内研发投入与制造业产业结构。国内研发投入的系数全部显著为正，大多数达到了 5% 的显著性水平，这说明了湖北省国内研发经费内部支出所带来的技术创新对技术密集型制造业产值比重提升的效果明显。

（4）贸易开放度、进口、出口与制造业产业结构。贸易开放度、进口、出口系数在上述模型中均不显著，说明对外贸易对湖北省密集型产业产值的提高不存在明显的关系，原因可能与进出口商品的结构有关。进一步从进口、出口系数的符号来看，进口系数为正而出口系数为负，表明进口对湖北省技术密集型产业有正面促进作用，湖北省对先进设备、仪器等工业资本品的进口提高了制造业的生产技术装备水平与产出效率，但出口结构仍偏向劳动密集型产品的出口。

比较上述各影响因素系数的大小，人力资本影响最为显著，研发投入次之，FDI 次之，而对外贸易极小且不显著，可以看出，促进湖北省制造业产业结构优化的主要动力来自人力资本、研发投入等内部因素，而 FDI 等外部因素能在一定程度上对制造业产业结构起到调节与纠偏的作用。

（5）吸收能力与制造业产业结构。进一步以吸收能力来度量 FDI 的制造业产业结构效应，模型②首先考察了人力资本与 FDI 的交互项，该交互项的回归系数在 10% 的显著性水平上为正，说明湖北省人均教育水平的提高有利于 FDI 对技术密集型产业产值比例的提升，可能的原因有两种：其一，湖北省通过人均教育水平的提高为 FDI 技术密集型产业提供了高质量的人力资本；其二，劳动力受教育水平越高，内资企业劳动力对 FDI 外溢技术的学习模仿、消化吸收能力就越强。那么，人力资本究竟以何种方式促进了制造业产业结构升级？可以结合模型③中国内研发与 FDI 的交互项一起来考察，其回归系数在 10% 的水平上显著为负，说明国内研发与 FDI 产业所需的技术研发知识存量、研发投入方面不能相互适应，这里的研发知识存量主要以人力资本为载体，也就是说，在提高内资企业对 FDI 企业外溢技术的吸收方面，国内研发与人力资本是同一过程相互配合的两个因素。因此，在 FDI 外溢技术的吸收能力提升方面，国内研发与人力资本没有明显的作用，甚至可能存在负面效应。与吴建新等（2010）观点一致，国内研发和高等教育人力资本，对我国 TFP 有一定促进作用，但其作用具有独立性，没有发现两者直接作为吸收能力的一面。至此，可以推知，人均教育水平的提升主要通过高质量人力资本的要素供给实现了技术密集型产业产值比重的提高。

模型④、⑦、⑧分别对贸易开放度、进口、出口与 FDI 的交互项进行了检验，回归系数符号均为负，贸易开放度、出口的交互项系数分别在 15%、10% 的水平上显著，而进口不显著。说明三者对 FDI 技术外溢均存在负面影响，其中，进口对 FDI 技术外溢渠道的影响具有两面性，体现在一方面伴随 FDI 的先进技术设备进口，能促进国内设备供应商之间的竞争、技术模仿，另一方面进口的增加削弱了 FDI 与国内产业间的后向关联作用，抑制了 FDI 企业对国内上游产业的技术转移与扩散，两种效应之间在某种程度上相互抵消而使进口对 FDI 外溢效应的吸收作用不明显，同样，出口的增加降低了 FDI 外溢的产业前向关联作用，对 FDI 外溢技术的吸收能力有负面影响。

从基于湖北省吸收能力因素的考察发现，FDI 技术外溢效应总体上并不明显，即除了极少数具体行业外，没有发现 FDI 对内资企业技术进步的促进作用，而且 FDI 对技术密集型制造业产值比重的提升主要是通过资本包括物质资本、人力资本要素供给得以实现的。

五、结论与政策启示

本文首先以湖北省为例分析了 FDI 对制造业产业结构优化的影响机理，并选用 1989～2009 年的时间序列模型对 FDI、人力资本、国内研发、贸易开放度及其构成与以不同指标衡量的吸收能力对湖北省制造业中技术密集型产业产值比重提升的影响进行了实证检验。研究结果表明，FDI、人力资本、国内研发均显著地促进了该产值比重的提高，特别是与自主创新相关的国内研发与人力资本等内部因素。在进一步对以人力资本、国内研发、贸易开放度及其构成为指标的吸收能力进行检验后发现，人力资本显著地促进了 FDI 对技术密集型产业产值比重的提高，而国内研发、出口对该产值存在负面影响，而且我们没有发现总体上明显的 FDI 对内资企业的技术外溢效应。本文的结论具有重要的政策启示，我们不仅要关注外资引用，更需要培养地区吸收能力以提高 FDI 投资经营绩效。

（一）加大公共教育投入，关注的重点从培养人才到留住人才、吸引人才的思路转变

湖北省教育事业经费支出逐年上升，以武汉为中心集中了几十所高校、百所科研机构，培养了大量高质量的科技人才，然而，据湖北省人事厅抽样调查的数据显示，最近五年全省高、中级职务人才流失是引进的 6.45 倍和 4 倍，高新技术产业开发的骨干力量减少了 50%。因此，我们更需要从人才流失的症结入手。首先，高等教育的专业设置、招生比例与地方专业人才实际需求的脱节，部分独立学院、高职学院出于节省办学经费的考虑，专业设置与招生比例上存在重文轻理的现象。其次，高端制造业及与之相配套的生产服务业发展的滞后，无法为高端技术人才提供良好的科研环境与生活条件。可见，实现人才培养与地方高端产业的有效对接，切实提高人力资本回报，促进人力资本与制造业产业结构优化之间的良性互动，是提高湖北省人力资本水平的关键。

（二）加大与 FDI 外溢技术相适应的研发方向的研发投入力度，在模仿吸收的过程中立足于自主创新能力的培养

建立产、学、研三方合作交流的平台，鼓励学校教学研究人员自主创办校企、企业并购校办企业等，推动科技创新成果产业化，对于国外发展成熟的技术一般引进成本较低，可以直接从国外引进，而对于企业核心技术的开发，应加大投入的研发力度，在运用"逆向工程"等方式学习模仿、消化吸收的过程中培养自主创新能力，研发投入的方向应充分考虑地方企业发展的实际需求，使地方技

术研发存量、研发方向能更好地与 FDI 企业技术相匹配，并加强与外资产业链高端环节的研发合作。

（三）培育产业集群，增强上下游产业的配套能力，打造一体化程度较高的产业链

增强产业前后向关联的作用，提高产业聚集度，促进行业间 FDI 技术外溢效用。结合湖北省的实际情况，以大型骨干企业为产业集群的引擎，促进上下游产业链环节的接合力度，改善产业利益延伸链条小、散、乱的分布局面，以高效的信息网络平台对多层次的上游供应渠道与下游营销渠道进行有效整合，发挥规模经济效应，打造一体化程度较高的产业链，降低产业链环节之间由于信息不对称所带来的高昂市场交易成本，特别是对于交通运输设备制造业、电气机械及器材制造业以及医药制造业等外资与内资产业关联度、技术密集度较高的制造业而言，以此作为湖北省制造业产业结构升级的行业着力点，集中研发、教育等资源向上述优势行业的适当倾斜。

（四）营造公开、公平、公正的投资经营环境，是吸引并甄别有先进技术实力外商投资的核心软实力

发挥制度后发优势，在健全并明确政府公共服务制度的框架下，培育多样化的市场自然生态环境，对外资实施一视同仁的国民待遇，有利于吸引项目规模较大、投资周期较长、技术水平较高的来自欧美日等国的外资。事实上，有技术实力的外国投资者并不看重短期优惠政策，而是更关心当地政府是否能提供一个公平竞争的投资经营与法制环境，这些外企的示范效应将吸引更多高端技术领域外资的持续流入，而一味以税费、土地等优惠政策的思路来吸引外资，更容易吸引投资回报周期较短的劳动密集型产业，而对关注长期利益的高端制造业领域的外商投资产生了挤出效应。因此，应充分尊重市场规律这只看不见的手来配置资源，以有效地甄别不同质量水平的外资。

存在的不足是，由于缺乏湖北省受教育年限的就业结构、外商投资企业制造业行业数据，本文并没有对以人力资本结构度量的吸收能力、FDI 对内资制造业产业结构的影响深入考察，尚待进一步的研究与完善。

参考文献

［1］宋泓、柴瑜：《我国工业中三资企业的结构变动及其影响》，载《世界经济》1999 年第 7 期。

［2］吴建新、刘德学：《人力资本、国内研发、技术外溢与技术进步——基于中国省际面板数据和一阶差分广义矩方法的研究》，载《世界经济文汇》2010 年第 4 期。

［3］徐斌、唐德才：《外资对江苏制造业产业结构升级的影响与对策》，载《软科学》

2006 年第 2 期。

　　[4] 张帆、郑京平：《跨国公司对中国经济结构和效率的影响》，载《经济研究》1999 年第 1 期。

　　[5] 赵晋平：《我国吸收外资的产业政策研究》，载《管理世界》2002 年第 9 期。

　　[6] Akbar, H., Bride, J., 2004: Multinational Enterprise strategy, Foreign Direct Investment and Economic Development: the Case of the Hungarian Banking Industry, Journal of World Business, Vol. 39, No. 1.

　　[7] Cantwell, J., Tolentino, P. E., 1990: TechnologicalAccumulation and Third World Multinationals, University of Reading Discussion Papers in International Investment and Business Studies.

　　[8] Caves, R. E., 1982: Multinational Enterprises and Economic Analyses, London: Cambridge University Press.

　　[9] Findlay, R., 1978: Relative Backwardness, Direct Foreign Investment, and the Transfer of Technology: A Simple Dynamic Model, Quarterly Journal of Economics, Vol. 92, No. 1.

　　[10] Hermes, N., Lensink, R., 2003: Foreign direct investment, financial development and economic.

　　[11] Hymer, S. H., 1970: The Efficiency Contraction of Multinational Corporations, American Economic Review, Vol. 60.

　　[12] Lall, S., 1983: Determinants of R&D in an LDC: The Indian Engineering Industry, Economics Letters, Vol. 13, No. 4.

　　[13] Lapan, H., and Bardhan, P., 1973: Localized Technical Progress and Transfer of Technology and Economic Development, Journal of Economic Theory, Vol. 6, No. 6.

　　[14] Sjoholm, F., 1999: Technology Gap, Competition and Spillovers from Direct Foreign Investment: Evidence from Established Data, The Journal of Development Studies, Vol. 36, No. 1.

（与李珊珊合作，原载《统计与决策》2012 年第 6 期）

国际资本流动对我国低碳
经济发展的影响研究

——基于主成分分析法的实证分析

一、引言

我国自改革开放以来，大力引进外资并发展对外贸易，以劳动力成本的比较优势嵌入国际产业链，收入和就业水平得以明显提高，与此同时，也出现了资源供应紧张、环境污染严重、温室气体排放量迅速增长等制约经济增长的硬性约束，为此，"十二五"规划首次将低碳经济的理念纳入五年规划，这一低碳经济理念包含了自然资源与环境的生态、产业生态、人文生态等相互关联的各个子系统。对于已经深度融入经济全球化的我国来说，低碳经济的转型无法脱离开放经济的背景，因此，发展低碳经济应充分重视国际经济因素。国际资本流动是我国参与全球分工、融入经济全球化的重要渠道，截至 2010 年底，我国累计吸收外资 1057.4 亿美元，突破千亿的水平，同期对外直接投资累计达 590 亿美元的历史新高，本文针对国际资本流动对我国低碳经济发展的影响进行实证分析，为政府制定相关政策，以促进我国的低碳经济转型提供参考。

二、文献综述

关于 FDI 对东道国碳排放影响的研究存在较多的争议。国外文献中有观点支持 FDI 会对环境造成负面效应，如"污染避难所假说"（Baumol & Oates，1998）认为污染密集型产业会从环境成本内部化程度较高的国家转移到较低的国家，使后者成为污染密集型产业的避难所[1]；也有观点支持 FDI 的环境正效应，如"污染晕轮效应"（Grey & Brank，2002）认为跨国公司通过全球控制的推广，促使东道国采用相似的环境管理体系实现清洁生产[3]，克里斯曼和泰勒（Christman & Taylor，2001）对我国118个企业的调查结果与此一致，我国向跨国公司所在地市场销售产品的企业会更多地采用ISO14000环境管理体系[2]，然而，珀金斯和诺伊迈尔（Perkins & Neumayer，2009）认为，跨国企业全球控制的推广所带来的竞争压力的加剧，可能会减少东道国企业的利润，限制东道国企业对现代化厂房、设备以及经营模式进行投资的能力，也有可能降低对减排技术进行投资的意愿，若东道国企业的技术水平与领先技术存在较大差距，可能会转向追求成本最小化战略，进而对温室气体减排带来负面影响[4]。而涉及FDI对碳减排影响的文献为主要在FDI对国内二氧化碳排放绩效方面，成果集中在最近两年，自赵晓莉等首次从FDI对东道国低碳经济发展双重作用的角度展开了定性分析后[17]，随之展开的研究由于样本选取与实证方法的不同，各研究结果存在较大的差异，其中，持环境负效应观点的有牛海霞等[9]、刘华军等[8]认为FDI通过规模效应或结构效应促进了我国二氧化碳的排放，持环境正效应观点的有宋德勇等[11]、谢文武等[13]认为FDI能明显减少我国碳排放，与上述研究不同，持折中观点的邹麒等认为，当期的FDI恶化了我国碳环境，而FDI滞后项的碳排放效应呈现清洁作用[18]。

　　发展低碳经济不只是减少碳排放，低碳经济是复合型指标，而非单一指标。低碳经济一词最早出现于2003年英国能源白皮书《我们能源的未来：创建低碳经济》，认为低碳经济是通过更少的自然资源消耗和更少的环境污染，获得更多的经济产出，也为发展、应用和输出先进技术创造了机会。庄贵阳（2005，2011）认为低碳经济的实质是能源效率和清洁能源结构问题，并从低碳产出、低碳消费、低碳资源及低碳政策四个方面构建了低碳经济综合评价指标体系[19,20]，他和付加锋等（2010）在以上四个方面的基础上增加了低碳环境的指标，[6]这套由我国社会科学院所建立的评价指标体系已在吉林市低碳发展的实践中加以运用。齐培潇和郝晓燕等（2011）从二氧化碳的主要排放源出发，所构建的低碳经济发展水平由能源结构、交通部分支撑、工业发展水平、农业发展水平、技术水平支撑和居民生活方式六个方面组成[10]。

　　由上述文献的梳理可知，低碳经济拥有丰富的理论内涵，其综合评价指标体系尚未形成统一框架，另外，现有研究集中在FDI对我国二氧化碳排放的影响方面，还没有将FDI与OFDI两者结合起来对我国低碳经济体系发展的影响进行考察。因此，本文在构建我国低碳经济综合综合评价指标体系的基础上，分析FDI、OFDI对低碳经济体系发展的影响并揭示其主要影响路径，最后基于低碳经济的视角提出引资、对外投资的政策建议。

三、我国低碳经济综合评价指标体系的构建

衡量一个国家或经济体是否达到了低碳经济，核心在于资源禀赋、技术水平及消费方式方面是否具备低碳发展的潜力（庄贵阳，2011）[20]。可见，构建低碳经济的综合指标体系的关键在于体现一国或地区节能减排的潜力，由我国社科院城市发展与环境研究所建立的低碳经济综合评价体系具备较好的理论基础，本文在借鉴这一综合评价体系的基础上对其二、三级指标进行了拓展，增加了反映我国现阶段具有较大节能减排潜力的领域，如我国煤炭占一次能源消费比重，服务业占 GDP 比重等。

由此，本文从低碳产出、低碳消费、低碳资源及低碳制度四个方面评价我国低碳经济发展水平的变化情况，以此作为一级评价指标，并构建相应的二、三级评价指标，见表 1。

表 1　　　　　　　　　　低碳经济发展水平的综合评价指标体系

一级指标	二级指标	三级指标
低碳产出	碳排放效率	碳生产率（X1）
		碳排放弹性系数（X2）
		能源加工转换效率（X3）
	碳排放产业分布	工业碳排放强度（X4）
		高碳行业（钢材、水泥、电力、建筑、交通）碳排放强度（X5）
		服务业碳排放强度（X6）
低碳消费	人均碳排放程度	人均碳排放量（X7）
		人均生活碳排放量（X8）
低碳资源	能源结构	非化石能源占一次能源消耗的比例（X9）
		煤炭占能源消耗的比例（X10）
		单位能源的碳排放系数（X11）
	森林碳汇能力	单位碳的森林密度（X12）
		人均森林面积（X13）
		森林覆盖率（X14）
低碳制度	环境规制	环境污染治理投资额（X15）

（一）　主成分分析法

上文中所构建的低碳经济综合评价指标体系共涉及 15 个三级指标，由于指标之间可能存在相关性，使得对应的数据所提供的信息发生重叠，需要采用降维的思想，将所有指标的信息通过少数几个指标来反映，在低纬空间将信息分解为互不相关的部分以获得更有意义的解释。主成分分析法能通过投影的方法来实现数据的降维，在损失较少数据信息的基础上把多个指标转化为几个有代表意义的综合指标，与层次分析法、专家咨询法以及灰色综合评价法等常见方法相比，能够避免评价者人为主观因素的影响，是一种较为客观的分析方法。因此，本文运用主成分分析法综合以上多个指标的信息，得到低碳经济发展水平的综合指数，以反映历年来我国低碳经济发展水平的变化趋势。

（二）　国际资本流动对低碳经济发展水平的影响

采用 15 个三级指标的少量主成分综合计算的主成分得分作为低碳经济发展水平指数，并以此为因变量，以外商直接投资、对外直接投资为自变量，为避免变量遗漏所带来模型设置的偏误，以因变量滞后一期为控制变量，建立以下线性模型（1），以分析国际资本流动对我国低碳经济发展的影响方向与程度。

$$F = \alpha_0 + \alpha_1 FDI + \alpha_2 ODI + \alpha_3 AR(1) + \varepsilon \qquad (1)$$

线性模型（1）中，F 为低碳经济发展水平指数，FDI 和 ODI 分别为第 t 期外商直接投资额、对外直接投资额，AR（1）是滞后一期的低碳经济发展水平指数，α_0 是截距参数，α_1、α_2 与 α_3 是相关系数，ε 是随机变量。

（三）　国际资本流动对低碳经济发展的影响路径

以反映低碳经济内涵的各个三级指标作为因变量，替代上述公式（1）中的因变量 P_t，建立线性模型（2），逐一估计国际资本流动对各指标的影响情况，以揭示国际直接资本流动对低碳经济发展的影响路径。

$$X_i = \beta_0 + \beta_1 FDI + \beta_2 ODI + \beta_3 AR(1) + \nu_i \qquad (2)$$

X_i 是第 i 个评价指标，FDI 和 ODI 的含义同上，AR（1）是滞后一期的评价指数，ν_i 是随机变量。

（四）　数据来源说明与处理

在本文中用来评价低碳经济发展水平的 15 个三级指标中，需要对如下几个指标做出说明：（1）碳生产率。该指标是 GDP 与碳排放量的比值，碳排放量的测算方法是，首先将各种能源的消耗量通过折标准碳系数转换为相同热当量的标准煤量，再乘以 IPCC 中《国家温室气体排放清单指南》（2006）中各能源对应的碳排放系数。（2）碳排放弹性系数。该系数为脱钩系数，是碳排放增长率与GDP 增长率的比值。（3）碳排放强度。该指标是某行业碳排量与相应行业总产值的比值。（4）单位能源的碳排放系数。该指标是指碳排量与能源消费总量的比值。（5）单位碳的森林密度。该指标是森林面积与碳排放量的比值。除碳排放系数来自 IPCC 以外，三级指标中其余的数据均来自《我国统计年鉴》与《我国能源统计年鉴》。进出口贸易数据来自《我国统计年鉴》，FDI 与 OFDI 数据来自联合国贸发会议（UNCTAD）。由于各指标数值与方向不同，需要进行指标的正向化和无量纲化处理，本文对 1985～2009 年各变量中的逆向指标运用倒数变换法进行正向处理，并运用 Z – Score 法对各变量原始值进行无量纲化处理。

四、实证分析

（一）我国低碳经济发展水平的变化

1. 主成分分析检验与特征根。结果如表 2 所示。

表 2　　　　　　　　　　　解释原有变量总方差的情况

成分	初始特征值			提取平方和载入			主成分分析检验		
	合计	方差的%	累积%	合计	方差的%	累积%	KMO 检验	Bartlett 球形度检验	Sig.
1	11.480	76.536	76.536	11.480	76.536	76.536	0.759	875.680	0.000
2	1.653	11.020	87.557	1.653	11.020	87.557			

运用 SPSS 17.0 统计软件分析得到主成分分析的检验及各主成分特征根。由表 2 可知，Bartlett 球形度检验统计量为 875.680，相应概率为 0.000，可以认为相关系数矩阵与单位阵有显著差异，同时，KMO 检验值为 0.759，对照 Kaiser 提出的 KMO 度量标准，可以推知原有变量适合作主成分分析。从原有变量的相关系数矩阵的特征根来看，主成分 1 和 2 的特征根分别为 11.480 和 1.653，两个主成分累计贡献率为 87.557%，因此，本文所提取的两个主成分能基本反映全部指标的信息，可用这两个新变量来替代原有的 15 个三级指标对应的变量。

2. 主成分函数与主成分综合函数。主成分得分矩阵如表 3 所示，利用特征根将初始因子载荷矩阵中的数据转换成各主成分中每个变量的系数，得到主成分1 和 2 的函数如下：

$$F_1 = 0.291X_1 + 0.026X_2 + 0.235X_3 + 0.291X_4 + 0.271X_5 + 0.292X_6 - 0.266X_7$$
$$+ 0.270X_8 + 0.279X_9 + 0.273X_{10} + 0.233X_{11} - 0.214X_{12} + 0.281X_{13}$$
$$+ 0.288X_{14} + 0.241X_{15} \tag{3}$$

$$F_2 = 0.093X_1 + 0.533X_2 - 0.222X_3 + 0.093X_4 + 0.196X_5 - 0.047X_6 + 0.289X_7$$
$$+ 0.251X_8 - 0.055X_9 + 0.200X_{10} + 0.413X_{11} + 0.460X_{12} - 0.078X_{13}$$
$$- 0.082X_{14} - 0.158X_{15} \tag{4}$$

表3 主成分得分系数矩阵

指标	F_1	F_2	指标	F_1	F_2	指标	F_1	F_2
X_1	0.291	0.093	X_6	0.292	-0.047	X_{11}	0.233	0.413
X_2	0.026	0.533	X_7	-0.266	0.289	X_{12}	-0.214	0.460
X_3	0.235	-0.222	X_8	0.270	0.251	X_{13}	0.281	-0.078
X_4	0.291	0.093	X_9	0.279	-0.055	X_{14}	0.288	-0.082
X_5	0.271	0.196	X_{10}	0.273	0.200	X_{15}	0.241	-0.158

进一步在主成分 F_1 和 F_2 的函数基础上，以该主成分特征根在全部特征根之和中所占比例为权数，对两个主成分加权综合，可以获得主成分综合函数如下：

$$F = 0.266X_1 + 0.090X_2 + 0.177X_3 + 0.266X_4 + 0.262X_5 + 0.249X_6 - 0.196X_7$$
$$+ 0.268X_8 + 0.237X_9 + 0.264X_{10} + 0.256X_{11} - 0.129X_{12}$$
$$+ 0.236X_{13} + 0.241X_{14} + 0.191X_{15} \tag{5}$$

3. 各年度低碳经济发展水平的综合指数。选择将 1985 ~ 2009 年间经过标准化处理的各原有变量值分别代入上述公式（3）~（5），可以获得各年度主成分得分值与各年度低碳经济发展水平指数值，在表4中列出，我国低碳经济发展的变化趋势反映在图1中。

表4 1985 ~ 2009 年主成分得分（低碳经济发展水平指数）

年份	F_1	F_2	F	年份	F_1	F_2	F	年份	F_1	F_2	F
1985	-4.709	0.449	-4.060	1994	-1.702	0.313	-1.449	2003	2.652	0.571	2.390
1986	-4.584	-0.157	-4.027	1995	-0.683	-0.791	-0.696	2004	3.366	-0.267	2.908
1987	-4.395	-0.119	-3.857	1996	-0.739	-0.860	-0.754	2005	3.794	-0.976	3.194
1988	-4.158	-0.084	-3.646	1997	-0.041	-1.625	-0.240	2006	3.769	-1.243	3.138
1989	-4.046	-0.266	-3.570	1998	0.867	0.548	0.827	2007	4.122	-1.149	3.459
1990	-3.834	-0.157	-3.371	1999	1.665	3.693	1.920	2008	4.187	-1.706	3.445
1991	-3.561	-0.194	-3.137	2000	2.679	1.935	2.585	2009	4.508	-1.646	3.734
1992	-3.123	-0.032	-2.734	2001	3.165	2.225	3.047				
1993	-2.381	-0.112	-2.096	2002	3.182	1.651	2.989				

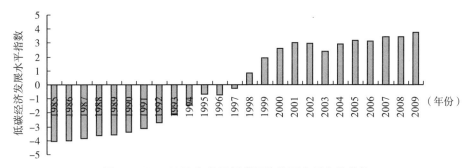

图1 1985～2009年我国低碳经济发展水平变化趋势

根据表4和图1，从低碳经济发展的整体趋势来看，我国低碳经济水平始终保持稳步上升的趋势，说明期间我国经济发展处于低碳化的进程之中。从增速的角度进一步观察，可以发现1989年以前增幅平缓，1989～2001年间增速明显提升，年均增幅高达0.441，而2001～2006年间，除2003年低碳经济水平指数明显下降以外，其余年份基本保持平稳，2006年后重新恢复上升的趋势，年均升幅达0.198。此外，1997～1998年为我国低碳经济变化的转折点，低碳经济发展水平指数由负值转变为正值。

呈现这一变化趋势的主要原因在于1989年以来党中央实施的一系列积极的环境保护政策的结果。自1988年第一次世界气候大会明确提出全球碳减排目标以后，1989年七届全国人大第十一次会议通过《中华人民共和国环境保护法》，确定了环境保护的政府职责，有力地促进了我国对环境污染的控制与生态保护。纳入"八五""九五"国民经济规划的环境保护计划均具有较强的可操作性，"九五"规划中的环境保护计划特色鲜明，推出了全国主要污染物排放总量控制计划与跨世纪绿色工程规划两大重要举措。"十五"期间粗放式的经济增长模式导致能源资源消耗过大，环境污染加剧等问题，据世界银行测算，2003年我国环境污染与生态破坏造成的损失曾一度达到GDP的15%，而当年GDP的增幅仅为10%，针对期间存在的突出问题，"十一五"规划提出主要污染物排放总量减少10%与能源强度降低20%的减排目标，并将减排指标上升至具有法律效力的强制性约束指标纳入地方政府的政绩考核范畴，体现出党中央对环境保护的高度重视与决心。2007年，党的十七大将"建设生态文明，基本形成节约能源资源和保护生态环境的产业结构、增长方式、消费方式"列入全面建设小康社会的奋斗目标，并在同年出台了《我国应对气候变化国家方案》以及《可再生能源中长期发展规划》。以上这些政策措施促进了资源、环境约束下我国经济的可持续发展。

（二）　国际资本流动对我国低碳经济发展水平的影响分析

以我国低碳经济发展水平指数为被解释变量，国际直接资本流动为解释变量，运用1985~2009年的时间序列数据，分析国际直接资本流动对我国低碳经济发展水平的影响（见表5）。

以我国低碳经济发展水平为解释变量的回归结果显示，外商直接投资对我国低碳经济发展水平的有显著的正面影响，而对外直接投资对我国低碳经济发展影响不显著，但其系数符号为正，进一步来看，外商直接投资每增加1个单位，我国低碳经济发展水平指数上升0.239。这说明国际直接资本流动对我国低碳经济发展均具有正面影响，而且外商直接投资的正面影响程度大于对外直接投资。

表5　　　　　　　　国际直接资本流动对我国低碳经济发展水平的影响

指标	常数	FDI	ODI	R^2	$\bar{R}^2$	F	prob
F	0.299 *** (0.001)	0.239 ** (0.023)	0.013 (0.887)	0.987	0.985	505.194	0.000
X_1	0.102 *** (0.004)	0.080 * (0.060)	0.048 (0.211)	0.980	0.977	319.821	0.000
X_3	0.018 (0.891)	0.299 * (0.056)	0.276 * (0.086)	0.676	0.627	13.897	0.000
X_4	0.091 *** (0.006)	0.105 ** (0.014)	0.030 (0.4112)	0.981	0.978	348.701	0.000
X_9	0.072 (0.309)	0.232 ** (0.018)	0.262 *** (0.005)	0.904	0.890	62.830	0.000
X_{10}	0.063 (0.286)	0.144 * (0.055)	0.014 (0.820)	0.932	0.922	91.554	0.000

注：括号内数字为P值。*** 、** 、* 分别代表1%、5%、10%的显著性水平。

（三）　国际资本流动对我国低碳经济发展的影响路径分析

在上文以国际直接资本流动对我国低碳经济发展水平影响进行分析的基础上，进一步针对国际直接资本流动对我国低碳经济发展方式的影响路径进行分析，分别运用表1各三级指标变量1985~2009年的时间序列数据与外商直接投资、对外直接投资数据进行实证分析，结果见表5。

表5的估计结果表明，外商直接投资对我国碳生产率、能源加工转换效率、

工业碳排放强度、非化石能源占一次能源消耗比例、煤炭占能源消耗比例的影响系数均达到10%以上的显著性水平，同时，对外直接投资对能源加工转换效率与非化石能源占一次能源消耗比例的影响系数也分别达到10%的显著性水平。说明国际直接资本流动主要是通过对我国碳生产率、能源加工转换效率、工业碳排放强度、非化石能源占一次能源消耗的比例以及煤炭占能源消耗比例的影响路径来发挥作用的，分别针对不同的影响路径进行分析。

1. 国际直接资本流动对能源加工转换效率的影响。表5的估计结果表明，外商直接投资、对外直接投资对我国能源加工转换效率影响显著为正。这说明国际直接资本流动能明显促进我国能源加工转换效率的提高，其中，FDI通过以下途径发挥作用，其一，外资企业本身所采用的先进的能源加工转换技术直接促进了行业整体能源加工转换效率的提高；其二，外资企业的技术溢出有利于内资企业能源加工转换技术的改进与创新。已有大量学者证实FDI对能源利用效率的提高具有积极的作用（李未无，2008；陈媛媛等，2011）[7,5]。同时，技术寻求型的对外直接投资，通过能源产业海外并购或低碳能源技术合作方式的逆向能源技术溢出促进内资企业能源加工转换效率的提升。

2. 国际直接资本流动对能源结构的影响。估计结果显示，外商直接投资、对外直接投资对非化石能源占一次能源消耗比例之间呈显著的正相关关系，且外商直接投资对煤炭占能源消耗比例存在负面影响。这说明国际直接资本流动能明显提高非化石能源的消耗比重，降低煤炭占能源消耗的比重，推动我国能源结构清洁化的发展趋势。可能的原因在于，随着外资规模的不断扩大，对能源的需求逐年增长，由于非化石能源与化石能源之间的不完全替代性，不同的能源价格上升的幅度存在差异，即能源的相对价格发生变化，一方面，能源相对价格的变化会直接导致能源消费结构的变动，另一方面，能源相对价格变化可能产生一种创新的动力，以更有效率地使用相对价格较高的能源种类，这种以节约能源为目的的"诱致性创新"已有文献加以证实（吴一平等，2008）[12]。另外，对外直接投资对能源消费结构的影响可能通过以下方式实现，其一，对外直接投资通过海外并购或低碳技术合作以弥补国内清洁能源资源的天然储量不足；其二，清洁能源海外市场的拓展实现了产业的规模效应，降低了能源生产成本；其三，清洁能源项目的技术合作提升了内资企业能源的生产效率，进而改变了能源的市场供给结构与相对价格，相对价格对能源消费结构的影响途径与上述一致。

3. 外商直接投资对我国碳排放强度的影响。估计结果表明，外商直接投资与我国碳生产率之间具有显著的正相关性，且外商直接投资对工业碳排放强度呈现显著的负相关性。这说明外商直接投资对我国碳生产率的提高有显著的推动作用，而外商直接投资能明显降低工业碳排放强度，即外商直接投资对降低我国碳排放强度尤其是工业碳排放强度有显著的推动作用。影响的途径可能有以下两方面，一方面，外资企业拥有的低碳技术、低碳生产工艺以及能源利用技术对东道国内资企业的溢出，有利于整体碳排放强度的降低；另一方面，由于第二产业的碳排放强度一直远远高于其他两个产业的碳排放强度（张友国，2010）[16]，外商直接投资对第二产业投资份额的下降，以及对第三产业投资份额的上升，通过外资产业投资结构的优化以降低碳排放强度。虞义华等（2011）[15]与姚弈等（2011）[14]的实证研究表明，第二产业比重与我国碳强度存在显著的正相关关系。

五、研究结论与政策参考建议

（一）研究结论

除了少数个别年份以外，1985～2009 年间，我国经济始终处于低碳化的进程之中，低碳经济发展水平指数呈现不断上升的趋势，说明党中央自改革开放以来实施的一系列积极的环境保护政策是卓有成效的。外商直接投资对我国低碳经济发展有明显的促进作用，而对外直接投资对我国低碳经济发展的正面作用不显著。这是由于外商直接投资能明显促进碳生产率、能源加工转换效率、非化石能源占一次能源消耗比例的提高，降低工业碳排放强度与煤炭占能源消耗比例，而对外直接投资仅对能源加工转换效率与非化石能源占一次能源消耗比例有明显的促进作用。

（二）政策参考建议

以往在考察开放经济对碳排放影响的文献中，主要以对外贸易、FDI 为分析对象，忽略了对外直接投资对碳排放的正面影响与减排潜力。在当前经济发展模式由以环境污染、资源浪费为代价的粗放型发展模式向环境保护与经济发展并重的低碳经济模式转型的过程中，应充分认识并利用外商直接投资与对外直接投资的正面效应与影响途径。具体分析如下：

第一，优化外资结构，促进我国低碳经济模式的转型。需要优化外资产业分布结构。服务业的碳排放强度远小于工业碳排放强度，同时，服务业内部各产业碳排放强度存在较大的差异，目前，FDI 仍然集中流向我国工业部门，尽管服务业外资比重不断上升，但服务业内部 FDI 大部分集中在房地产、交通运输仓储及邮电业等碳排放强度相对较高的行业，因此，加大服务业对外开放的力度，通过外资产业分布结构的优化来降低碳排放强度。其次，需要改善外资的来源结构。来自港澳台地区、新兴工业化国家的外商投资一般以加工贸易为主，技术水平较低，而来自欧美等发达国家的外资一般以东道国市场为导向，产业技术水平较高，当前港澳台地区外资仍然占据主导地位，新兴工业化国家外资比重逐步上升，而来自欧美等发达国家的外资比重呈现下降的趋势，因此，加强知识产权保护力度，营造公正、公平的投资营商环境，保障外资企业真正享受内资企业的国民待遇，吸引更多的拥有低碳技术、低碳生产工艺以及能源利用效率较高的产业跨国转移。

第二，积极扩大 FDI 规模，协调 FDI 产业分布，充分拓展 ODI 对低碳经济的潜在促进作用。

技术寻求型 FDI 存在逆向技术溢出效应，且技术寻求型 FDI 产业类型主要为高科技产业和制造业。据《2010 年度我国对外直接投资统计公报》数据，我国FDI 主要流向商务服务业、金融业、批发和零售业、采矿业以及交通运输业，各行业的累积投资存量占82.7%，而制造业、信息传输、计算机服务和软件业以及科学研究、技术服务和地质勘查业的累积投资存量仅占9.5%，因此，积极拓展ODI 规模，增加技术寻求型 ODI 所占的比例，以清洁能源项目研发合作等方式促进低碳技术的逆向溢出。

参考文献

［1］Baumol W., Oates W., 1988：The Theory of Environmental Policy［M］. New York：Cambridge university press.

［2］Christmann P., Taylor G., 2001：Globalization and the Environment：Determinants of Firm Self-regulation in China，Journal of international business studies，Vol. 32，No. 3.

［3］Grey，K.，D. Brank，2002：Environmental Issues in Policy – Based Competition for Investment：A Literature Review.

［4］Perkins，R.，E. Neumayer，2009：Transnational Linkages and the Spillover of Environment – Efficiency into Developing Countries，Global Environmental Change，Vol. 19，No. 3.

［5］陈媛媛、李坤望：《FDI 对省际工业能源效率的影响》，载《中国人口·资源与环境》2010 年第 6 期。

［6］付加锋、庄贵阳、高庆先：《低碳经济的概念辨识及评价指标体系构建》，载《中国人口·资源与环境》2010 年第 8 期。

［7］李未无：《对外开放与能源利用效率：基于 35 个工业行业的实证研究》，载《国际贸易问题》2008 年第 6 期。

［8］刘华军、闫庆悦：《贸易开放、FDI 与我国 CO_2 排放》，载《数量经济技术经济研究》2011 年第 3 期。

［9］牛海霞、胡佳雨：《FDI 与我国二氧化碳排放相关性实证研究》，载《国际贸易问题》2011 年第 5 期。

［10］齐培潇、郝晓燕、乔光华：《我国发展低碳经济的现状分析及其评价指标的选取》，载《干旱区资源与环境》2011 年第 12 期。

［11］宋德勇、易艳春：《外商直接投资与我国碳排放》载《中国人口·资源与环境》

2011 年第 1 期。

[12] 吴一平：《外商直接投资、能源价格波动与区域自主创新能力——基于省级动态面板数据的实证研究》，载《国际贸易问题》2008 年第 11 期。

[13] 谢文武、肖文、汪滢：《开放经济对碳排放的影响——基于我国地区与行业面板数据的实证检验》，载《浙江大学学报（人文社会科学版）》2011 年第 5 期。

[14] 姚奕、倪勤：《我国地区碳强度与 FDI 的空间计量分析——基于空间面板模型的实证研究》，载《经济地理》2011 年第 9 期。

[15] 虞义华、郑新业、张莉：《经济发展水平、产业结构与碳排放强度——我国省级面板数据分析》，载《经济理论与经济管理》2011 年第 3 期。

[16] 张友国：《经济发展方式变化对我国碳排放强度的影响》，载《经济研究》2010 年第 4 期。

[17] 赵晓莉、熊立奇：《FDI 对东道国低碳经济发展的影响》，载《国际经济合作》2010 年第 8 期。

[18] 邹麒、刘辉煌：《外商投资和贸易自由化的碳排放效应分析》，载《经济与管理研究》2011 年第 4 期。

[19] 庄贵阳：《我国经济低碳发展的途径与潜力分析》，载《国际技术经济研究》2005 年第 3 期。

[20] 庄贵阳、潘家华、朱守先：《低碳经济的内涵及综合评价指标体系构建》，载《经济学动态》2011 年第 1 期。

（与李珊珊合作，原载《技术经济》2012 年第 6 期）

国际研发资本技术溢出对中国绿色
技术创新效率影响的空间效应

一、引言与文献综述

通过提高绿色技术创新水平来促进环境改善已成为人们的共识（Stephen，2004）。当前中国绿色技术创新领域存在的主要问题有：一是"技术—制度锁定效应"一定程度上阻碍了绿色技术创新的发展；二是中国绿色技术创新的基础薄弱，中国接近70%的低碳核心技术仍然依赖进口（邹骥等，2010）；三是中国绿色技术创新的路径与经济发展水平不相符。这些问题导致了绿色技术创新能力不足的困境，若中国在绿色技术的国际转移与扩散过程中注重技术路径的优化，就有可能缓解这一困境。企业绿色技术创新的动力来自区域内外的知识存量，由于环境的双重负外部性，企业内部缺乏对绿色技术创新的研发资本投入激励（Faber & Frenken，2009）。企业绿色技术创新大多源自外部资源或压力的诱导，其中，区域外的技术溢出是影响企业绿色技术创新的重要因素。以往的研究集中于国际研发资本技术溢出对绿色生产率的提升方面，但绿色生产率的提升有可能来自绿色技术效率而不是绿色技术创新推动的技术进步。相对于绿色生产率指标，绿色技术创新效率指标能更准确地反映中长期环境改善的潜力，因此更为重要的是，各区域企业能否通过国际研发资本技术溢出实现从绿色技术复制能力跃升至绿色技术创新能力？这需要我们深入研究国际研发资本技术溢出对中国绿色技术创新的影响效应。国内外学者关于国际研发资本技术溢出的研究主要集中于以下几个方面：

第一，关于国际研发资本技术溢出路径及其测度研究。关于国际研发资本的直接溢出和间接溢出渠道，国内外学者做了很多研究。麦克杜格尔（MacDougall，1960）是最早对技术溢出现象进行解释的学者，他从理论上分析了 FDI 的技术溢出效应。继科埃和赫普曼（Coe & Helpman，1995）开创性地提出测度进口贸易技术溢出的 Coe – Helpman 模型（以下简称 C – H 模型），以及利希滕贝格和范·波特尔斯贝格（Lichtenberg & Van Pottelsberghe, 1998）随后提出测度进口贸易、FDI、OFDI 技术溢出的 LP 扩展模型后，许多西方学者开始关注其他国际研发资本技术溢出路径，如出口贸易技术溢出（Greenaway et al., 2007）、加工贸易技术溢出（Amighini, 2005）等。根据开放式创新理论，从创新资源外部投入来看，国际研发资本技术溢出是中国绿色技术创新资源的主要外部来源。莫南（Mohnen, 2001）认为，国际研发资本技术溢出可以通过 FDI、国际贸易、国际合作、出版发明和专利转让、购买国外技术等多个渠道实现。归结来看，按技术溢出的路径来分，国际研发资本技术溢出的间接渠道主要分为三类：一是国际资本技术溢出路径，包括 FDI 技术和 OFDI 反向技术溢出；二是国际贸易技术溢出路径，包括进口贸易技术、出口贸易技术溢出；三是跨国外包技术溢出路径，包括加工贸易中间品进口、加工贸易出口。在此基础上，国内学者进一步对国际研发资本技术溢出路径进行了细分（肖文、林高榜，2011；王俊，2013；高大伟，2016），他们不仅关注了 FDI、OFDI、进口贸易等间接溢出渠道，还关注了跨国研发投入、跨国技术转移等直接溢出渠道对技术创新的影响，但是大多数国内学者仍仅关注了其中一条或者两条路径进行研究（刘舜佳，2013；李梅、柳士昌，2011），且国内鲜有学者关注空间溢出效益和环境效益。

第二，国际研发资本技术溢出对绿色生产率、绿色技术创新的相关影响研究。国外学者关于绿色生产率的研究主要集中在绿色生产率的测度及其影响因素方面（Arcelus & Arocena, 2005）。类似地，国内学者以中国为样本测度了绿色生产率，王兵、黄人杰（2014），龚健健、沈可挺（2011）以及刘伟明、唐东波（2012）的研究结论均不支持"污染天堂假说"，认为 FDI 技术溢出对绿色全要素生产率具有显著的正效应。类似地，张可云等（2013）发现以外贸依存度测度的技术溢出能明显提升绿色全要素生产率，而张少华、蒋伟杰（2014）发现以加工贸易测度的技术溢出和绿色全要素生产率之间存在倒 U 型关系。高大伟（2016）发现 FDI 和进口贸易技术溢出可以有效提高中国碳生产率。

第三，以绿色生产率的提升为前提，国外学者从影响效应、路径以及因素等方面考察了国际研发资本技术溢出与绿色技术创新的关系。埃斯克兰和哈里森（Eskeland & Harrisonb, 1997）认为外资企业为东道国企业运用绿色技术提供了机遇，有助于东道国企业绿色技术创新。波普（Popp, 2003）发现来自其他国家的空气污染治理技术知识存量会明显促进美国类似的技术创新。佛得里尼和加莱奥蒂（Verdolini & Galeotti, 2009）发现能效提升、环境友好型技术存在跨国技术溢出效应，该效应与空间距离、技术差距成反比。莱玛和莱玛（Lema & Lema, 2013）发现跨国研发投入、外资企业收购等非传统技术溢出路径的重要性日益凸显。宋等（Song et al., 2013）以中国为样本考察了 FDI 技术溢出对绿色技术创新影响的区域异质性。很多文献开始涉及同时考虑多种技术来源对技术创新效率的影响。卢茨和塔拉韦罗（Lutz S & Talaverao，2004）采用案例分析法检验了国内技术、跨国技术引进等多种渠道技术溢出对东道国技术创新效率的影响。

但是，相关文献关于国际研发资本技术溢出的渠道不具有系统性，大多数仅关注某一两条路径或直接以 FDI、国际贸易实际额测度国际研发资本技术溢出水平，鲜有学者以中国为样本对国际研发资本技术溢出与绿色技术创新效率的关系进行研究，关注空间效应的更为少见。为此，本文拟在以下两个方面进行拓展：第一，将国际研发资本技术溢出分成直接渠道（跨国研发投入、跨国技术转移）和间接渠道（FDI、OFDI、进口贸易），重新测算各渠道的技术溢出值。第二，将 5 条渠道均纳入国际研发资本溢出模型，运用空间计量实证检验各技术溢出路径对绿色技术创新效率的影响。

二、理论模型的推导

（一） 空间 C - H 模型的推导

技术进步是一个国家或区域经济增长的比较优势，是促进经济持续增长的决定性因素，而技术进步主要依靠自身的研发能力的提升以及对各种渠道的国际研发资本技术溢出的模仿、消化、吸收能力。科埃和赫普曼（Coe & Helpman，1995）基于"创新驱动"增长理论模型，采用 21 个 OECD 国家以及以色列的面板数据，利用双边进口贸易分析贸易伙伴国的研发资本影响本土国家的技术进步，结果表明贸易伙伴国的研发资本投入有效地促进了本土国家的技术进步。在 C - H 模型中，一个国家的技术进步除了受国内研发资本的影响，还受国际研发资本技术溢出的影响，本文基于该模型构建国际研发资本技术溢出的计量模型，假设一个国家或地区的技术创新效率受国内研发资本和国际研发资本技术溢出两个因素的影响，将国际研发资本技术溢出分成直接和间接两类，其中国际研发资本直接溢出跨国研发投入（S^{IDI}）和跨国技术转移（S^{TIC}），国际研发资本间接溢出包括 FDI 研发资本技术溢出（S^{FDITS}）、OFDI 研发资本技术溢出（S^{OFDITS}）、进口贸易研发资本技术溢出（S^{TRTS}），则将绿色技术创新效率定义为：

$$TFP = f(S^{IDI}, S^{TIC}, S^{FDITS}, S^{OFDITS}, S^{TRTS}, S^D) \tag{1}$$

普通的 OLS 回归往往忽略解释变量或被解释变量的区域之间的空间溢出效应和空间依赖性，可能会使结果产生偏误。为了解决由于忽略空间溢出而产生偏误，莱塞和佩斯（LeSage & Pace，2009）构建了空间交互模型，并将空间误差模型和空间滞后模型共同纳入，形成了更一般化的空间 Durbin 模型。本文借鉴奥唐—伯纳德（Autant - Bernard，2001）的做法，通过放宽 Coe - Helpman 模型固有的线性假定，采取空间自回归来衡量研发资本遗漏变量的空间相关属性，假设遗漏变量为 S^{μ}，则 Coe - Helpman 模型（1）扩展为式（2）模式：

$$TFP = f(S^{IDI}, S^{TIC}, S^{FDITS}, S^{OFDITS}, S^{TRTS}, S^{D}, S^{\mu}) \qquad (2)$$

为了消除共线性对模型的影响，两边取对数得：

$$\ln TFPA_{it} = \alpha_0 + \alpha_1 \ln IDI_{it} + \alpha_2 \ln TIC_{it} + \alpha_3 \ln FDITS_{it} + \alpha_4 \ln OFDITS_{it}$$
$$+ \alpha_5 \ln TRTS_{it} + \alpha_6 \ln D_{it} + \alpha_7 \ln S^{\mu}_{it} + \varepsilon_{it} \qquad (3)$$

为了表达的简洁性，分别用 IDI，TIC，FDITS，OFDITS，TRTS，D 分别替代 S^{IDI}，S^{TIC}，S^{FDITS}，S^{OFDITS}，S^{TRTS}，S^{D} 表示跨国研发投入技术溢出、跨国技术转移技术溢出、FDI 研发资本技术溢出、OFDI 研发资本技术溢出、进口贸易研发资本技术溢出，均为存量。其中 t 代表时间项，α_0 代表截距项，ε_{it} 代表随机误差，α_1，α_2，α_3，α_4，α_5，α_6，α_7 代表各渠道技术溢出及遗漏项的弹性系数。用空间自回归函数来描述 S^{μ}_{it} 的空间相关效应：

$$\ln(S^{\mu}_{it}) = \rho \times W \times \ln(S^{\mu}_{it}) + \varepsilon_{it} \qquad (4)$$

W 是空间权重矩阵；ε 是随机扰动项；ρ 是空间相关性参数，且 $|\rho| < 1$。则将式（4）代入式（3）得：

$$\ln TFPA_{it} = \alpha_0 + \alpha_1 \ln IDI_{it} + \alpha_2 \ln TIC_{it} + \alpha_3 \ln FDITS_{it} + \alpha_4 \ln OFDITS_{it} + \alpha_5 \ln TRTS_{it}$$
$$+ \alpha_6 \ln D_{it} + (1 - \rho \times W_{it})^{-1} \times (\alpha_7 \varepsilon_{it}) \qquad (5)$$

由于随机扰动项 $\alpha_7 \varepsilon_{it}$ 可能引发内生性问题，按照惯例，采用经典计量方式测度相关性，防止并控制内生性问题：

$$\alpha_7 \varepsilon_{it} = \delta_1 \ln IDI_{it} + \delta_2 \ln TIC_{it} + \delta_3 \ln FDITS_{it} + \delta_4 \ln OFDITS_{it} + \delta_5 \ln TRTS_{it} + \delta_6 \ln D_{it} + v_{it} \qquad (6)$$

将式（6）代入式（5）：

$$\ln TFP_{it} = c_0 + \rho \sum_{j=1}^{N} w_{ij} \ln TFP_{it} + \eta_1 \ln IDI_{it} + \eta_2 \ln TIC_{it} + \eta_3 \ln FDITS_{it}$$
$$+ \eta_4 \ln OFDITS_{it} + \eta_5 \ln TRTS_{it} + \varphi_1 \sum_{j=1}^{N} w_{ij} \ln IDI_{it} + \varphi_2 \sum_{j=1}^{N} w_{ij} \ln TIC_{it}$$
$$+ \varphi_3 \sum_{j=1}^{N} w_{ij} \ln FDITS_{it} + \varphi_4 \sum_{j=1}^{N} w_{ij} \ln OFDITS_{it} + \varphi_5 \sum_{j=1}^{N} w_{ij} \ln TRTS_{it}$$
$$+ \eta_6 \ln D_{it} + v_{it} \qquad (7)$$

其中，$c_0 = \alpha_0(1 - \rho w_{ij})$，$\eta_1 = \alpha_1 + \delta_1$，$\eta_2 = \alpha_2 + \delta_2$，$\eta_3 = \alpha_3 + \delta_3$，$\eta_4 = \alpha_4 + \delta_4$，$\eta_5 = \alpha_5 + \delta_5$，$\eta_6 = \alpha_6 + \delta_6$，$\varphi_1 = -\alpha_1 \rho$，$\varphi_2 = -\alpha_2 \rho$，$\varphi_3 = -\alpha_3 \rho$，$\varphi_4 = -\alpha_4 \rho$，$\varphi_5 = -\alpha_5 \rho$，空间滞后系数 ρ 为绿色技术创新效率的空间溢出系数；φ_i 为解释变量（各渠道国际研发资本）的空间溢出系数；w_{ij} 为 $N \times N$ 阶空间权重矩阵当中第 i 行 j 列元素；i 和 j 分别代表截面和时期。式（7）解释变量包括国际研发资本存量各项以及其空间滞后项，模型结构和空间 Durbin 模型的一般设定

模式相吻合。式（7）适当约束可以得到 SLM 模型（空间滞后模型）和 SEM 模型（空间误差模型）。即当 $\varphi_i = 0$，且 $\rho \neq 0$ 则 SDM 模型简化为 SLM 模型；当 $\varphi_i + \rho \cdot \eta_i = 0$，则 SDM 模型简化为 SEM 模型，SDM 是 SLM 和 SEM 的一般形式。三种模型形式的前提假设不一样，其中 SLM 模型假设空间效应主要由被解释变量引起，SEM 模型假设空间效应来源于误差项的空间相关，空间 Durbin 模型假定空间相关性主要起源于解释变量的空间关联效应。假设绿色技术创新效率还受其他因素 X 的影响，则式（7）可变为：

$$\ln TFP_{it} = c_0 + \rho \sum_{j=1}^{N} w_{ij} \ln TFP_{it} + \eta_1 \ln IDI_{it} + \eta_2 \ln TIC_{it} + \eta_3 \ln FDITS_{it} + \eta_4 \ln OFDITS_{it}$$

$$+ \eta_5 \ln TRTS_{it} + \varphi_1 \sum_{j=1}^{N} w_{ij} \ln IDI_{it} + \varphi_2 \sum_{j=1}^{N} w_{ij} \ln TIC_{it}$$

$$+ \varphi_3 \sum_{j=1}^{N} w_{ij} \ln FDITS_{it} + \varphi_4 \sum_{j=1}^{N} w_{ij} \ln OFDITS_{it}$$

$$+ \varphi_5 \sum_{j=1}^{N} w_{ij} \ln TRTS_{it} + \eta_6 \ln D_{it} + \eta_x \ln X_{it} + v_{it} \qquad (8)$$

（二）首次溢出、二次溢出效应的分解

空间模型解释变量的系数不能按照线性模型那样看作是自变量对因变量的作用系数，基于偏微分角度来理解自变量对因变量的理解，可能会给结果带来偏误。即解释变量的弹性系数并不能代表真实的偏回归系数，不能按照普通线性模型系数的理解，认为空间滞后项的系数就是空间溢出效应，这是不正确的，需要进一步利用偏微分的方法进行分解（LeSage & Pace，2009；Elhorst，2014；Anselin & Le Gallo，2006；Kelejian et al.，2006），即解释变量对被解释变量的边际效应并非像线性模型一样的作用系数，因为解释变量对被解释变量产生作用之后，还会相互作用（即不同区域的被解释变量相互影响），直到达到新的平衡。以 SDM 模型为例，将其改写成某一特定时点的向量的简约形式：

$$\ln TFP_t = (1 - \rho W)^{-1} c \tau_N + (1 - \rho W)^{-1} (\eta \ln S_t + \varphi W \ln S_t) v^* \qquad (9)$$

τ_N 为 NX1 阶因变量的向量，c 为常数项；v^* 为截面、随机、时期误差项；$\ln S_t$ 为所有解释变量组成的 $N \times K$ 维矩阵。则可以将因变量 $\ln TFP_t$ 对第 K 个自变量在特定时刻 T 的偏导矩阵为：

$$\left[\frac{\partial \ln TFP}{\partial \ln S_1^K} \cdots \frac{\partial \ln TFP}{\partial \ln S_N^K} \right] = (1 - \rho W)^{-1} \begin{bmatrix} \eta_K & W_{12}\varphi_K & \cdots & W_{1N}\varphi_K \\ W_{21}\varphi_K & \eta_K & \cdots & W_{2N}\varphi_K \\ \cdots & \cdots & \cdots & \cdots \\ W_{N1}\varphi K & W_{N2}\varphi K & \cdots & \eta_K \end{bmatrix} \qquad (10)$$

首次溢出效应即某一区域通过某一种渠道的国际研发资本技术溢出对本地区绿色技术创新效率的作用，具体算法是右端矩阵主对角线上的元素 η_K 的均值，反映地区自变量对因变量的产出弹性。即 $\overline{M_{first}} = N^{-1} \cdot trace[S(W)]$，其中

trance[S(W)]为矩阵 S(W) 的迹,即主对角线之和。二次溢出即某一地区通过国际研发资本技术溢出对其他区域绿色技术创新的溢出作用,间接效应是右端矩阵除主对角线上的元素 η_K 之外的其他元素的均值,即为 $N^{-1} \cdot \tau \cdot S(W) \cdot \tau - N^{-1} \cdot trance[S(W)]$,反映邻近地区解释变量对本地区被解释变量的影响。总溢出效应为首次效应和二次效应之和。

三、基于中国样本的实证检验

(一) 数据来源

1. 绿色技术创新效率的测算。绿色技术创新效率的测算是非常关键的步骤,大多数学者均认为绿色技术创新效率的测度要对各个阶段进行全面的综合度量。钟等 (Chung et al., 1997) 根据污染排放的产出特征,将污染排放作为生产过程中可处置的坏产出处理,发现污染排放可以作为产出的特征,所以将"污染排放"看作具有负外部性的非期望产出,与期望产出一起引入生产过程,这种方法被广泛使用,例如钱丽等 (2015) 将"三废"等污染物以及二氧化碳作为非期望产出纳入技术创新效率框架,测算中国绿色技术创新效率。张江雪、朱磊 (2012) 将资源生产率和环境负荷作为产出进行测算。孙丝雨、安增龙 (2016) 将环境污染等作为非期望产出,构建环境污染指数,衡量了中国区域工业企业绿色技术创新效率。王海龙等 (2016) 将污染物排放减少量、能源消耗减少量和专利授权量一起作为绿色技术创新产出测算了绿色技术创新效率。本文在前人的基础上,以中国工业企业数据来测算中国绿色技术创新效率,将环境因素纳入创新过程的投入产出框架,并参考罗良文、梁圣蓉 (2016) 的做法,将绿色技术创新过程分为绿色技术开发阶段和绿色技术成果转化阶段,构建绿色技术创新效率评价指标体系 (见表1),由于选取指标较多,为了消除数据的共线性,提高测算的准确性,先用主成分分析法进行降维处理,计算出两阶段技术创新效率,再通过 DEA 测算绿色技术创新效率 (限于篇幅,计算过程略)。另外,由于绿色技术创新与产出过程存在一定时间滞后性,故需要考虑绿色技术创新两阶段的时滞问题。考虑到中国实际情况,外观设计或实用新型专利由申请到授权一般平均约需 6~12 个月,而发明专利的审查周期一般平均约需 2~3 年,经综合考虑本研究将绿色技术创新的投入产出时滞确定为 2 年,研发投入、中间产出以及成果转化依次为 1999~2011 年、2000~2012 年、2001~2013 年 (钱丽等,2015)。

表1　　　　　　　　　　　　绿色技术创新效率评价指标体系

阶段	类别	指标及单位	数据来源
绿色技术开发阶段	绿色技术创新研发投入	X_1: R&D 经费内部支出（万元）；X_2: R&D 人员数量（人）；X_3: 新产品开发经费支出（万元）	《中国科技统计年鉴》2000 ～ 2012 年
	中间产出	X_4: 专利申请数（件）；X_5: 发明专利（件）	《中国科技统计年鉴》2001 ～ 2013 年
绿色技术成果转化阶段	非研发投入	X_6: 引进技术费用、消化吸收费用、技术改造费用、购买国内技术费用等 4 项费用的和	《中国科技统计年鉴》2002 ～ 2014 年
	期望产出	X_7: 新产品销售收入（万元）；X_8: 工业总产值（万元）	《中国统计年鉴》2002 ～ 2014 年
	非期望产出	X_9: 单位工业 GDP 工业废水排放量（万吨）；X_{10}: 单位工业 GDP 二氧化硫（万吨）；X_{11}: 单位工业 GDP 氮氧化物（万吨）；X_{12}: 单位工业 GDP 烟（粉尘）（万吨）；X_{13}: 单位工业 GDP 一般工业固体废物产生量（万吨）；X_{14}单位工业 GDP 碳排放；X_{15}单位工业 GDP 能源消费	X_9 － X_{14}:《中国环境统计年鉴》2002 ～2014 年；X_{15}: 根据 IPCC 公布的化石燃料 CO_2 排放公式计算

资料来源：本文整理。

2. 直接研发资本技术溢出的测算。本文数据通过观察选取了经济合作组织（OECD）的主要国家：美国、英国、日本、德国、法国、瑞典、加拿大、奥地利、土耳其、捷克、比利时、丹麦、希腊、芬兰、爱尔兰、挪威、葡萄牙、荷兰、西班牙、匈牙利、韩国、波兰等 22 个国家作为中国国际研发资本的来源地。选择 OECD 主要国家的原因：（1）发达 OECD 国家在绿色技术创新方面走在世界前列，这些国家的研发资本占世界研发资本近 70%。（2）从中国对外贸易、FDI、技术合作等方面结构来看，这些国家是中国主要贸易合作伙伴、FDI 来源国和对外直接投资流向的主要国家。

第一，跨国研发投入（IDI_{it}）。即 t 年其他国家对 i 省的直接研发投资存量，首先计算各省（市）吸收其他国家的研发（R&D）投入，2001 ～ 2008 年主要由各省（市）研究与开发机构研究与发展（R&D）经费内部支出中的国外资金与各省（市）三资企业吸收的国外研发（R&D）资金两部分组成，2009 ～ 2012 年由于统计方式有变化，只采集了研究与开发机构研究与发展（R&D）经费内部支出中的国外资金。其次，选择 2001 年为基年，用永续盘存法计算各年份的存量，同时借鉴格瑞里切斯（Griliches，1986）的做法，以 2001 年跨国研发投入流量除以折旧率和基年后 5 年的平均增长率作为 2001 年的跨国研发投入存量。考虑到国际研发资本折旧率相比国内研发资本折旧率要低，采用肖文、林高榜（2011）的做法，将折旧率定为 5%，跨国研发投入流量的数据来源于各年《中国科技统计年鉴》。

第二，跨国技术转移资本存量（TIC_{it}）。即 t 年 i 省从国外引进的技术合同资金存量，以 2001 年为基期，以 2001 年当年的技术合同的资金流量除以折旧率和基年后 5 年的平均增长率作为 2001 年的技术合同的资金存量。然后，用永续盘存法计算各个年份的技术合同的资金存量，折旧率定为 5%，技术合同的金额数据来源于《中国科技统计年鉴》。

3. 间接研发资本技术溢出的测算。关于国际间接溢出渠道的测算，大多数学者直接采用 FDI 或者进口贸易当年金额进行估算，存在较大的偏差。第一，FDI 金额和进口贸易金额只能代表这两个渠道的自身发展状况，而无法代表从这两个渠道溢出的研发资本状况，这种算法无法代表多渠道国际研发资本溢出的状况，而每条渠道溢出情况的算法高估了国际研发资本溢出状况。第二，国际研发资本存量是存量概念，而大多数学者在处理数据时，直接采用当年的流量数据，低估了国际研发资本溢出状况。第三，国际研发资本来源于不同国家和地区，进入国内各个省份的流向以及溢出效应有差异，而这种算法无法表示国际研发资本溢出的区域差异性。因此，本文将重新测算国际研发资本通过各个渠道流入中国以及各个省份的值，考虑测算结果的便利性和数据的易得性，假定国际研发资本等效地通过外商直接投资（$FDITS_{it}$）、对外直接投资（$OFDITS_{it}$）和进口贸易（$TRTS_{it}$）溢出，分别测算各个渠道的技术溢出效应。

$$FDITS_{it} = \frac{FDI_{it}}{\sum_{i=1}^{30} FDI_{it}} \sum_{j=1}^{22} \frac{FDI_{jt}}{FDI_{jt-total}} S_{jt}^{D} \tag{11}$$

$$OFDITS_{it} = \frac{OFDI_{it}}{\sum_{i=1}^{30} OFDI_{it}} \sum_{j=1}^{22} \frac{OFDI_{jt}}{OFDI_{jt-total}} S_{jt}^{D} \tag{12}$$

$$TRTS_{it} = \frac{TR_{it}}{\sum_{i=1}^{30} TR_{it}} \sum_{j=1}^{22} \frac{TR_{jt}}{TR_{jt-total}} S_{jt}^{D} \tag{13}$$

其中 S_{jt}^{D} 为 j 国 t 年国内研发存量，FDI_{it} 为 t 年 i 省的 FDI 存量，$\sum_{i=1}^{30} FDI_{it}$ 为中国 30 个省份 t 年 FDI 存量总和，FDI_{jt} 为 j 国 t 年对中国的 OFDI 存量，$FDI_{jt-total}$ 为 j 国 t 年对其他国家的 OFDI 存量总和。$OFDI_{it}$ 为 i 省 t 年的 OFDI 存量，$\sum_{i=1}^{30} OFDI_{it}$ 为 t 年中国 30 个省份 OFDI 存量总和，$OFDI_{jt}$ 为 t 年中国对 j 国的 OFDI 存量，$OFDI_{j-total}$ 为 j 国 t 年接受其他国家的 OFDI 存量总和。TR_{it} 为 i 省 t 年

的进口贸易总量，$\sum_{i=1}^{30} TR_{it}$ 为 t 年中国 30 个省份进口贸易总和，TR_{jt} 为 j 国 t 年出口到中国的贸易总量，$TR_{jt-total}$ 为 j 国 t 年出口贸易总和。S_{jt}^{D}，FDI_{jt}，$FDI_{jt-total}$，$OFDI_{jt}$，$OFDI_{jt-total}$，TR_{it}，$TR_{it-total}$ 来源于 OECD 统计数据库，FDI_{it}，$OFDI_{it}$，TR_{it} 来源于《中国统计年鉴》。

4. 国内研发资本存量（D_{it}）。D_{it} 是指中国 i 省 t 年的研发资本存量，为各省（市）R&D 投入资本存量，借鉴肖文、林高榜（2011）的做法，以 2001 年为基年，9.6% 的折旧率进行计算，数据来源于各年《科技统计年鉴》。

5. 控制变量（X）。X 为其他可能对绿色技术创新效率产生影响的变量，本文选取了人力资本水平（HR_{it}）和经济发展水平（$GDPP_{it}$）两个变量。第一，人力资本素质（HR_{it}）采用平均受教育年限来表征人力资本素质，关于平均受教育程度的计算，采用阚大学、罗良文（2013）的做法，平均受教育程度 = 大专及以上文化程度人口比重 × 16 年 + 高中文化程度人口比重 × 12 年 + 初中文化程度人口比重 × 9 年 + 小学文化程度人口比重 × 6 年 + 文盲半文盲文化程度人口比重 × 2 年。数据来源于历年的《中国人口年鉴》。第二，经济发展水平（$GDPP_{it}$）用人均 GDP 来表示经济发展水平。为了消除物价因素影响，以 2001 年为标准，进行了平减。

6. 空间权重矩阵。对于空间权重矩阵 W 的选定，本文并未采用传统的空间邻近矩阵，而是构建了两种矩阵进行对比研究。第一，空间距离权重矩阵。省会城市之间的距离衰减函数，以最短距离的倒数作为空间权重，这样处理的优点是能充分考虑到在空间上接近但并不相邻的省份之间的国际研发资本技术溢出也可能存在相互影响和相互作用的实际情况。第二，经济距离权重矩阵。依据省份 GDP 水平的相近程度设定空间权重矩阵，以考察经济发展水平相似地区间绿色技术创新效率的相互影响，时间跨度是 2001～2013 年的 GDP 均值。

因为截至目前，《中国科技统计年鉴》数据仅更新到 2013 年，为了数据的统一性，所以本研究研究样本选取了 2001～2013 年全国 30 个省、直辖市和自治区的面板数据，由于西藏的相关数据缺失严重，从样本中进行剔除。

（二） Coe - Helpman - Durbin 线性面板估计及空间交互效应检验

为探讨是否应在传统 C - H 线性模型中纳入国际研发资本技术溢出的空间属性，本文设定一般的 OLS 模型，根据 C - H 线性模型的残差，运用 LM 检验考察国际研发资本是否存在技术溢出的空间交互效应，若 LM 检验结果达到显著性水平，则表明可拒绝不包括空间滞后项和空间误差自相关项的零假设，即存在明显的空间溢出效应，应在模型中纳入空间交互项。以绿色技术创新效率作为被解释变量，分别以国内研发资本存量、国际研发资本存量各变量为被解释变量，对 C - H 模型进行基本的 OLS 回归，在此基础上计算面板模型的 Moran' I 指数，并对空间滞后项（spatial lag）和空间误差项（spatial error）进行 LM（稳健性）空间交互效应检验，估计结果见表2，基于距离空间权重矩阵和基于经济空间权重矩阵的 Moran' I 指数分别为 0.2702 和 0.2329，且在 1% 置信度水平上高度显著，说明被解释变量绿色技术创新效率存在显著的空间效应，而空间误差项和空间滞后项的 LM 检验结果均在 10% 置信水平下显著，进一步表明模型无法拒绝面板数据样本存在着空间交互效应，则说明应该进行空间计量分析。

表2　　　　　　　　　　线性面板模型估计残差的空间自相关检验

检验名称	基于距离空间权重矩阵	基于经济空间权重矩阵
Moran' I	0.2702（0.0145）	0.2329（0.000）
LMLAG	187.8105（0.000）	57.7571（0.000）
R – LMLAG	4.2097（0.000）	2.0117（0.056）
LMERR	293.8977（0.000）	64.4217（0.000）
R – LMERR	110.2970（0.000）	8.6763（0.003）

注：括号中是相应统计量的 P 值。
资料来源：本文整理。

（三）空间面板模型估计及结果分析

1. 模型选择。表3第1列给出了普通 OLS 线性面板模型的估计结果，列2、5分别给出了基于空间距离和经济距离空间权重矩阵的 SDM 模型的参数估计结果，作为对照，列3、4和列6、7分别给出了基于空间距离和经济距离空间权重矩阵的 SLM 模型和 SEM 模型的参数估计结果。从 SDM 模型估计结果来看，基于地理距离空间权重的 Hausman 检验通过了 5% 的显著性检验，应该选择固定效应，基于经济距离空间权重的 Hausman 检验没有通过 5% 的显著性检验，应该选择随机效应。且 LR 检验（似然比结果）显示，SDM 模型与 SLM 模型、SDM 模型与 SEM 模型的零假设 $\theta = 0$ 下，P < 0.01，说明基于两种空间权重矩阵的模型均应该选择 SDM 空间面板模型。从拟合优度来看，SDM 的拟合优度大于 SLM 模型和 SEM 模型的拟合优度，说明涵盖单一空间交互效应的 SLM 模型和 SEM 模型的空间交互效应比 SDM 模型低。且似然值的自然对数、赤池信息准则、施瓦茨准则结果均显示，SDM 模型最合适，进一步说明了模型的空间相关性主要源于解释变量的空间关联效应，所以以下解释主要以 SDM 模型为主进行解释（列2、5）。

表3　　　　　Coe – Helpman – Durbin 空间面板模型估计及其设定形式检验

被解释变量	OLS	空间距离权重矩阵			经济距离权重矩阵		
		SDM	SLM	SEM	SDM	SLM	SEM
ρ		0.5301 *** (5.94)	0.5714 *** (7.04)	0.6168 *** (7.79)	0.3695 *** (5.04)	0.3693 *** (5.14)	0.4211 *** (5.73)
lnIDI	0.0273 *** (2.82)	0.0260 *** (2.62)	0.0210 *** (2.19)	0.0223 *** (2.28)	0.0205 *** (2.11)	0.0223 *** (2.28)	0.0256 *** (2.72)
lnTIC	0.0187 (1.28)	0.0069 (0.48)	0.0021 (0.15)	0.0126 (0.90)	0.0182 (1.27)	0.0084 (0.59)	0.0165 (1.15)
lnFDITS	0.0237 (1.52)	0.0229 (1.53)	0.0242 (1.73)	0.0210 (1.48)	0.0028 (0.18)	0.0175 (1.22)	0.0144 (0.99)
lnOFDITS	− 0.0177 *** (− 3.25)	− 0.0187 *** (− 3.62)	− 0.0163 *** (− 3.31)	− 0.0175 *** (− 3.43)	− 0.0144 *** (− 2.81)	− 0.0154 *** (− 3.09)	− 0.0149 *** (− 2.93)
lnTRTS	0.0660 *** (3.13)	0.0702 *** (3.24)	0.0764 *** (3.88)	0.0684 *** (3.40)	0.0581 *** (2.74)	0.0756 *** (3.72)	0.0650 *** (3.27)
lnD	− 0.0521 ** (− 1.92)	− 0.0501 *** (− 1.83)	− 0.0550 *** (− 2.25)	− 0.0377 (− 1.49)	− 0.0266 (− 0.81)	− 0.0654 *** (− 2.55)	− 0.0448 *** (− 1.82)
lnHR	− 0.0584 (− 0.28)	− 0.1591 (− 0.97)	− 0.1098 (− 0.69)	− 0.1806 *** (− 0.89)	− 0.0934 (− 0.58)	− 0.0978 (− 0.60)	− 0.0783 (− 0.41)
lnGDPP	0.2233 (2.54)	0.2440 *** (2.78)	0.1911 *** (2.86)	0.2549 *** (3.48)	0.3708 *** (4.68)	0.2255 *** (3.29)	0.2154 *** (3.03)
常数项	− 2.201 *** (− 5.02)	− 2.6940 *** (− 2.98)	− 1.6732 *** (− 4.57)	− 2.1950 *** (− 5.22)	− 2.77 *** (− 4.76)	− 1.8903 *** (− 4.98)	− 2.1780 *** (− 5.49)
WlnIDI		0.0474 * (1.05)			0.0356 *** (1.93)		
WlnTIC		− 0.1272 *** (− 2.54)			− 0.0795 *** (− 3.01)		
WlnFDITS		0.0168 * (0.24)			0.0458 *** (1.18)		
WlnOFDITS		− 0.0056 (− 0.40)			− 0.0074 (− 0.74)		

续表

被解释变量	OLS	空间距离权重矩阵			经济距离权重矩阵		
		SDM	SLM	SEM	SDM	SLM	SEM
WlnTRTS		0.0736 * (0.82)			0.0651 (1.19)		
LogLR^2		0.5792	0.5775	0.5574	0.5647	0.5405	0.5550
Log – likelihood		179.2415	174.6254	176.1102	176.8089	168.0238	169.5359
AIC		– 324.4831	– 325.2508	– 328.2204	– 319.6178	– 312.0477	– 315.0718
BIC		– 257.0586	– 277.657	– 280.6266	– 252.1933	– 264.4539	– 267.4781
Hausman 检验	12.59 [0.1266]	64.26 [0.0000]	148.75 [0.9038]	– 5.42	– 3.58	– 39.39	– 66.82
	re	fe	re	re	re	re	re
LR 检验 （SDM 对 SLM）		12.34 [0.0901]			28.37 [0.0002]		
LR 检验 （SDM 对 SEM）		6.41 [0.0291]			22.09 [0.0025]		

注：***、**、*分别表示在1%、5%、10%的水平上显著，圆括号内为标准误，方括号内为对应统计量的 P 值；Hausman 统计量为负值，故可以接受随机效应的原假设。

资料来源：本文整理。

2. 空间效应估计及初步分析。第一，模型稳定性较强。对比普通线性 OLS 回归与空间面板模型回归（见表3）。SDM 模型、SEM 模型和 SLM 模型回归结果显示，各变量回归系数与普通的 OLS 线性回归系数正负方向一致，说明 Coe – Helpman – Durbin 空间面板模型稳定性较强。第二，忽略空间交互作用高估了解释变量对被解释变量的作用。比较 SDM 模型、SEM 模型和 SLM 模型与普通 OLS 线性模型的各变量回归系数，普通 OLS 线性模型各变量的影响系数比加入空间交互效应的 SDM 模型、SEM 模型和 SLM 模型的回归系数要小，说明非空间面板的 OLS 模型由于忽略了被解释变量和解释变量的空间效应而高估了各渠道国际研发资本技术溢出对绿色技术创新的影响。第三，中国绿色技术创新效率存在显著的空间效应。从 SDM 模型估计结果（列2、5）来看，ρ 在1%的置信度水平下高度显著，说明区域绿色技术创新效率之间存在显著的空间交互作用，一个区域的绿色技术创新效率不仅受自身因素的影响，还与地理相近或经济发展水平相似区域的绿色技术创新相关。其中基于距离空间权重矩阵的 ρ 值为0.5301，表明国际研发资本技术溢出所在地区域绿色技术创新效率每提高1个百分点，将可有效促使地理相近区域绿色技术创新效率提高 0.5301 个百分点。而基于经济空间权重矩阵的 ρ 值为 0.3695，表明所在区域绿色技术创新效率每提高 1 个百分点，将可有效促使经济相似区域绿色技术创新效率提高 0.3695 个百分点。基于经济距离空间权重矩阵的空间效应小于基于距离空间权重矩阵的空间效应，说明空间距离对绿色技术创新效率的影响要比经济距离对其影响要大。空间因素是影响区域绿色技术创新效率分布的重要因素，相邻区域的绿色技术创新效率相互依赖，因地理相邻所产生的空间溢出效应促成了相似绿色技术创新效率水平区域的空间集聚。

3. 首次溢出、二次溢出和总溢出效应估计。在空间面板模型中，解释变量的系数不能代表真实的偏回归系数，空间滞后项系数也不能反映空间外溢效应（王坤等，2016），因此需要将国际研发资本技术溢出对绿色技术创新效率影响的空间效应进行分解。从基于距离空间权重矩阵和经济空间权重矩阵的总溢出效应结果来看，各变量效应的符号一致，说明在不同模型设置的情况下，溢出效应较为稳定，进一步说明模型的稳健性较好。下面以基于空间距离矩阵的结果为主进行分析（见表4）。

表4　　　　基于 SDM 模型首次溢出、二次溢出和总溢出效应分解

	基于空间距离			基于经济距离		
	首次溢出效应	二次溢出效应	总溢出效应	首次溢出效应	二次溢出效应	总溢出效应
lnIDI	0.0284 *** (3.35)	0.1319 * (1.26)	0.1602 * (1.50)	0.0384 *** (2.13)	−0.0134 * (−1.43)	0.0250 *** (0.73)
lnTIC	0.0020 * (0.13)	−0.2588 *** (−2.48)	−0.2568 *** (−2.28)	0.0143 (0.90)	−0.1098 *** (−2.85)	−0.0955 *** (−2.14)
lnFDITS	0.0250 * (1.53)	0.0516 (0.34)	0.0765 * (0.49)	0.0008 (0.05)	0.0620 * (1.13)	0.0627 * (1.11)
lnOFDITS	−0.0189 *** (−3.78)	−0.0117 * (−0.48)	−0.0306 (−1.20)	−0.0153 *** (−3.07)	−0.0204 (−1.41)	−0.0357 *** (−2.27)
lnTRTS	0.0791 *** (3.45)	0.2368 * (1.17)	0.3159 (1.49)	0.0677 *** (3.03)	0.1331 *** (1.68)	0.2008 *** (2.23)
lnD	−0.0510 *** (−1.82)	−0.0559 * (−1.46)	−0.1069 *** (−1.71)	−0.0249 * (−0.73)	−0.0131 * (−0.68)	−0.0379 * (−0.72)

注：***、**、* 分别表示在1%、5%、10%的水平上显著，圆括号内为 t 值，方括号内为对应统计量的 P 值。

资料来源：本文整理。

（1）跨国研发投入、FDI研发资本、贸易进口研发资本的首次、二次以及总溢出效应均大于0，说明这三个渠道的国际研发资本技术溢出不仅对所在区域的绿色技术创新效率产生了显著的首次溢出效应，而且也给所在区域以外的其他区域产生了显著的二次溢出效应，且二次溢出效应大于首次溢出效应。其中跨国研发投入的首次和二次溢出效应分别为0.0284和0.1319，表明跨国研发投入每增长1%，会给所在区域的绿色技术创新效率带来0.0284%的提升，给所在区域以外的其他区域的绿色技术创新效率带来0.1319%的提升，一定程度上验证了跨国研发投入技术溢出的空间集聚效应。贸易进口研发资本总溢出效应排名第一，说明进口贸易提高了本地区的绿色技术创新效率还提高了其他区域的技术创新效应，产生了显著的空间聚集效应。进口贸易研发资本技术溢出主要通过竞争效应、模仿效应和关联效应发挥作用，面临质量好、技术先进、环保的进口产品（特别是资本品），本地企业必须通过产品竞争、模仿学习的基础上进行再创新保持市场领先优势，同时，进口厂商也经常会通过接受国外出口的先进技术或者产品培训或指导获得技术溢出。随着中国市场化程度的逐步提升，国内区域与区域之间的贸易开放渠道逐渐畅通，加速了技术资本的扩散，二次技术溢出效应明显。尽管FDI研发资本技术溢出的三大效应均为正，但其总溢出效应远远小于进口贸易研发资本技术溢出，可能的原因是相当一部分外企对中国进行投资的原因是中国丰富的资源以及相对低廉的劳动力，还有些国家将污染严重的产业向中国转移，这些企业对中国的绿色技术提升有限。但是，从长远来看，相对中国的发展阶段而言，外资企业良好的福利待遇，吸引了更多中国人才，人才在一定程度上吸收了一些技术，人才的流动产生的竞争、关联和模仿效应，有利于提升中国的绿色技术创新效率。

（2）跨国技术转移的首次、二次和总溢出效应分别为0.0020、-0.2588和-0.2568，说明总体而言，跨国技术转移技术溢出没有促进中国绿色技术创新效率的提升，但对所在区域的绿色技术创新效率的提升有促进作用，而对所在区域以外的其他区域的二次溢出效应为负。可能的原因是跨国技术转移作为一种较为直接的技术注入方式，尽管跨国技术转移市场的成交金额相对较小，但是本区域企业从中获取的技术溢出对绿色技术进步产生了较为明显的促进作用。而所在区域以外的区域产生了负的影响，可能的原因有两个：一是中国的技术引进模式大多数以中低端为主，在国际知识产权保护制度日益严格的外部环境下，如果要获得尖端技术必须支付高昂的许可费用，占用自身的研发经费，区域引进技术后，一段时间内会采取"技术锁定"，以抢占市场优势，所以对其他区域产生了负的溢出效应。二是受地理成本较高的制约，使得交易成本上升，本土企业无法获得技术空间溢出带来的收益。

（3）中国OFDI研发资本的首次、二次和总溢出效应均为负值，说明中国

OFDI 弱化了所在区域的绿色技术创新效率，其二次溢出也抑制了其他区域的绿色技术创新效率的提升。说明对外直接投资一定程度上对国内投资产生了挤出效应，同时，中国企业通过对外投资进入国外技术市场，在近距离了解和借鉴国外先进产品技术方面，其"示范效应"和"干中学"效应并没有发挥作用。可能原因有两个：一是中国对外直接投资产业大部分位于全球价值链低端，企业学习到绿色技术创新的核心技术较为困难。二是中国作为发展中国家，企业对外投资的动机并不是提高技术，而是以市场为导向的，为了保护自身的市场占有率，以求生存和发展为主，即使在竞争过程中学习到了绿色技术，由于其经济发展的阶段，而没能将技术运用于实际产业以及产品中去。

（4）国内研发资本技术溢出的首次、二次和总溢出效应均为负值，说明中国国内研发资本存量投入没有促进绿色技术创新效率的提高，这个结果与李小平、朱钟棣（2006），谢建国、周露昭（2009）研究结论类似，说明中国企业绿色技术产业处于调整期，产业技术投入存在结构失衡、效率不高等问题，同时，中国在推动工业化进程过程中，面临着自身资本短缺、劳动力技能落后、技术落后的三重约束条件，大量的研发资本投入到成本高、风险高的绿色技术研发领域，极易导致研发资本资源错配、效率下降以及技术市场扭曲。

总体而言，国际研发资本技术溢出效应大于国内研发资本技术溢出效应，国际研发资本比国内研发资本技术溢出更多、更好地促进了中国绿色技术创新效率。

四、结论与启示

基于线性的 Coe-Helpman 模型未考虑空间相关性，很易导致模型结果的偏误，为了更好地揭示国际研发资本技术溢出对绿色技术创新的真实影响，本文将空间交互效应引入线性结构的 C-H 模型，构建国际研发资本技术溢出的空间计量模型，分析各个渠道的国际研发资本技术溢出效应，测算国际研发资本的首次溢出和二次溢出效应；在此基础上，构建基于距离的空间权重矩阵和基于经济的空间权重矩阵，运用省级面板数据，实证分析国际研发资本的首次溢、二次溢出对区域绿色技术创新效率的影响。实证结果表明：

第一，国际研发资本技术溢出模型存在显著的空间交互性效应，其空间效应不仅与被解释变量（绿色技术创新效率）相关，还与解释变量（各渠道的国际研发资本技术溢出）的空间关联效应相关。即区域绿色技术创新效率之间存在显著的空间交互作用，一个区域的绿色技术创新效率不仅受自身因素的影响，还与周边区域绿色技术创新水平相关，而忽略空间效应的线性 C-H 模型高估了国际研发资本技术溢出对绿色技术创新效率的作用。空间距离对绿色技术创新效率的影响比经济距离对其的影响要大,空间因素是影响区域绿色技术创新效率分布的重要因素。第二,相比国内研发资本对绿色技术创新效率的负效应,国际研发资本技术溢出更好地促进了中国绿色技术创新效率,除跨国技术转移和 OFDI 渠道外,其他渠道的国际研发资本均促进了绿色技术创新效率,且存在显著的首次、二次溢出效应。具体表现为:(1)跨国研发投入、FDI 研发资本、贸易进口研发资本三个渠道的技术溢出不仅对所在区域的绿色技术创新效率产生了显著的首次溢出效应,而且也给所在区域以外的其他区域产生了显著的二次溢出效应,且二次溢出效应大于首次溢出效应,其中贸易进口研发资本的总溢出效应排名第一,说明进口贸易研发资本技术溢出是促进中国绿色技术创新的重要途径,随着中国市场化程度的逐步提升,进口贸易的首次溢出和二次溢出产生了显著的空间聚集效应。而 FDI 研发资本技术溢出效应远远低于贸易进口研发资本和跨国研发投入两个渠道,主要原因是中国 FDI 承接了发达国家产业转移,大部分外资企业所属的产业污染严重。(2)总体而言,跨国技术转移技术阻碍了绿色技术创新效率,首次溢出对本区域绿色技术进步产生了较为明显的促进作用,但阻碍了其他区域绿色技术创新效率的提升,说明受地理成本的制约,本土企业无法获得技术空间溢出带来的收益。(3)中国 OFDI 研发资本对国内投资产生了挤出效应,阻碍了绿色技术创新效率的提升,中国对外投资"示范效应"和"干中学"效应并没有发挥作用。第三,中国国内研发资本阻碍了绿色技术创新效率的提高,说明中国工业企业绿色技术产业处于调整期,产业技术投入存在结构失衡、效率不高等问题。

随着工业环境污染问题的日益突出,绿色技术创新已逐步成为中国经济发展方式转变的重要支撑。因此,中国有必要扩大对外开放程度,鼓励各区域积极参与绿色技术领域的国际研发分工与合作,借鉴发达国家的模式,构建以区域绿色技术创新为导向的国际研发资本技术溢出模式,以促进绿色经济可持续发展。第一,进一步提升市场化水平,加速跨国研发投入、FDI 研发资本、贸易进口研发资本三个渠道的技术资本的扩散,强化国际研发资本的二次技术溢出效应,特别要增加技术密集型产品的进口比例,优化进口贸易结构,促进本土企业绿色技术创新水平的提升。第二,实行环保超前介入,着重发展绿色产业,优先引进规模化、集约化、高新技术产业,控制污染密集型外资企业进入中国市场,引进与区域绿色技术吸收能力相匹配的绿色技术,充分发挥区域间的二次溢出效应。同时,采取更严格的污染治理技术,减少由于 FDI 技术溢出引起的环境污染。有效利用外资企业人才流动产生的竞争、关联和模仿效应,提升中国的绿色技术创新效率。第三,充分发挥中国对外投资的"示范效应"和"干中学"效应。加大技术获取型对外直接投资力度,力争通过多种投资方式吸收发达国家研发资本。

提升中国对外直接投资企业竞争力，引导中国对外直接投资向价值链高端转移，鼓励外商投资企业将技术运用于实际产业及产品生产中去，提升中国绿色技术创新效率。第四，调整研发资本投入结构，加大研发投入。在明确各区域绿色技术创新模式的基础上，合理配置研发人员、本土研发资本、国际研发资本技术溢出等创新资源投入。

参考文献

［1］ Albert Faber，2009：KoenFrenken. Models in Evolutionary Economics and Environmental Policy：Towards an Evolutionary Environmental Economics，Technological Forecasting & Social Change，Vol. 76，No. 4.

［2］ Amighini，Alessia，2005：China in the International Fragmentation of Production：Evidence from the ICT Industry，The European Journal of Comparative Economics，Vol. 2，No. 2.

［3］ Anselin，L. and J. Le Gallo，2006：Interpolation of Air Quality Measures in Hedonic House Price Models：Spatial Aspects，Spatial Economic Analysis，Vol. 1，No. 1.

［4］ Arcelus F. J. ，P. Arocena，2005：Productivity Differences Across OECD Countries in the Presence of Environmental Constraints，The Journal of the Operational Research Society，Vol. 56，No. 12.

［5］ Autant－Bernard，C. ，2001：The Geography of Knowledge Spillovers and Thechnological Proximity，Economics of Innovation and New Technology，Vol. 10，No. 5.

［6］ Coe D. ，Helpman E，1995：International R & D Spillovers，European Economic Review.

［7］ Chung Y. H. ，Fare R. ，Urosskopf S. ，1997：Productivity and Undesirable Outputs：A Directional Distance Function Approach，Journal of Environmental Management，Vol. 51，No. 3.

［8］ David Popp，2003：ENTICE：Endogenous Technological Change in the DICE Model of Global Warming，Journal of Environmental Economics and Management，Vol. 48，No. 1.

［9］ Elena Verdolini，MarzioGaleotti，2009：At Home and Abroad：An Empirical Analysis of Innovation and Diffusion in Energy Technologies，Journal of Environmental Economics and Management，Vol. 61，No. 2.

［10］ Elhorst，J. P. ，2014：Matlab Software for Spatial Panels，International Regional Science Review，Vol. 37，No. 3.

［11］ Greenaway，D. ，R. Kneller，2007：Firm Heterogeneity，Exporting and Foreign Direct Investment，The Economic Journal，Vol. 117，No. 517.

［12］ Gunnar S. Eskeland，Ann E. Harrison，1997：Moving to Greener Pastures? Multinationals and the Pollution haven Hypothesis，Journal of Development Economics，Vol. 70，No. 1.

［13］ Griliches Z. ，1986：Productivity，R and D，and Basic Research at the Firm Level in the 1970's，American Economic Review，Vol. 76，No. 1.

［14］ Kelejian，H. H. ，G. S. ，Tavlas and G. Hondronyiannis. 2006：A Spatial Modeling Approach to Contagion Among Emerging Economies，Open Economies Review，Vol. 17，No. 4.

［15］ Lichtenberg F. R. Van Pottelsberghe de la Potterie，B. ，1998：InternationalR & D Spillovers：A Comment，European Economic Review，Vol. 42，No. 8.

［16］Lutz S.，Talavera O.，2004：Do Ukrainian Firms Benefit from FDI？. Economics of Planningm，Vol. 37，No. 2.

［17］Macdougall，A.，1960：The Benefits and Costs of Private Investment from Abroad：a Theoretical Approach. Economic Record，Vol. 36，No. 73.

［18］Malin Song，Shuhong Wang，Qingling Liu，2013：Environmental Efficiency Evaluation Considering the Maximization of Desirable outputs and its Application，Mathematical and Computer Modeling，Vol. 58，No. 5 – 6.

［19］Mohnen，P.，2001：International R&D Spillovers and Economic Growth，Information Technology，Productivity，and Economic Growth：International Evidence，London：Oxford University Press.

［20］Stephen Faulkner，2004：Urbanization Impacts on the Structure and Function of Forested Wetlands，Urban Ecosystems，Vol. 7，No. 2.

［21］Lesage J. P.，Pace R. K.，2009：Introduction to Spatial Econometrics. CRC Press，Boca Raton，FL，Spatial Demography，Vol. 1，No. 1.

［22］Lema A.，Lema R.，2013：Technology Transfer in the Clean Development Mechanism：Insights from Wind Power，Global Environmental Change – Human and Policy Dimensions，Vol. 23，No. 1.

［23］高大伟：《基于国际研发资本的中国区域低碳经济发展评价研究》，载《科技管理研究》2016 年第 7 期。

［24］龚健健、沈可挺：《中国高耗能产业及其环境污染的区域分布——基于省际动态面板数据的分析》，载《数量经济技术经济研究》2011 年第 2 期。

［25］阚大学、罗良文：《外商直接投资、人力资本与城乡收入差距——基于省级面板数据的实证研究》，载《财经科学》2013 年第 2 期。

［26］李梅、柳士昌：《国际 R&D 溢出渠道的实证研究——来自中国省际面板的经验证据》，载《世界经济研究》2011 年第 10 期。

［27］刘舜佳：《进口贸易研发知识二次溢出的空间测度——基于 Coe – Helpman – Durbin 模型的检验》，载《南方经济》2013 年第 8 期。

［28］李小平、朱钟棣：《国际贸易、R&D 溢出和生产率增长》，载《经济研究》2006 年第 2 期。

［29］刘伟明、唐东波：《环境规制、技术效率和全要素生产率增长》，载《产业经济研究》2012 年第 5 期。

［30］罗良文、梁圣蓉：《中国区域工业企业绿色技术创新效率及因素分解》，载《中国人口·资源与环境》2016 年第 9 期。

［31］钱丽、肖仁桥、陈忠卫：《我国工业企业绿色技术创新效率及其区域差异研究——基于共同前沿理论和 DEA 模型》，载《经济理论与经济管理》2015 年第 1 期。

［32］孙丝雨、安增龙：《两阶段视角下国有工业企业绿色技术创新效率评价——基于网络 EBM 模型的分析》，载《财会月刊》2016 年第 35 期。

［33］王兵、黄人杰：《中国区域绿色发展效率与绿色全要素生产率：2000 – 2010——基

于参数共同边界的实证研究》，载《产经评论》2014 年第 1 期。

[34] 王海龙、连晓宇、林德明：《绿色技术创新效率对区域绿色增长绩效的影响实证分析》，载《科学学与科学技术管理》2016 年第 6 期。

[35] 王俊：《跨国外包体系中的技术溢出与承接国技术创新》，载《中国社会科学》2013 年第 9 期。

[36] 王坤、黄震方、余凤龙等：《中国城镇化对旅游经济影响的空间效应——基于空间面板计量模型的研究》，载《旅游学刊》2016 年第 5 期。

[37] 肖文、林高榜：《海外研发资本对中国技术进步的知识溢出》，载《世界经济》2011 年第 1 期。

[38] 谢建国、周露昭：《进口贸易、吸收能力与国际 R&D 技术溢出：中国省区面板数据的研究》，载《世界经济》2009 年第 9 期。

[39] 张江雪、朱磊：《基于绿色增长的我国各地区工业企业技术创新效率研究》，载《数量经济技术经济研究》2012 年第 2 期。

[40] 张可云、易毅、张文彬：《区域差距与中国环境全要素生产率》，载《发展研究》2013 年第 3 期。

[41] 张少华、蒋伟杰：《加工贸易提高了环境全要素生产率吗——基于 Luenberger 生产率指数的研究》，载《南方经济》2014 年第 11 期。

[42] 邹骥、王克、傅莎：《从哥本哈根到墨西哥城：国际气候谈判评价与反思》，载《环境经济》2010 年第 Z1 期。

（与梁圣蓉合作，原载《经济管理》2017 年第 3 期）

国际研发资本技术溢出对绿色
技术创新效率影响的门槛效应

——基于人力资本视角

  研发资本投入是国家技术创新的决定性因素之一。近年来，中国国内研发投入强度逐年增加，原始创新能力进步明显，科技成果日益丰富，企业创新活力不断增强，科技创新为中国经济可持续发展提供了强有力的保障[1]。1990 年，中国的研发投入强度为 0.67%，2001 年上升为 0.95%，2010 年达到 1.76%，超过德国，2013 年首次突破2%，超过日本，2017 年达到 2.13%，成为仅次于美国的第二大研发经费投入国家，居发展中国家前列。由于完全相同的技术是不能产生溢出效应的，因此在开放经济背景下，各渠道国际研发溢出对提升发展中国家自主创新水平起到愈来愈重要的作用。进入 21 世纪以来，世界各经济主体对中国的研发资本投入迅速增长，但中国区域经济发展不均衡，区域经济发展水平、人力资本素质、市场化程度、开放程度和政策倾斜状况等存在差异，各区域吸收国际研发资本技术溢出的能力不一样。而在这些因素中，人力资本素质的高低是各区域吸收国际研发溢出提升绿色技术创新效率的关键，部分经济发达区域，凭借较高水平的人力资本素质获得了较好的消化吸收能力，因而这些地区的国际研发资本产生了正向溢出效应。相反，另外一些未能逾越或达到发展门槛的区域，不能有效吸收技术溢出，反而对国内研发投资产生挤出效应，阻碍这些区域的绿色技术进步，说明国际研发资本技术溢出对绿色技术创新效率的影响存在着某种"门槛值"，也就是说该区域技术吸收能力达到该"门槛值"时，会呈现出显著跳跃。本文构造了门槛回归模型，以人力资本素质为门槛变量，测算引发技术溢出效应变化的人力资本素质的门槛水平。

一、文献综述

（一）国际研发资本技术溢出对绿色技术创新效率的影响

  科埃和赫尔普曼（Coe & Helpman）[2] 是最早研究国家间贸易技术溢出的学

者，他构建了国际研发资本技术溢出的 Coe – Helpman 模型（以下简称"C – H 模型"），并以 21 个经济合作与发展组织（OECD）国家数据实证检验了工业化国家间的贸易溢出。此后，利希滕贝格和范·波特尔斯贝格（Lichtenberg & Van Pottelsberghe）[3]对该模型进行了拓展，研究了 FDI、OFDI 和出口贸易等渠道的国际技术溢出效应并构建了 LP 模型。越来越多的中国学者也注意到国际研发资本技术溢出与技术创新之间的关系，分别从 FDI、OFDI 和国际贸易等渠道进行研究，但大多数研究均以 FDI、OFDI 和国际贸易实际值代替国际研发资本进行实证分析，结果值得商榷。例如，王尧[4]得出中间品进口的国际技术溢出显著提高了我国的技术创新能力且区域差异明显。魏守华、姜宁和吴贵生[5]发现外资 R&D 活动的溢出效应不明显，开放程度越高，国际技术溢出效果越好。许培源和高伟生[6]实证发现国际贸易溢出对我国技术创新能力的影响区域差异明显。郑展鹏[7]借鉴国际 R&D 溢出模型，通过分析 OFDI、对外贸易以及 FDI 三个渠道的国际技术溢出，发现对外贸易和 OFDI 促进了中国技术创新水平，而 FDI 对中国技术创新影响不显著。靳巧花和严太华[8]认为对外贸易、FDI 和 OFDI 等国际技术溢出渠道对区域创新能力影响有门槛效应，并以知识产权保护为门槛变量进行分析，发现对外贸易、FDI 和 OFDI 对国内区域创新能力的影响显著存在知识产权保护门限效应。冯严超和王晓红[9]借鉴经典 C – D 生产函数模型发现 FDI 技术溢出提升了技术创新水平，而对外贸易技术溢出抑制了技术创新。

对国际研发资本技术溢出对绿色技术创新影响进行系统性研究的成果不多，大多数研究仅单独研究某单一渠道技术溢出对绿色技术创新的影响，且直接以 FDI、OFDI 以及进出口贸易实际值代替国际研发资本存量。例如，刘斌斌和黄吉焱[10]研究发现 FDI 以独资方式进入环境规制较弱地区和以合资方式进入环境规制较强地区能提升该区域的绿色技术创新效率。贾军[11]实证发现 FDI 阻碍了东道国绿色技术创新效率。李国祥、张伟和王亚君[12]认为环境规制力度较强时，OFDI 提升了中国绿色技术创新能力且区域差异明显；环境规制力度较弱时，OF-DI 阻碍了中国绿色技术创新能力。而李国祥和张伟[13]分析发现各渠道国际资本对绿色技术创新的影响存在显著差异性。由于这些研究直接以 FDI、OFDI 以及进出口贸易实际值代替国际研发资本存量，因此这种做法高估了国际研发资本技术溢出对绿色技术创新的影响。

（二）　国际研发资本技术溢出、人力资本对绿色技术创新效率的影响

在研究国内外 R&D 投入对技术创新影响的同时，很多学者开始注意影响 R&D 投入吸收的因素，其中人力资本素质成为关注的焦点，但是系统研究国际研发资本技术溢出和人力资本对绿色技术创新影响的成果较少。人力资本状况是国际研发资本技术溢出的重要推动因素之一，贝克尔和霍塞利德（Becker &

Huselid)[14]研究了影响企业技术创新效率的因素,其研究表明,企业的人力资本素质是影响企业技术创新水平的重要因素,且与企业的技术创新能力成正相关关系。本哈比等(Benhabib et al.)[15]首次发现人力资本素质是影响区域吸收国外技术溢出的关键因素。法尔维等(Falvey et al.)[16]考察了人力资本变量对进口贸易技术溢出效应的影响,发现人力资本对进口贸易的技术溢出效应具有显著的促进作用。迪尔克·赫泽尔(Dierk Herzer)[17]指出如果一个国家或区域的人力资本素质较低,可能会无法充分吸收国际研发资本以获得技术溢出。卢炯炯、董楠楠[18]实证发现单纯的 FDI 不能对技术创新起到实质性的作用,只有将 FDI 与吸收能力的核心因素结合起来,技术外溢效应才明显。徐德英[19]认为人力资本已经成为推动区域创新效率的重要因素,各渠道的国际技术溢出均对区域创新生产率呈逐渐增强的促进作用。张云和赵富森[20]以我国高技术产业数据进行实证分析发现,国际技术溢出效应促进了高技术产业自主创新,在引入吸收能力后,发现吸收能力促进了国际技术溢出效应。李有[21]从静态和动态两个方面分析了人力资本与国际技术溢出的关系,认为人力资本的静态决定了吸收 FDI 的规模和产业选择,动态决定了国际技术的溢出能力。阳立高、龚世豪和王铂等[22]认为人力资本积累和技术进步对制造业升级均具有明显的促进作用且具有明显的地域差异性。肖晓勇、段海庭和焦萌[23]认为要获得军事技术国际转移的溢出效应,必须充分利用人力资本流动这一重要溢出渠道,逐步提高人力资本质量。郑慕强和徐宗玲[24]以闽粤 121 家创新型本土企业为例实证检验,发现吸收能力对自主创新有正向调节作用。陈昭和林涛[25]分析了我国高技术产业 16 个行业的数据,发现研发资本投入和研发人力投入对外商研发技术溢出作用的效果均存在"行业异质性门槛效应"。孙文松、唐齐鸣和董汝婷[26]研究表明知识溢出对中国高新技术企业的创新绩效影响较大,国际创新型人才流动知识溢出效应显著,而产业 FDI 强度阻碍了产业内本土企业的创新绩效的提升。钟优慧和杨志江[27]实证得出受教育程度越高,国际研发资本对技术效率的影响越大。李平、张庆昌[28]实证认为国内 R&D 投入对自主创新能力有提升作用,人力资本这一因素对我国自主创新能力的影响存在明显的门槛效应。郑展鹏和王洋东[29]认为人力资本对我国各区域的出口技术复杂度均产生了显著的促进效应。研究表明,各渠道国际研发资本技术溢出对中国绿色技术创新效率影响的结果存在较大差异,且区域差异明显,部分经济发达区域,凭借较好的基础产生了正向溢出效应。相反,另外一些未能逾越或达到发展门槛的区域,产生了负向溢出效应。说明国际研发资本技术溢出对绿色技术创新效率的影响存在着某种"门槛值",也就是说该区域技术吸收能力达到该"门槛值"时,会呈现出负向溢出效应向正向溢出效应的变化。

综上所述,以下问题还需要深入研究:第一,大多数研究均以各渠道的 FDI、OFDI 以及进出口贸易实际值代替国际研发资本技术溢出值,高估了实证结果；第二，当前的研究主要集中于 FDI、OFDI 以及进出口贸易等单一渠道的研究，鲜有文献将国际研发资本（跨国技术转移和跨国研发投入）的直接渠道和间接渠道（FDI、OFDI 以及进口贸易）纳入同一模型进行系统研究；第三，从研究结果发现，各渠道国际研发资本对技术创新效率的影响结果没有得出统一的结论，说明二者之间的关系错综复杂，需要探讨二者之间的非线性关系，且以人力资本为门槛变量研究国际研发资本技术溢出对绿色技术创新效率影响的研究尚需继续深入。因而，本文针对以上问题进行了以下创新研究：第一，以 OECD 主要国家数据分别测算出五大渠道的国际研发资本技术溢出值；第二，将所有渠道国际研发资本技术溢出均纳入 C－H 模型，对比分析各渠道研发资本技术溢出对我国绿色技术创新效率的影响；第三，采用门槛模型，将人力资本作为门槛变量引入模型分析国际研发资本技术溢出对我国绿色技术创新效率的影响。

二、模型设定与数据来源

（一）绿色技术创新效率的测算

本文采用数据包络分析（DEA）法和主成分法测算绿色技术创新效率并构建了绿色技术创新效率评价指标（见表1）。为了消除数据的共线性，本文先用主成分法进行降维处理，计算分阶段效率，采用投入、产出结果用 DEA 法计算绿色技术创新效率[①]，并对非期望产出指标进行了正向化处理。同时，考虑到绿色技术创新中投入与产出存在一定的时间差，为了保证测算结果的科学性，并结合中国实际情况，本文将技术创新投入产出时间差确定为两年，数据选取的时间节点分别为研发投入（1999～2011 年）、中间产出（2000～2012 年）以及成果转化（2001～2013 年）。本文数据选取了 1999～2014 年中国 30 个省份（除港澳台地区和西藏地区）各区域大中型工业企业数据，数据来源于历年《中国科技统计年鉴》《中国环境统计年鉴》和《中国统计年鉴》。

表 1   **绿色技术创新效率评价指标**

阶段	类别	指标
开发阶段	绿色技术创新投入	R&D 经费支出（X_1）、R&D 人员投入（X_2）、新产品开发经费支出（X_3）
	中间产出	专利申请数（X_4）、发明专利（X_5）两个指标

---

① 限于篇幅，绿色技术创新效率结果不在文中分析和罗列。

续表

阶段	类别	指标
成果转化阶段	非研发投入	非研发投入（X_6）消化吸收、技术改造、引进技术和购买国内技术费用之和
	期望产出	新产品销售收入（X_7）、工业增加值（X_8）
	非期望产出	单位工业增加值能源消耗（X_9）、单位工业 GDP 二氧化硫排放量（X_{10}）、单位工业 GDP 废水排放量（X_{11}）、单位工业 GDP 烟（粉尘）排放量（X_{12}）、单位工业 GDP 工业废气排放量（X_{13}）、单位工业 GDP 一般工业固体废物产生量（X_{14}）和单位工业 GDP 总碳排放（X_{15}）

（二）模型设定

考虑到绿色技术创新效率的动态性，基于 C－H 模型，将国际研发资本技术溢出分成直接（跨国研发投入、跨国技术转移）和间接（FDI、OFDI 和进口贸易）两类渠道，构建国际研发资本技术溢出的计量模型：

$$\ln TFP_{it} = \alpha_0 + \alpha_2 \ln IDI_{it} + \alpha_3 \ln TIC_{it} + \alpha_4 \ln FDITS_{it} + \alpha_1 \ln OFDITS_{it}$$
$$+ \alpha_5 \ln TRTS_{it} + \alpha_6 \ln RD_{it} + \varepsilon_{it} \qquad (1)$$

式（1）中：为绿色技术创新效率；IDI 为跨国研发投入；TIC 为跨国技术转移；FDITS 为外商直接投资研发资本；OFDITS 为对外直接投资研发资本；TRTS 为进口贸易研发资本；RD 为国内研发投入。所有变量均取存量。其中：t 代表时间项；α_0 代表截距项；ε_{it} 代表随机误差；$\alpha_1 \sim \alpha_6$ 代表各渠道技术溢出的弹性系数。

为了检验各渠道国际研发资本技术溢出对中国绿色技术创新效率可能存在的门槛特征，本文采用汉森（Hansen）提出的面板门槛回归模型，将人力资本素质作为门槛变量，分析跨国研发投入、跨国技术转移、FDI、OFDI 和进口贸易等渠道的国际研发资本技术溢出对中国绿色技术创新效率影响的门限特征。基于式（1），以单一门槛模型为例，构建各渠道国际研发资本技术溢出对中国绿色技术创新影响的门槛模型，对跨国研发投入、跨国技术转移、FDI、OFDI 和进口贸易等渠道的国际研发资本技术溢出的门槛效应模型（多门槛模型可以由此进行扩展得到），如下：

$$\ln TFP_{it} = \alpha_0 + \alpha_1 \ln IDI_{it} I(q_{it} \leq \theta) + \alpha_2 \ln IDI_{it} I(q_{it} > \theta) + \alpha_3 \ln TIC_{it} + \alpha_4 \ln FDITS_{it}$$
$$+ \alpha_5 \ln OFDITS_{it} + \alpha_6 \ln TRTS_{it} + \alpha_7 \ln RD_{it} + \varepsilon_{it} \qquad (2)$$

$$\ln TFP_{it} = \beta_0 + \beta_1 \ln IDI_{it} + \beta_2 \ln TIC_{it} I(q_{it} \leq \theta) + \beta_3 \ln TIC_{it} I(q_{it} > \theta)$$
$$+ \beta_4 \ln FDITS_{it} + \beta_5 \ln OFDITS_{it} + \beta_6 \ln TRTS_{it} + \beta_7 \ln RD_{it} + \varepsilon_{it} \qquad (3)$$

$$\ln TFP_{it} = \gamma_0 + \gamma_1 \ln IDI_{it} + \gamma_2 \ln TIC_{it} + \gamma_3 \ln FDITS_{it} I(q_{it} \leq \theta) + \gamma_4 \ln FDITS_{it} I(q_{it} > \theta)$$
$$+ \gamma_5 \ln OFDITS_{it} + \gamma_6 \ln TRTS_{it} + \gamma_7 \ln RD_{it} + \varepsilon_{it} \qquad (4)$$

$$\ln TFP_{it} = \delta_0 + \delta_1 \ln IDI_{it} + \delta_2 \ln TIC_{it} + \delta_3 \ln FDITS_{it} + \delta_4 \ln OFDITS_{it} I(q_{it} \leq \theta)$$
$$+ \delta_5 \ln OFDITS_{it} I(q_{it} > \theta) + \delta_6 \ln TRTS_{it} + \delta_7 \ln RD_{it} + \varepsilon_{it} \quad (5)$$

$$\ln TFP_{it} = \varphi_0 + \varphi_1 \ln IDI_{it} + \varphi_2 \ln TIC_{it} + \varphi_3 \ln FDITS_{it} + \varphi_4 \ln OFDITS_{it}$$
$$+ \varphi_5 \ln TRTS_{it} I(q_{it} \leq \theta + \varphi_6 \ln TRTS_{it} Iq_{it} > \theta + \varphi_7 \ln RD_{it} + \varepsilon_{it}) \quad (6)$$

式（2）~式（6）中：q_{it} 为门槛变量，反映各省（市）区域因素；θ 为带估算的门槛值；$I(\cdot)$ 为指标函数。

（三）数据说明

由于西藏相关数据缺失，因此本文仅选取 2001~2013 年中国 30 个（港澳台地区除外）省级面板数据。在测算各省（市）国际研发资本存量时，选取了 OECD 中具有代表性的 22 个国家为样本[①]，具体处理方法及各个变量的数据来源见表 2，各变量的描述性统计见表 3。

表 2　　　　　　　　变量名称、含义和数据来源及处理方法

变量符号	变量含义	处理方法	数据来源
TFP	绿色技术创新效率	主成分法和 DEA 方法测算	《中国统计年鉴》《中国科技统计年鉴》和《中国环境统计年鉴》
IDI	跨国研发投入：各省（市）接受其他国家的 R&D 投入	永续盘存法*	《中国科技统计年鉴》
TIC	跨国技术转移：各省（市）国外引进技术合同	永续盘存法	《中国科技统计年鉴》
FDITS	FDI 研发资本技术溢出	$FDITS_{it} = \dfrac{FDI_{it}}{\sum_{i=1}^{30} FDI_{it}} \sum_{j=1}^{22} \dfrac{FDI_{jt}}{FDI_{jt-total}} S_{jt}^D$	《中国统计年鉴》和 OECD 统计数据库
OFDITS	OFDI 研发资本技术溢出：各省 OFDI 所带来的 R&D 资本溢出	$OFDITS_{it} = \dfrac{OFDI_{it}}{\sum_{i=1}^{30} OFDI_{it}} \sum_{j=1}^{22} \dfrac{OFDI_{jt}}{OFDI_{jt-total}} S_{jt}^D$	《中国统计年鉴》和 OECD 统计数据库
TRTS	进口贸易研发资本技术溢出	$TRTS_{it} = \dfrac{TR_{it}}{\sum_{i=1}^{30} TR_{it}} \sum_{j=1}^{22} \dfrac{TR_{jt}}{TR_{jt-total}} S_{jt}^D$	《中国统计年鉴》和 OECD 统计数据库

① 本文选取的经济合作组织（OECD）的主要国家：美国、英国、日本、德国、法国、瑞典、加拿大、奥地利、土耳其、捷克、比利时、丹麦、希腊、芬兰、爱尔兰、挪威、葡萄牙、荷兰、西班牙、匈牙利、韩国和波兰等 22 个国家作为中国国际研发资本的来源地。

变量符号	变量含义	处理方法	数据来源
RD	国内研发资本：R&D 投入	永续盘存法**	《科技统计年鉴》
HR	人力资本素质：平均受教育程度	大专及以上文化程度人口比重 × 16 年 + 高中文化程度人口比重 × 12 年 + 初中文化程度人口比重 × 9 年 + 小学文化程度人口比重 × 6 年 + 文盲半文盲文化程度人口比重 × 2 年	《中国统计年鉴》《中国科技统计年鉴》和《中国环境统计年鉴》

注：* 选择 2001 年为基年，用永续盘存法计算各年份存量。具体算法是：以 2001 年跨国研发投入的流量除以折旧率和基年后 5 年的平均增长率作为 2001 年的国际研发投入存量，考虑到国际研发资本折旧率相比国内研发资本折旧率较低，将折旧率定为 5%。

** 以 2001 年为基年，用 9.6% 为折旧率进行计算。

S_{jt}^D 为 j 国 t 年国内 R&D 存量；FDI_{it}，$OFDI_{it}$ 和 TR_{it} 分别为 t 年 i 省的 FDI、OFDI 和进口贸易存量；$\sum_{i=1}^{30} FDI_{it}$，$\sum_{i=1}^{30} OFDI_{it}$，$\sum_{i=1}^{30} TR_{it}$ 分别为中国 30 个省份 t 年的 FDI、OFDI 和进口贸易存量总和；FDI_{jt}，$OFDI_{jt}$ 和 TR_{jt} 分别为 j 国 t 年对中国的直接投资、中国对 j 国的 OFDI 和 j 国 t 年出口到中国的贸易存量；$FDI_{jt-total}$，$OFDI_{j-total}$ 和 $TR_{jt-total}$ 分别为 j 国 t 年对其他国家的直接投资、接受其他国家的 OFDI 和出口贸易存量总和。

资料来源：《中国统计年鉴》和 OECD 统计数据库。

表3　　　　　　　　　　　　　　各变量描述性统计

变量符号	平均值	标准差	最小值	最大值	观测值
lnTFP	-0.663	0.254	-1.474	0.000	390
lnIDI	9.385	2.040	3.385	14.423	390
lnTIC	4.146	1.885	-3.097	8.198	390
lnFDITS	9.183	1.558	4.874	12.111	390
lnOFDITS	7.666	2.311	0.639	12.200	390
lnTRTS	10.433	1.744	5.950	14.218	390
lnRD	5.426	1.589	0.840	8.666	390
lnHR	2.146	0.102	1.872	2.490	390

三、实证检验

（一）门槛效应检验

本文采用 Stata 12.0 软件，对式（2）~式（6）进行门槛效应检验，使用自助抽样法，通过 300 次重复抽样估算得到 F 统计量的 p 值及其在 1%、5% 和 10% 显著性水平上分别对应的临界值，并根据 F 统计量的 p 值确定模型的门槛数，在门槛模型基础上考察不同门槛值下各渠道国际研发资本技术溢出对中国区域绿色技术创新效率的影响。

表 4 报告了人力资本素质为门槛变量时各渠道技术溢出对绿色技术创新效率的门槛效应检验结果。从检验结果来看，跨国研发投入渠道和进口贸易研发资本渠道各门槛变量的单一门槛检验的 F 统计量的 p 值均在 10% 的显著性水平上显著，由于双重门槛检验的 F 统计量 p 值均也通过了 10% 的显著性检验，因此这两个渠道应选择双重门槛模型进行检验。而其他三个渠道的单一门槛检验的 F 统计量的 p 值均在 10% 的显著性水平上显著，由于双重门槛检验的 F 统计量 p 值均没有通过 10% 的显著性检验，因此应该选择单一门槛模型进行检验。

表 4　　　　　　　　以人力资本为门槛变量时各变量的门槛效应检验

门槛检验统计值	跨国研发投入渠道		跨国技术转移渠道		FDI 研发资本渠道		OFDI 研发资本渠道		进口贸易研发资本渠道	
	单一门槛	双重门槛	单一门槛	双重门槛	单一门槛	双重门槛	单一门槛	双重门槛	单一门槛	双重门槛
F 值	9.282	5.193	15.270	7.200	12.545	5.835	4.809	4.031	13.255	10.491
p 值	0.000	0.000	0.000	0.120	0.013	0.200	0.087	0.250	0.033	0.000
10% 临界值	4.468	2.365	4.134	8.466	5.933	8.595	4.724	11.836	6.684	3.594
5% 临界值	7.308	5.389	5.287	9.642	8.600	10.766	8.411	17.076	10.295	4.090
1% 临界值	8.946	22.930	6.022	17.973	17.133	24.774	26.814	27.790	25.274	9.669

（二）　结果分析

在完成门槛效应检验之后，本文进一步估算了面板门槛模型的门槛值，为了防止出现异方差，采用稳健标准差回归。结果显示，当门槛变量处于不同的区间时，模型中依赖于门槛变量的变量回归系数会出现变化。人力资本素质的门槛效应明显存在于跨国研发投入技术溢出与中国绿色技术创新效率的关系中（见表 5），门槛区域内省（市）的分布情况见表 6（限于篇幅，仅列出 2001 年、2007 年和 2013 年的情况）。

表5   门槛回归结果

跨国研发投入渠道		跨国技术转移渠道		FDI 研发资本渠道		OFDI 研发资本渠道		进口贸易研发资本渠道	
$\ln TIC_{it}$	0.0105 (0.62)	lnIDIit	0.0171* (1.50)	lnIDIit	0.0185* (1.63)	lnIDIit	0.0202* (1.75)	lnIDIit	0.0103* (0.89)
lnFDITSit	0.0187 (1.02)	lnFDITSit	0.0233* (1.28)	lnTICit	0.0113 (0.67)	lnTICit	0.0109 (0.64)	lnTICit	0.0155 (0.93)
$\ln OFDITS_{it}$	−0.0113*** (−2.12)	lnOFDITSit	−0.0100*** (−1.86)	lnOFDITSit	−0.0127* (−2.40)	lnFDITSit	0.0244 (1.33)	lnFDITSit	0.0277 (1.54)
lnTRTSit	0.1279*** (4.11)	lnTRTSit	0.1328*** (4.31)	lnTRTSit	0.1382*** (4.47)	lnTRTSit	0.1343*** (4.30)	lnOFDITS	−0.0118*** (−2.25)
lnRDit	0.0175*** (0.58)	lnRDit	0.0156 (0.52)	lnRDit	0.0099 (0.33)	lnRDit	0.0065 (0.21)	lnRDit	0.0020*** (0.07)
lnIDIitI $(q_{it}\leq\theta_1)$	0.0124* (1.06)	lnTICitI $(q_{it}\leq\theta)$	−0.0019* (−0.11)	lnFDITSitI $(q_{it}\leq\theta)$	−0.0086* (−3.37)	LnOFDITS$_{it}$I $(q_{it}\leq\theta)$	−0.0163*** (−2.98)	lnTRTSitI $(q_{it}\leq\theta_1)$	0.1414*** (4.62)
lnIDIitI $(\theta_1<q_{it}\leq\theta_2)$	0.0182* (1.57)	lnTICitI $(q_{it}>\theta)$	0.0177* (1.04)	lnFDITSitI $(q_{it}>\theta)$	0.0304*** (1.66)	lnOFDITSitI $(q_{it}>\theta)$	−0.0102* (−1.81)	lnTRTSitI $(\theta_1<q_{it}\leq\theta_2)$	0.1485*** (4.85)
lnIDIitI $(q_{it}>\theta_2)$	0.0258*** (2.27)	常数项	−2.4540*** (−8.82)	常数项	−2.5071*** (−8.96)	常数项	−2.4529*** (−8.70)	lnFTRTSitI $(q_{it}>\theta_2)$	0.1557*** (4.98)
常数项	−2.400*** (−8.54)	门槛值1	8.512	门槛值1	8.254	门槛值1	8.512	常数项	−2.5120*** (−9.10)
门槛值1	8.281	门槛值2		门槛值2		门槛值2		门槛值1	8.28
门槛值2	9.175							门槛值2	9.74

注:(1)***、**、*分别表示在1%、5%、10%的水平上显著,圆括号内为回归系数的z值,方括号内为对应统计量的P值。

表6   各门槛范围包含的省份

国际研发溢出渠道	范围	2001 年	2007 年	2013 年
跨国研发投入	QP≤8.281	河北、内蒙古、江苏、浙江、安徽、福建、江西、山东、河南、湖北、湖南、广东、广西、海南、重庆、四川、贵州、云南、陕西、甘肃、青海、宁夏、新疆	安徽、福建、广西、重庆、四川、贵州、云南、甘肃、青海、宁夏	贵州、云南、青海
	8.281<QP≤9.175	天津、山西、辽宁、吉林、黑龙江	河北、山西、内蒙古、辽宁、吉林、黑龙江、江苏、浙江、江西、山东、河南、湖北、广东、海南、陕西、新疆	河北、内蒙古、安徽、福建、山东、河南、湖南、广西、重庆、四川、甘肃、宁夏、新疆
	9.175<QP	北京、上海	北京、天津、上海	北京、天津、山西、辽宁、吉林、黑龙江、上海、江苏、浙江、江西、湖北、广东、海南、陕西

续表

国际研发溢出渠道	范围	2001 年	2007 年	2013 年
跨国技术转移	QP≤8.512	河北、山西、内蒙古、黑龙江、辽宁、江苏、浙江、安徽、福建、江西、山东、河南、湖北、湖南、广东、广西、海南、重庆、四川、贵州、云南、陕西、甘肃、青海、宁夏、新疆	河北、内蒙古、辽宁、吉林、黑龙江、上海、江苏、湖北、湖南、广东、陕西、新疆	贵州、云南、甘肃、青海
	8.512 < QP	北京、天津、吉林、上海	北京、天津、山西、浙江、安徽、福建、江西、山东、河南、广西、海南、重庆、四川、贵州、云南、甘肃、青海、宁夏	北京、天津、河北、山西、内蒙古、辽宁、吉林、黑龙江、上海、江苏、浙江、安徽、福建、江西、山东、河南、湖北、湖南、广东、广西、海南、重庆、四川、陕西、宁夏、新疆
FDI 研发资本	QP≤8.254	河北、内蒙古、江苏、浙江、安徽、福建、江西、山东、河南、湖北、湖南、广东、广西、海南、重庆、四川、贵州、云南、陕西、甘肃、青海、宁夏、新疆	安徽、福建、广西、重庆、四川、贵州、云南、甘肃、青海、宁夏	贵州、云南、青海
	8.254 < QP	北京、天津、山西、辽宁、吉林、黑龙江、上海	北京、天津、河北、山西、内蒙古、辽宁、吉林、黑龙江、上海、江苏、浙江、江西、山东、河南、湖北、湖南、广东、海南、陕西、新疆	北京、天津、河北、山西、内蒙古、辽宁、吉林、黑龙江、上海、江苏、浙江、安徽、福建、江西、山东、河南、湖北、湖南、广东、广西、海南、重庆、四川、陕西、甘肃、宁夏、新疆

续表

国际研发溢出渠道	范围	2001 年	2007 年	2013 年
OFDI 研发资本	QP≤8.512	河北、山西、内蒙古、辽宁、黑龙江、江苏、浙江、安徽、福建、江西、山东、河南、湖北、湖南、广东、广西、海南、重庆、四川、贵州、云南、陕西、甘肃、青海、宁夏、新疆	河北、浙江、安徽、福建、江西、山东、河南、广西、海南、重庆、四川、贵州、云南、甘肃、青海、宁夏	贵州、云南、青海
	8.512 < QP	北京、天津、吉林、上海	北京、天津、山西、内蒙古、辽宁、吉林、黑龙江、上海、江苏、湖北、湖南、广东、陕西、新疆	北京、天津、河北、山西、内蒙古、辽宁、吉林、黑龙江、上海、江苏、浙江、安徽、福建、江西、山东、河南、湖北、湖南、广东、广西、海南、重庆、四川、陕西、甘肃、宁夏、新疆
进口贸易研发资本	QP≤8.28	河北、内蒙古、江苏、浙江、安徽、福建、江西、山东、河南、湖北、湖南、广东、广西、海南、重庆、四川、贵州、云南、陕西、甘肃、青海、宁夏、新疆	安徽、福建、广西、重庆、四川、贵州、云南、甘肃、青海、宁夏	贵州、云南、青海
	8.28 < QP ≤9.74	天津、山西、辽宁、吉林、黑龙江、上海	河北、山西、内蒙古、辽宁、吉林、黑龙江、江苏、浙江、江西、山东、河南、湖北、湖南、广东、海南、陕西、新疆	河北、山西、内蒙古、吉林、黑龙江、江苏、浙江、安徽、福建、江西、山东、河南、湖北、湖南、广东、广西、海南、重庆、四川、陕西、甘肃、宁夏、新疆
	9.74 < QP	北京	北京、天津、上海	北京、天津、辽宁、上海

1. 跨国研发投入渠道。跨国研发投入研发资本技术溢出渠道的第一个门槛值为 8.281 年，第二个门槛值为 9.175 年，两个门槛值区间内跨国研发投入技术溢出与绿色技术创新效率均呈现正相关关系，存在明显的区域差异和门槛效应。当 HR≤8.281 年时，跨国研发投入技术溢出对绿色技术创新效率的影响系数值是 0.0124，且在 10% 的水平上显著，处于弱正相关发展区段。当 8.281 年 < HR≤

9.175 年时，影响系数是 0.0182，且在 10% 的水平上显著，处于较强正相关发展区段。当 HR > 9.175 年时，影响系数是 0.0258，且在 1% 的水平上显著，处于强正相关发展区段。这说明随着人力资本素质的取值由低到高转变，跨国研发投入技术溢出对绿色技术创新效率的影响出现逐渐递增的非线性特征。跨国研发投入通常采取直接在中国设立研发机构或通过与中国的科研院所、高校合作对中国进行研发投资，人力资本素质越高，对绿色技术创新影响的知识流动、学习模仿效应就越强。

再结合门槛区域内省份的分布来看，2001 年，北京、上海跨过了第二门槛值处于强正相关发展区段，天津、山西、辽宁、吉林和黑龙江跨过了第一门槛值处于较强正相关发展区段，其他区域均处于弱正相关发展区段。2007 年，北京、天津和上海跨过第二门槛，进入强正相关发展区段，河北、山西、内蒙古、辽宁、吉林、黑龙江、江苏、浙江、江西、山东、河南、湖北、广东、海南、陕西和新疆跨过第一门槛进入较强正相关发展区段。2013 年，跨过第二门槛值处于强正相关发展区段的有北京、天津、山西、辽宁、吉林、黑龙江、上海、江苏、浙江、江西、湖北、广东、海南和陕西，仅有贵州、云南和青海处于弱正相关发展区段。

2. 跨国技术转移渠道。跨国技术转移渠道的门槛值为 8.512 年，存在明显的区域差异和门槛效应。当 HR ≤ 8.512 时，跨国技术转移技术溢出对绿色技术创新效率的影响系数值是 -0.0019，且在 10% 的水平上显著，处于负相关发展区段。当人均 HR > 8.512 年时，跨国技术转移技术溢出对绿色技术创新效率的影响系数是 0.0177，且在 10% 的水平上显著，处于正相关发展区段。这说明随着人力资本这个门槛变量取值区间由低到高的转变，跨国技术转移技术溢出对绿色技术创新效率的影响出现由负相关转向正相关的非线性特征。说明当人力资本素质较低时，拥有低水平人力资本的区域可能无法充分吸收通过跨国技术转移获得的技术溢出，当人力资本素质较高时，企业学习、模仿能力增强，跨国技术转移技术正向溢出效应明显。

再结合门槛区域内省份的分布来看，2001 年，北京、天津、吉林和上海跨过门槛值处于正相关发展区段，其他区域均处于负相关发展区段。2007 年，正相关发展区段区域逐渐变多，北京、天津、山西、浙江、安徽、福建、江西、山东、河南、广西、海南、重庆、四川、贵州、云南、甘肃、青海和宁夏跨过门槛值处于正相关发展区段，其他区域均处于负相关发展区段。2013 年，跨过门槛值处于正相关发展区段的有北京、天津、河北、山西、内蒙古、辽宁、吉林、黑龙江、上海、江苏、浙江、安徽、福建、江西、山东、河南、湖北、湖南、广东、广西、海南、重庆、四川、陕西、宁夏和新疆，仅有贵州、云南、甘肃和青海处于弱正相关发展区段。

3. FDI 研发资本渠道。FDI 研发资本技术溢出的门槛值为 8.254 年，存在明显的区域差异和门槛效应。当 HR≤8.254 时，FDI 研发资本技术溢出对绿色技术创新效率的影响系数值是 -0.0086，且在 10% 的水平上显著，处于负相关发展区段；当人均 HR>8.254 年时，FDI 研发资本技术溢出对绿色技术创新效率的影响系数值是 0.0304，且在 1% 的水平上显著，处于正相关发展区段。说明随着人力资本这个门槛变量取值区间由低到高的转变，FDI 研发资本技术溢出对绿色技术创新效率的影响出现由负相关转向正相关的非线性特征。说明在 FDI 进入初期，相当一部分国家将落后产业向我国转移，且由于人力资本素质不高，所以第一阶段对绿色技术创新产生了负的影响。随着人力资本素质的逐渐提高，外企良好的福利待遇吸引了很多中国人才，这提升了绿色技术创新效率。

再结合门槛区域内省份的分布来看，2001 年，北京、天津、山西、辽宁、吉林、黑龙江和上海跨过门槛值处于正相关发展区段，其他区域均处于负相关发展区段。2007 年，正相关发展区段区域逐渐变多，北京、天津、河北、山西、内蒙古、辽宁、吉林、黑龙江、上海、江苏、浙江、江西、山东、河南、湖北、湖南、广东、海南、陕西和新疆跨过门槛值处于正相关发展区段，其他区域均处于负相关发展区段。2013 年，跨过门槛值处于正相关发展区段的有北京、天津、河北、山西、内蒙古、辽宁、吉林、黑龙江、上海、江苏、浙江、安徽、福建、江西、山东、河南、湖北、湖南、广东、广西、海南、重庆、四川、陕西、甘肃、宁夏和新疆，仅有贵州、云南和青海处于负相关发展区段。

4. OFDI 研发资本渠道。OFDI 研发资本技术溢出门槛值为 8.512 年，存在明显的区域差异和门槛效应。当 HR≤8.512 时，OFDI 研发资本技术溢出对绿色技术创新效率的影响系数值是 -0.0163，且在 1% 的水平上显著，处于强负相关发展区段。当人均 HR>8.512 年时，OFDI 研发资本技术溢出对绿色技术创新效率的影响系数值是 -0.010，且在 1% 的水平上显著，处于弱负相关发展区段。这说明随着人力资本这个门槛变量取值区间由低到高的转变，OFDI 研发资本技术溢出对绿色技术创新效率的影响出现由强负相关转向弱负相关的非线性特征。可能的原因是在中国的 OFDI 中，技术获取型占比较少，而技术含量低的劳动密集型占比较多，导致中国吸收其他国家的技术溢出难度大，而随着人力资本素质的不断提高，OFDI 中技术获取型项目比例不断增多，对绿色技术创新的负向作用变弱。

再结合门槛区域内省份的分布来看，2001 年，北京、天津、吉林和上海跨过门槛值处于弱负相关发展区段，其他区域均处于强负相关发展区段。2007 年，弱负相关发展区段区域逐渐变多，北京、天津、山西、内蒙古、辽宁、吉林、黑龙江、上海、江苏、湖北、湖南、广东、陕西和新疆跨过门槛值处于弱负相关发展区段，其他区域均处于强负相关发展区段。2013 年，跨过门槛值处于强负相关发展区段的有北京、天津、河北、山西、内蒙古、辽宁、吉林、黑龙江、上海、江苏、浙江、安徽、福建、江西、山东、河南、湖北、湖南、广东、广西、海南、重庆、四川、陕西、宁夏和新疆，仅有贵州、云南和青海处于强负相关发展区段。

5. 进口贸易研发资本渠道。进口贸易研发资本技术溢出的第一个门槛值为 8.28 年，第二个门槛值为 9.74 年，进口贸易研发资本技术溢出与绿色技术创新呈现正相关关系，且存在明显的区域差异和门槛效应。当 HR≤8.28 时，进口贸易研发资本技术溢出对绿色技术创新效率的影响系数值是 0.1414，且在 1% 的水平上显著，处于弱正相关发展区段。当 8.28 年 < HR≤9.74 年时，进口贸易研发资本技术溢出对绿色技术创新效率的影响系数值是 0.1485，且在 1% 的水平上显著，处于较强正相关发展区段。当人均 HR > 9.74 年时，进口贸易研发资本技术溢出对绿色技术创新效率的影响系数值是 0.1557，且在 1% 的水平上显著，处于强正相关发展区段。这说明随着人力资本这个门槛变量取值区间由低到高的转变，进口贸易研发资本技术溢出对绿色技术创新效率的影响出现逐渐递增的非线性特征。说明中国的进口贸易较为注重选择研发资本较为丰富的国家，且进口贸易给中国本土企业提供的学习、了解、模仿和消化并进行二次创新的机会较多，促进了绿色技术创新的提升，且随着经济发展和人力资本素质的提升影响逐渐增强。

再结合门槛区域内省份的分布来看，2001 年，北京跨过了第二门槛值处于强正相关发展区段，天津、山西、辽宁、吉林、黑龙江和上海跨过了第一门槛值处于较强正相关发展区段，其他区域均处于弱正相关发展区段。2007 年，强正相关发展区段和较强正相关发展区段省份数量逐渐变多，河北、山西、内蒙古、辽宁、吉林、黑龙江、江苏、浙江、江西、山东、河南、湖北、湖南、广东、海南、陕西和新疆跨过第一门槛，北京、天津和上海跨过第二门槛进入强正相关发展区段，其他区域均处于弱正相关发展区段。2013 年，跨过第二门槛值处于强正相关发展区段的有北京、天津、辽宁和上海，仅有贵州、云南和青海处于弱正相关发展区段。

四、研究结论与建议

本文通过将人力资本素质作为门槛变量分析了各渠道国际研发资本技术溢出对绿色技术创新的影响，结论如下。第一，以人力资本素质为门槛值时，各渠道国际研发资本对中国绿色技术创新效率的影响均存在明显的区域差异和门槛效应，说明人力资本素质是影响各渠道国际研发资本技术溢出效果的最重要的因素。第二，随着人力资本素质门槛的逐渐提高，国际研发投入、进口贸易研发资本技术溢出对绿色技术创新效率的影响始终为正向，且这种正向逐渐增强。跨国技术转移、FDI 研发资本两个渠道的技术溢出对绿色技术创新效率的影响由负向转为正向，说明人力资本素质越高，跨国技术转移、FDI 研发资本两个渠道的技术溢出对绿色技术创新效率的提升作用越明显。各个门槛区间、OFDI 研发资本技术溢出渠道对绿色技术创新效率的影响始终为负向，说明中国 OFDI 中，技术获取型占比较少，而技术含量低的劳动密集型占比较高，导致中国吸收其他国家的技术溢出难度大。第三，从涉及的具体省份来看，处于高门槛值区间的省份大多分布在我国东部沿海地区，处于低门槛值区间的省份大多处于我国中部、西部地区，这意味着国际研发资本技术溢出的强正相关发展区段主要集中于我国东部沿海地区。

　　本文基于以上结论提出以下建议，第一，加大教育投入力度，提升研发人员技能，提高技术吸收能力，充分发挥国际研发资本的技术溢出正效应。提升本土企业内技术人才的数量和质量，增强企业技术的吸收效果，加快技术转化速度。第二，加大跨国技术转移力度，优化技术引进的产业结构，获取更多绿色技术溢出，增加技术密集型产品的进口比例，优化进口贸易结构，增强进口贸易研发资本技术溢出效果，有效利用外商直接投资，刺激外企发挥更多的技术溢出效应，提升对外直接投资层次，提高技术获取型对外直接投资的比例，通过多样化投资方式吸收发达国际研发资本。第三，不同区域因地制宜采取政策措施，未来贵州、云南和青海等省市特别应该制定技术引进、人才引进方面的倾斜政策，努力提升人力资本素质，改变技术水平低、创新基础薄弱的问题，实现跨越式发展。

参考文献

[1] 李子彪、孙可远、赵菁菁：《研发创新、非研发创新对创新绩效影响的差异化——基于高新技术企业的实证研究》，载《技术经济》2017 年第 11 期。

[2] Coe D. T. , Helpman E. , 1995：International R&D spillovers, European Economic Review, Vol. 39, No. 5.

[3] Licgtebberg F. , Potterie B. B. P. , 1998：International R&D spillovers：a comment, European Economic Review, Vol. 19, No. 2.

[4] 王尧：《中间品进口与我国区域技术创新的实证检验——基于国际技术溢出、吸收能力视角》，载《中国流通经济》2014 年第 3 期。

[5] 魏守华、姜宁、吴贵生：《本土技术溢出与国际技术溢出效应——来自中国高技术产业创新的检验》，载《财经研究》2010 年第 1 期。

[6] 许培源、高伟生：《国际贸易对中国技术创新能力的溢出效应》，载《财经研究》2009 年第 9 期。

[7] 郑展鹏：《国际技术溢出渠道对我国技术创新影响的比较研究——基于省际面板数据

模型的分析》，载《科研管理》2014 年第 4 期。

［8］靳巧花、严太华：《国际技术溢出与区域创新能力——基于知识产权保护视角的实证分析》，载《国际贸易问题》2017 年第 3 期。

［9］冯严超、王晓红：《国际技术溢出渠道对技术创新影响的比较研究》，载《工业技术经济》2018 年第 5 期。

［10］刘斌斌、黄吉焱：《FDI 进入方式对地区绿色技术创新效率影响研究——基于环境规制强度差异视角》，载《当代财经》2017 年第 4 期。

［11］贾军：《基于东道国环境技术创新的 FDI 绿色溢出效应研究——制度环境的调节效应》，载《软科学》2015 年第 3 期。

［12］李国祥、张伟、王亚君：《对外直接投资、环境规制与国内绿色技术创新》，载《科技管理研究》2016 年第 13 期。

［13］李国祥、张伟：《环境规制条件下绿色技术创新的国际资本和贸易渠道研究》，载《科技管理研究》2016 年第 24 期。

［14］Becker B. E., Huselid M. A., 1998：High performance work systems, firm performance：a synthesis of research, managerial implications, Personnel and human resource management, Vol. 16, No. 1.

［15］Benhabib J., Spiegel M. M., 1994：The role of human capital in economic development：evidence from aggregate cross-country data, Journal of Monetary Economics, Vol. 32, No. 2.

［16］Falvey, Foster N., Greenaway D., 2002：North-south trade, knowledge spillovers and growth, Journal of Economic Integration, Vol. 3, No. 17.

［17］Dierk Herzer, 2011：The long-run relationship between outward foreign direct investment and total factor productivity：evidence for developing countries, Journal of Development Studies, Vol. 20, No. 5.

［18］卢炯炯、董楠楠：《国际技术溢出渠道对技术创新的影响——基于吸收能力视角》，载《科技与经济》2017 年第 6 期。

［19］徐德英：《多渠道国际技术溢出下区域创新门槛效应研究》，载《科研管理》2017 年第 S1 期。

［20］张云、赵富森：《国际技术溢出、吸收能力对高技术产业自主创新影响的研究》，载《财经研究》2017 年第 3 期。

［21］李有：《国际技术溢出效应的人力资本机制分析》，载《科技进步与对策》2008 年第 9 期。

［22］阳立高、龚世豪、王铂等：《人力资本、技术进步与制造业升级》，载《中国软科学》2018 年第 1 期。

［23］肖晓勇、段海庭、焦萌：《从人力资本流动看军事技术国际转移的溢出效应》，载《军事经济研究》2013 年第 1 期。

［24］郑慕强、徐宗玲：《国际技术溢出能否提升创新型企业自主创新》，载《财经科学》2013 年第 2 期。

［25］陈昭、林涛：《国际技术溢出、研发投入门槛与技术创新——基于中国高技术产业行业异质性的实证研究》，载《上海经济研究》2018 年第 4 期。

［26］孙文松、唐齐鸣、董汝婷：《知识溢出对中国本土高新技术企业创新绩效的影响——基于国际创新型人才流动的视角》，载《技术经济》2012 年第 12 期。

［27］钟优慧、杨志江：《人力资本、国际技术溢出与技术效率》，载《科技与经济》2016 年第 2 期。

［28］李平、张庆昌：《国际间技术溢出对我国自主创新的动态效应分析——兼论人力资本的消化吸收》，载《世界经济研究》2008 年第 4 期。

［29］郑展鹏、王洋东：《国际技术溢出、人力资本与出口技术复杂度》，载《经济学家》2017 年第 1 期。

（与梁圣蓉合作，原载《技术经济》2019 年第 4 期）

中国 OFDI 推动低碳经济的路径构建

一、引言

低碳经济是以低污染、低排放、低能耗为途径，旨在降低温室气体排放，实现全球经济可持续发展的经济增长模式。英国政府在 2003 年首次提出低碳经济概念，各国紧随其后纷纷响应，世界进入低碳经济时代。2003 年又是中国对外直接投资实现跨越性发展的拐点，自 2003 年至今，中国对外直接投资年均增长速度近 50%，随着我国外汇储备的增长和人民币国际化进程的加快，中国对外直接投资进入快速发展阶段。中国对外直接投资的快速增长与低碳经济发展实现了历史的重合，这不仅为中国对外直接投资的进一步发展提出了挑战，更意味着低碳经济在对外直接投资引导下获得跨越式发展的机遇。在低碳经济背景和要求下，中国对外直接投资应如何在投资动因、区位选择、投资产业、进入方式上构建低碳发展路径，以便更好地带动国内低碳经济发展，将是中国对外直接投资理论分析和实证研究的重要课题，也是中国实现低碳目标、树立低碳大国形象的必经之路。

二、文献综述

对于低碳经济下，中国 OFDI 动因的研究，桑菲利波（Sanfilippo，2010）通过我国对非洲投资的实证研究发现，资源寻求动因的成分大于市场寻求动因[1]。而朱闵铭（2001）认为，发展中国家（地区）进行对外直接投资的主要目的是避开贸易壁垒和寻找低成本的投资环境。中国香港早在 20 世纪就将生产转移至泰国、马来西亚等地，在获得廉价劳动力的同时绕开了进口国的贸易限制[2]。张为付（2006）提出，发达国家对我国的出口商品设置了贸易壁垒，应通过对外直接投资的方式规避贸易壁垒，保护和扩大市场，而针对发展中国家的投资则更应强调低成本的动机，在此基础上开发东道国市场[3]。孔凡亮等（2012）也认为，钢铁、化工、机电等高碳产业占据中国出口市场的一半以上，发展对外直接投资无疑是绕开碳关税壁垒的上策[4]。中国的净出口产品的碳排放量占国内碳排放总量的比重大于1/3，且该比重持续增加，通过对外直接投资将我国的边际产业和高能耗产业转移到国外，可以大大减轻外贸内涵排放给中国带来的减排压力。此外，对外直接投资的技术寻求动向正日益受到重视，孔凡亮等（2012）认为，中国招商引资"以市场换技术"的后果是丢了市场却未换得技术，通过对外直接投资的方式获得逆向技术溢出，是打破发达国家的技术垄断、低成本、快速获得领先技术的最有途径[5]。张等（Cheung et al.，2009）通过实证分析，发现中国对外直接投资在发达国家与发展中国家都表现出资源和市场寻求倾向，但两种动因在不同发展程度的国家中存在差异性[6]。

关于中国OFDI的区位选择如何迎合低碳经济发展，王锦珍（2004）从政府管理的角度分析了中国企业对外直接投资的战略选择和步骤安排[7]。程惠芳等（2004）对中国对外直接投资区位选择的研究，较早地借助贸易引力模型分析各种因素对OFDI的影响，认为中国与东道国的经济规模之和、人均国民收入水平、双边贸易量等与OFDI流量成正相关，两国间距离与OFDI流量负相关[8]。随着交通通信成本的降低，两国间距离在区位选择中所占的权重日渐下降，而投资政策、历史文化等非量化因素的影响逐渐显现出来，这些研究成果对OFDI区位选择具有直观的指导意义。申秀清（2010）指出，我国对非洲的直接投资可以充分运用产品生命周期规律，发挥垄断优势和技术优势[9]。霍好钦（2011）认为，以发展中国家为突破口，有利于我国产业结构升级，适当向发达国家进行投资，有助于获得先进技术和管理经验[10]。

对于低碳约束下中国OFDI的产业选择，郑岚（2008）基于Kojima模型对我国对外直接投资的产业选择与相应产业出口之间的关系进行实证研究，得出OFDI产业选择有显著的贸易导向特征，因此要致力于保持比较优势的对外直接投资，使其产业选择与国内产业结构调整相一致[11]。程慧（2011）提出，为了更快更好地发展低碳经济，我国可将具有比较优势的制造业进行对外投资，促进东道国产业升级和发展方式的转型，在降低本国碳排放的同时可以促进世界范围内的碳减排[12]。孔凡亮等（2012）分析得出，对外直接投资的重点应投向低碳产业领域，积极研发和运用节能减排技术，学习发达国家先进的低碳经济管理经验[13]。

针对低碳背景下，中国OFDI进入方式的选择，张慧君（2011）提出，我国实现向低碳经济转型既包含的传统行业的转型，也包括发展新兴低碳产业，因此我国的对外直接投资应灵活选择投资方式，传统行业的对外直接投资要重点考虑跨国并购的投资方式[14]。对于拥有先进低碳技术的发达国家企业，跨国并购更有利于迅速进入市场，获得低碳技术和设备。霍好钦（2011）从投资主体的角度出发，认为富有海外经营和管理经验且外汇充足的投资主体可以跨国并购的方式对外投资[15]。茹运清等（2012）指出，跨国并购的投资方式能促进我国技术创新水平的提高，而绿地投资对技术水平的提高有抑制作用[16]。我国对欠发达地区的投资多采用绿地投资，以保护本国和新技术，而对发达国家则应积极进行跨国并购，以获得低碳技术的逆向溢出。

三、OFDI 与低碳经济的关系

（一）低碳经济对 OFDI 的影响

1. 低碳经济要求 OFDI 投资主体低碳化，引领 OFDI 走向低碳行业。低碳经济的基本要求是低能耗、低排放、低污染，目前各国之间的国际直接投资有很多并不符合低碳经济发展要求，尤其是以矿产开采、资源消耗、能源使用为生产核心的投资主体，将不符合低碳经济下的国际直接投资要求，而那些投向温室气体排放较高的行业的资金也将受到低碳约束。可见，原有的 OFDI 结构和比例分配将会被打破，OFDI 将更多地投向低碳行业，例如知识或技术密集型产业和服务业。

2. 低碳经济为 OFDI 提供新的增长空间。电力、交通、建筑等传统生产部门应低碳经济之要求，将充分发挥减排潜力，减排将对各生产部门的生产设备、工艺流程以及管理方式提出考验，在原有投资需求的基础上必将产生新的投资需求（见表1）。同时，低碳经济还将会催生出一个潜力巨大的低碳市场，从研发到设计、生产加工、包装出口、销售服务、回收，低碳概念和低碳标准无处不在，更加适应低碳市场的生产方式和专利技术面临广阔的发展前景。

表1   **2030 年各部门减排潜力所产生的额外投资需求**

排放部门	计划年排放量（$GtCO_2e$）	减缓潜力（$GtCO_2e$）	额外的年投资需求（亿欧元）
电力	18.7	10.0	1480
工业	29.1	7.3	1130
交通	11.4	3.2	3000
建筑	12.6	3.5	1980
垃圾管理	1.7	1.5	80
林业	7.2	7.8	430

资料来源：UNCTAD。

3. 低碳经济对部分 OFDI 提出挑战。原有的碳排放较高的投资领域将面临低碳经济的严峻考验，已有的高耗能、高排污的跨国公司可能面临整改甚至撤资的困境，以高耗能、高污染行业为主要对外投资方向的国家在 OFDI 的整合之路上也将面临挑战。

4. 低碳经济牵引 OFDI 新政策。各国将通过立法、制定经济投资政策等方式确立本国的低碳目标，保障低碳经济顺利运行。在接受外商投资方面，一国政府将会加强外资准入审批，严格把关企业耗能标准，限制或禁止温室气体排放较高的跨国公司对内投资；在对外投资上，政府也会出台新政策，鼓励和引导符合低碳标准的企业对外投资。

（二） OFDI 对低碳经济发展的作用

1. OFDI 促进低碳技术的应用和推广。现有的理论和实证研究都认为，对外直接投资具有技术溢出效应。低碳技术作为降低温室气体排放的技术，会随着一国产品出口和对外直接投资等多种途径外溢，从而使先进的低碳技术在国家间得到推广，这种趋势是必然的且非人为的。此外，部分低碳技术落后的国家，利用 FDI 和 OFDI 的技术外溢作用，以低碳技术的获取为直接目的，接受外来投资或进行对外直接投资。

2. OFDI 优化"碳排放权"使用效率，带动资源合理流动。"碳排放权"作为低碳经济背景下的新名词，代表了各国在碳减排目标下的排碳约束。一些国家，尤其是发达国家，由于其生产总值高，其碳排放量也相应较高。但由于这些国家低碳技术往往比较先进，虽然其碳排放总量高，但单位产值排碳量却较低。受低碳约束，这些国家可以借助对外直接投资方式，将一部分产值转移到他国，使投资东道国在运用先进技术后，用相同的"碳排放权"创造更多经济产值，OFDI 活动中的投资母国和东道国可分享优化"碳排放权"使用效率后的成果。同时，这种以优化"碳排放权"使用效率为目的的 OFDI 活动，也有效地带动了国家之间的资源合理流动，产生资源的帕累托优化，促进世界范围内低碳目标的实现。

3. OFDI 使低碳经济成为世界性课题，使各国在合作中求共赢。倡导低碳经济，是最早见诸英国能源白皮书的经济发展理念，后成为世界性的重要经济课题，也是关乎人类可持续发展的环境课题。根据会议精神，各国根据本国国情纷纷提出了本国的"低碳目标"，正是因为国家之间的贸易和投资行为的存在，各国"低碳目标"的实现才不可能是一个孤立的活动。OFDI 的存在和不断发展使低碳经济成为世界性课题，各国需要也必须在竞争中谋求合作，在发展中获得共赢。

四、中国 OFDI 的低碳路径

（一）投资动因

1. OFDI 中的投资动因。根据已有的 OFDI 理论与实践，企业进行跨国投资的动因可归为五种类型：资源寻求型、市场寻求型、效率寻求型、技术寻求型以及全球发展战略寻求型。资源寻求型 OFDI 旨在获取稀缺的尤其是不可再生资源，取得能源或原材料优势；市场寻求型 OFDI 多是在本国内需不足的情况下，寻求海外市场，以通过扩大生产而获得规模效应，降低成本，占领行业垄断地位，多存在于制造业和服务业；效率寻求型 OFDI 多指通过整合资源利用，降低成本，提高人力资本使用效率；技术寻求型 OFDI 有助于投资母国获取东道国先进的生产技术和管理经验，从而加快本国产业结构升级和技术创新；全球发展战略寻求型 OFDI 则是指那些已经发展到成熟阶段的大企业为获取全球战略资源、建立全球产销一体化网络而进行的战略投资。

目前，发展中国家的对外直接投资大多以资源寻求、市场寻求和技术寻求为动因，而发达国家则存在较多的效率寻求和全球发展战略寻求，也存在较明显的资源寻求特征。

2. 中国 OFDI 投资动因现状。关于我国 OFDI 投资动因的问题，虽然理论界尚存在不同观点，但市场寻求型 OFDI 在全部对外投资中占相当比重的说法，是不容置疑的。我国目前的市场寻求型 OFDI 主要指向发展中国家，尤其是东南亚和拉美地区，这些地区不仅市场广阔，而且劳动力成本较低。当然，中国号称"世界工厂"，制造业的宏伟规模必然会产生对原材料和能源的巨大需求，这使得资源寻求型的 OFDI 在我国对外投资结构中的比重也不容忽视。中国加入 WTO后，尤其是近年来，随着我国经济的腾飞，劳动密集型的传统优势产业已远远不能满足经济迅速发展的要求，产业结构的调整和人口红利的逐渐减弱都要求技术创新。对外直接投资也更加注重产业价值链的两端，因此，技术寻求型 OFDI 在对外直接投资结构中快速增长已是现状，也是持续趋势。

3. 低碳路径中的投资动因。低碳经济对投资母国的投资行为提出了新要求，在低碳的大背景下，对外直接投资行为必须适时、视情况做出调整，才能更加适应低碳经济的发展。

对于市场寻求型 OFDI，原本指向发展中国家的投资，因能获得广阔市场和廉价劳动力，其规模效应所产生的效益对国民经济的稳定增长有重要贡献；而指向发达国家的投资，因其绿色壁垒和高劳动力成本受限，加之其较高难度的碳减排目标，投资更是难上加难。

资源寻求型 OFDI，多指向发展中国家尤其是欠发达国家和地区的矿业、林业、农业等，多为原材料和初级产品加工产业，必然会产生一定的碳排量。经开采或初加工的能源、资源多购回本国用于国内生产，而碳排放则留在了投资东道国。但如果东道国自行投资开发，由于其技术落后，单位产值的碳排放量会更多。因此，对全球而言，这种碳排放的转移优化了碳排放权的总体使用效率，使资源得到合理配置；就我国而言，作为投资母国，资源寻求型 OFDI 能够显著降低本国的碳排放压力，有利于低碳目标的实现。我国对外投资低碳路径结构见图1。

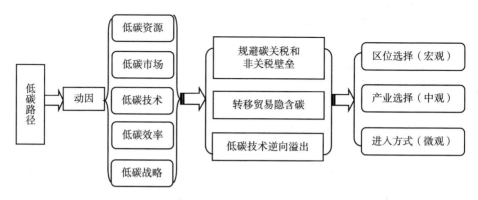

图1　我国对外直接投资低碳路径结构

我国的技术寻求型 OFDI 正处于增长阶段，且技术寻求型 OFDI 对投资母国的技术外溢作用已经得到理论界的一致肯定。我国虽为制造业大国，但缺乏高新技术产业的核心技术，自主研发能力不够，在低碳经济的新要求下，我国低碳技术更难以企及发达国家。针对发达国家的技术寻求型 OFDI 可在合作中获得低碳技术外溢，在竞争中实现低碳技术的共同发展。

（二）　区位选择

1. 中国 OFDI 的区位选择现状。投资国的投资目标、企业自身的竞争优势以及东道国的投资环境是决定企业投资区位选择的重要因素。投资目标即企业投资动因，如开辟市场、获取资源、学习技术等；企业自身的竞争优势通常指企业有垄断或技术优势；东道国投资环境主要考虑东道国要素成本、投资政策等。此外，影响区位选择的因素还包括两国之间的空间距离、文化差异、语言差异、两国政治关系和历史联系等。我国 OFDI 虽总体上遍及世界 177 个国家和地区，但无论从存量还是流量上看，绝大部分投资仍主要集中于亚洲和拉美两大地区，尤其是中国香港、东亚和东南亚地区。以 2010 年为例，我国在亚洲和拉美地区的投资额占对外直接投资总额近80%，可见我国对外投资的地区分布十分集中，既缺少针对美国、欧盟等发达国家的对外直接投资，对"金砖四国"和其他发展中国家的投资也尚不足。

表2 中国对外直接投资流量（非金融类）的区域分布情况

年份	数额（亿美元）	亚洲（%）	北美洲（%）	欧洲（%）	拉美（%）	非洲（%）	大洋洲（%）
2003	29	53	2	5	36	3	1
2004	55	55	2	3	32	6	1
2005	123	36	3	4	52	3	1
2006	176	43	2	3	48	3	1
2007	265	63	4	6	19	6	3
2008	559	78	1	2	7	10	2
2009	565	71	3	6	13	3	4
2010	602	65	4	10	15	3	3
2011	686	—	3	11	—	4	4

资料来源：中国商务部2003年到2011年《中国对外直接投资公报》。

2. 低碳路径中的区位选择。在发展低碳经济，实现碳减排目标的要求下，我国OFDI在区位选择上既应该拓宽市场，增加投资利润，也要通过合理运用碳排放权在国家间的优化使用不断降低国内碳排放，更要积极探索低碳技术，寻求低碳经济的长远发展。具体而言，可以从以下两个方面来考虑。

从降低碳排放量的角度而言，针对发展中国家的对外直接投资可以通过两条路径降低本国碳排放量。一是在能源、资源丰富的发展中国家投资设立新企业，以资源获取为目的发展采矿业、初级产品加工，转而进口回国，或继而以占领当地市场为目的发展加工制造业，转移本国的碳排放，也提高东道国的碳排放权使用效率；二是对于投资进入难度较高的发达国家，采取在其临近的发展中国家投资，由东道国向发达国家出口的方式占领发达国家市场，从而避免发达国家的在低碳约束下的苛刻政策和投资壁垒。此外，这种方式以其他发展中国家为跳板，很好地改变了发达国家与我国之间的对外贸易隐含碳问题，是当前中国制造业等高碳排放行业方兴未艾的前提下，降低碳排放量的权宜之策。基于第一条路径，非洲和中西亚地区的资源勘探和开采前景向好，可加大资源寻求型OFDI力度，实现资源开发和碳排放（权）上的互利共赢。基于第二条路径，我国可进一步加大东南亚和拉美地区的市场导向型投资，尤其是针对泰国、越南等国的实体经济投资，同时在南亚、南欧等邻近欧盟的地区也具有发展市场指向型制造业和电子产业的潜力。

从发展低碳技术的角度而言，可运用对外投资的技术逆向溢出效应，向低碳技术先进的发达国家投资，通过对外直接投资的逆向技术溢出而取得的技术进步，体现了技术欠缺国的后发优势，其成本远大于本国自行研发，而周期也小于本国研发周期，是推动本国低碳技术快速有效发展的有力策略。我国应在周详的考察论证基础上，增加对美国、日本、欧盟等国家和地区的技术寻求型投资，对在个别产业中拥有高端技术的国家，如印度、韩国、俄罗斯，也应针对性地制定战略投资决策。

（三）产业选择

1. OFDI 中的产业选择。对外直接投资的产业选择，从 20 世纪中叶起依次经历了初级产品为主、制造业为主和技术密集型产业为主三个阶段。一国进行对外直接投资，一是要适应本国的产业结构调整。根据边际产业转移理论，一国应选择在本国发展中具有相对劣势而在东道国具有相对优势的产业进行投资，这些产业虽已不能适应本国产业结构升级要求，但在东道国尚处于增长扩张阶段。二是要适应东道国的经济发展水平和该的投资政策。根据投资国的经济发展阶段选择在该国具有竞争优势和发展前景的产业，并特别关注该国在外来投资中的鼓励、限制、禁止行业相关规定。三是将 OFDI 与两国间贸易相结合，互促互补。两国贸易中，东道国对有些产业设置了贸易壁垒和较高的关税，不利于产品进入东道国市场，而通过向东道国直接投资的方式可以有效化解贸易难题，弥补贸易所受限制。

目前我国对外直接投资中除金融业之外，主要集中于加工制造业、商业服务业、批发零售业以及采矿业，行业分布较集中且居价值链底端，以劳动密集型产业为主，缺乏自主知识产权和技术创新，也缺乏自主品牌和产业核心竞争力。

表3 　　　　　2003～2010 年中国对外直接投资行业分布情况 　　　　单位：%

年份	制造业	采矿业	交通运输业	批发零售业	商业服务业
2003	21.8	48.4	3.0	12.6	9.8
2004	13.8	32.7	15.1	14.5	13.6
2005	18.6	13.7	4.7	18.4	40.3
2006	33.0	4.8	6.5	18.8	15.7
2007	31.8	5.4	4.1	19.4	15.1
2008	31.3	6.2	4.1	19.7	14.5
2009	30.2	6.3	4.0	21.9	13.1
2010	28.6	6.2	3.8	23.4	12.8

注：行业分布情况是根据每个行业的投资额占对外直接投资年流量额计算的。
资料来源：2003～2011 年的《中国对外直接投资公报》。

2. 低碳路径中我国 OFDI 的产业选择。低碳经济要求我国进一步加快产业结构调整步伐，淘汰落后产业，转移劣势产业，大力发展高新技术产业。我国经济发展存在较严重的地区间、行业间不平衡，产业结构调整也应该差异化、循序渐进。对外直接投资既应与国内产业结构调整相结合，也要和东道国产业结构转变趋势相适应，直接或间接促进我国低碳经济发展。从产业角度分析，我国在资源能源开采及初级产品加工业、劳动密集型加工制造业、高新技术产业和服务业等领域的 OFDI 可以明显促进国内低碳经济发展，具体方式如下：

我国是经济迅速发展的制造业大国，也是人口大国，对资源和能源的迫切需求是当前和未来相当长一段时间的重要现实。目前我国的资源、能源进口依赖程度已经较高，由于资源能源数量有限、不可再生、价格攀高以及能源组织成员国自我保护和政治局势等因素，仅靠贸易显然会使资源、能源和初级产品加工品的供应被动且不稳定。鉴于此，我国应该加大力度投资于资源、能源和初级产品加工业，如采矿、有色金属冶炼、机械、石油化工业，在矿产丰富、农业发达的发展中国家建立跨国企业，这种对外直接投资在客观上减轻了本国的碳排放压力，优化了东道国的碳排放权使用效率，在为本国进口提供保障的同时还可以在世界资源、能源和初级产品市场获得一定份额，具有重要的战略意义。

加工制造业以大量资源、能源、劳动力需求为特征，是中国的传统优势产业。近年来由于劳动力价格上升、市场需求不足等原因，该产业已面临发展瓶颈。对于在沿海地区已经不再具有竞争优势的劳动密集型产业，一方面可通过我国地区间的产业转移实现升级，另一方面可以通过对外直接投资，将企业设在劳动力成本更低或更靠近市场的发展中国家。以上两种方式对于国内产业结构调整都具有可行性，但仅就发展低碳经济而言，后者能够大大化解我国在国际贸易中面临的"贸易隐含碳"困境，将碳排放量较高的工业制造业转移到发展中国家，并不只是简单的转移，而是尊重该国的发展阶段特点，辅之先进的减排技术，并且东道国创造就业机会，实现两国共赢。此外，我国在工业制造业发展中具有丰富经验，一些品牌在世界已较有知名度，跨国投资起步容易，发展前景广阔。

高新技术产业的利润和附加值高，是我国 OFDI 未来发展的重要方向。目前，发达国家拥有较先进的低碳技术，OFDI 的逆向技术溢出效应会使投资国从中受益。我国应该抓住低碳领域的投资先机，在加强国内研发力度的同时，通过在节能环保的新能源、新材料、生物科技、电子信息技术等领域的对外直接投资，学习国外先进的低碳技术，转而应用在国内低碳领域和其他发展中国家。

（四）进入方式

1. 中国 OFDI 的进入方式概况。OFDI 的进入方式与投资东道国、投资行业和投资企业都有密切联系。从世界范围来看，国际直接投资的进入方式主要有跨国并购、"绿地投资"以及建立战略联盟三类。从逆向技术溢出的角度出发，跨国并购方式能够使企业在短时间内获得东道国的技术优势和管理经验，可借助并购品牌知名度迅速提高企业市场地位，节约开拓市场的时间和成本，因此，跨国并购是当今世界 OFDI 的主要方式。"绿地投资"需要企业投入"一揽子"生产要素，新建企业并独立经营。战略联盟是多个国家为共同战略目标的达成，而合作建立共同体，这种方式能充分整合联盟内成员的优势资源，通过优势互补和资源共享实现"多赢"。

对我国而言，面向发展中国家的投资多采用"绿地投资"形式，这种方式可以保护企业的核心技术，而面向发达国家的投资则多采用跨国并购方式。目前我国对外直接投资中，绿地投资仍占大部分，而跨国并购方式的对外投资近年呈加速上升状态。

2. 低碳路径中的进入方式。在知识和技术作为经济发展重要引擎的今天，跨国并购方式以其最具效率的逆向技术溢出效应受到许多投资企业的青睐。我国近年的对外直接投资中，跨国并购的案例不断增多，在发展低碳经济的新局面下，高耗能或高排碳量的行业进行海外跨国并购，还可以充分利用东道国的本地资源，降低两国贸易间的隐含碳。不仅如此，我国更应该坚定地增加针对发达国家的跨国并购投资，尤其是在低碳领域的跨国并购可以使我国迅速取得部分低碳技术，直接进入当地的低碳产业市场，提高行业竞争力。学习和获取发达国家低碳技术的方法，除了跨国并购，还包括建立海外研发机构，通过吸收高素质人才、运用尖端科研方法、国外专家辅助，为低碳技术发展创造更有利的环境。就更长远的发展而言，建立"低碳战略联盟"，与低碳经济发达、低碳技术先进的国家通力合作，优势互补，共同推动低碳技术研究、开发、推广，是我国作为世界 OFDI 大国的必然投资趋势。

当然，现阶段而言，我国 OFDI 大部分存量仍然存在于广大的发展中国家，发展中国家蕴藏着无限的经济发展潜力，其投资地位亦不容忽视。市场指向型的"绿地投资"能大范围整合利用当地资源和要素，由国内向东道国的产业转移有利于国内企业集中精力于低碳领域。

五、结论

在低碳经济席卷全球的今天，低碳理念作为大势所趋，已经深入人心。随之而来的碳关税和非关税贸易壁垒必将对中国这个发展中的贸易大国提出挑战。而在外汇储备的增长和人民币国际化的进程中，我国对外直接投资正昂首跨入快速发展的新阶段。对外直接投资的增长和低碳经济的发展在我国实现了历史性重合，面对低碳机遇和低碳挑战，我国对外直接投资必须从动因出发，在投资产业、区位选择和进入方式等方面构建低碳路径，才能更好地推动国内低碳经济发展。

低碳经济下，资源寻求型 OFDI 在降低本国碳排放压力的同时，能够优化东道国的碳排放权使用效率，是针对能源、资源充裕而低碳技术欠缺的发展中国家进行对外直接投资的直接动因；市场寻求型 OFDI 除了一如既往地指向市场广阔的发展中国家外，还应针对发达国家及其周边的具备廉价劳动力的欠发达地区，以求降低碳关税和非关税壁垒的束缚；为求得低碳经济的长远发展，以逆向技术溢出为目的的技术寻求型 OFDI 应更加广泛而深入地指向低碳技术先进的发达国家；此外，从更加长远的角度看，低碳经济的全球发展战略也应尽早纳入对外直接投资发展框架。在产业选择方面，我国应加大力度投资于资源、能源以及初级产品加工业，灵活运用碳排放权在国家之间的转移，保障经济建设对资源、能源的需求，也在世界资源、能源市场获得一定份额；对于比较优势逐渐弱化的加工制造业和劳动密集型产业，应着力投资于更具发展潜力的其他发展中国家，以化解我国在国际贸易中面临的"贸易隐含碳"困境；针对发达国家新能源、生物、电子等低碳产业的投资是直接获得低碳技术进而加速实现碳减排目标的好方法。对外直接投资在选择进入方式时，应增加低碳领域的跨国并购，也可以通过建立"低碳战略联盟"，与低碳经济发达、低碳技术先进的国家通力合作，树立低碳大国形象。

与此同时，政府应着力于放宽外汇管制，简化对外投资审批程序，鼓励和奖励有利于发展低碳经济的对外直接投资。为了进一步保障对外直接投资的长远发展，我国还需加强对外直接投资方面的立法，完善企业对外直接投资的支持和服务体系，建立海外投资保险制度。政府通过外交，与更多的国家建立双边投资保护协定，以"低碳外交"促进低碳投资，通过更广泛的对外投资促进低碳经济的深入发展。

参考文献

[1] Sanfilippo, M., 2010: Chinese FDI to Africa: What Is the Nexus with Foreign Economic Cooperation? . African Development Review, Vol. 22, No. 1.

[2] 朱闵铭：《中国对外直接投资研究》，中国社会科学院研究生院博士学位论文，2001 年。

[3] 张为付：《中国企业对外直接投资的区位选择和路径安排》，载《国际贸易问题》2006 年第 7 期。

[4] [5] [13] 孔凡亮、吴航：《低碳时代中国对外直接投资思路转变的必要性分析》，载《经济研究导刊》2012 年第 12 期。

[6] Cheung, Y. W. Qian, X. W., 2009: The empirics of China's out-ward direct investment, Pacific Economic Review, Vol. 14, No. 3.

［7］王锦珍:《我国对外投资的经验、问题及政策建议》,载《世界经济研究》2004 年第 4 期。

［8］程惠芳、阮翔:《用引力模型分析中国对外直接投资的区位选择》,载《世界经济》2004 年第 11 期。

［9］申秀清:《中国企业对外直接投资路径选择》,载《经济论坛》2010 年第 12 期。

［10］［15］霍好钦:《中国企业对外直接投资路径选择的研究》,载《知识经济》2009 年第 11 期。

［11］郑岚:《Kojima 模型与我国对外直接投资的产业选择》,载《对外经济贸易大学学报》2008 年第 3 期。

［12］程慧:《抓住低碳经济机遇发展中国对外投资》,载《国际经济合作》2011 年第 2 期。

［14］张慧君:《低碳经济下的中国对外直接投资研究》,载《经济研究》2011 年第 16 期。

［16］茹运青、孙本芝:《我国 OFDI 不同进入方式的逆向技术溢出分析——基于技术创新投入产出视角的实证检验》,载《科技进步与对策》2012 年第 10 期。

（与成晓杰合作,原载《技术经济》2013 年第 7 期）

国际研发资本技术溢出对绿色
技术创新效率的动态效应

一、引言

绿色技术创新能够通过减少污染物排放和提高能源资源利用效率实现经济发展和环境保护的双赢。研究表明，在开放经济条件下，一个国家或区域的技术进步不仅要靠自主创新，还要通过学习、借鉴、模仿和吸收发达国家的先进技术，而随着国家之间联系日渐紧密，国际技术的扩散效应已然成为技术进步的核心决定因素。在国家积极实施对外开放和大力促进绿色发展促进经济高质量发展的背景下，迅速增长的国际研发资本是否通过技术溢出影响了中国经济的绿色转型？这种影响是促进还是抑制作用？作用机理如何？这些问题都是中国通过吸收国际研发资本技术溢出实现自身技术进步、改善环境的关键。本文利用 OECD 主要国家数据，采集 2001～2013 年 30 个省（市）的面板数据，在测算绿色技术创新效率的基础上，将国际研发投入、跨国技术转移、FDI、OFDI 和进口贸易渠道的研发资本技术溢出均纳入 Coe - Helpman 模型，用动态 GMM 法检验各渠道技术溢出与绿色技术创新效率的动态关系。

经济学家们很早就注意到国际研发资本技术溢出与绿色技术进步的关系，并从不同角度、层次对该议题进行了研究。自科埃和赫尔普曼（Coe & Helpman）利用 21 个 OECD 国家数据实证检验工业化国家间贸易技术溢出状况，并构建国际研发资本技术溢出的 Coe - Helpman 模型（以下简称 CH 模型）后，许多学者开始关注其他溢出路径，利希滕贝格和范波特尔斯贝格（Lichtenberg & Van Pottelsberghe）通过修正 CH 模型的偏差，构建了 LP 模型并研究了 FDI、OFDI 和出口贸易三个渠道的国际资本技术溢出效应。在此基础上国内学者进行了细化研究，文献表明，国际研发资本技术溢出渠道主要包括直接和间接渠道，其中肖文和林高榜、王俊等认为直接渠道包括跨国技术转移和跨国研发投入两种，白洁、刘建丽、毕克新和杨朝均、高大伟等认为间接渠道包括进口贸易、FDI、OFDI 三种。但是由于数据的可获得性、研究的复杂性等原因，多数文献仅选择其中一条或者两条渠道进行单一研究，且大多数研究仅关注国际研发资本某一渠道与技术创新效率的关系，缺乏系统性研究。例如科科（Kokko）发现 FDI 能促进东道国服务业生产率。埃斯凯兰和哈里森布（Eskeland & Harrisonb）实证发现跨国企业有利于东道国企业提升绿色技术创新效率。瓦赫特和马索（Vahter & Masso，2005）发现 OFDI 促进了母国绿色生产率。德里菲尔德等（Driffield et al.）发现 OFDI 投向研发密集型国家有利于促进东道国绿色生产率。莱玛和莱玛（Lema & Lema）发现外资企业收购、跨国研发投入等路径是提升本土国绿色技术创新效率的重要渠道。而且大多数成果直接将 FDI、OFDI、国际贸易的金额替代国际研发资本状况，这种做法高估了国际研发资本存量，得出的结果值得商榷。关于绿色技术创新效率的测算，部分学者如钟等（Chung et al.）、钱丽等、张江雪等将环境污染与能源消耗指标作为非期望产出纳入工业企业投入产出框架，测算技术创新效率，并将这一综合指标命名为绿色技术创新效率。这些研究关于非期望产出指标的选取上，大多数研究仅选取了环境保护方面的指标，仅片面地选择CO_2、SO_2 单一指标，忽略了资源节约方面的指标，未能全面度量对环境的影响。

综上所述，前人在关于二者之间关系的探讨非常有意义，但还存在一些不足，本文尝试在以下方面进行拓展：第一，关于非期望产出的指标选取，不仅选取工业"三废"、碳排放等环境保护指标，还选取了一些资源节约指标。第二，采用 OECD 主要国家数据重新测度国际研发资本存量。第三，将间接和直接渠道的国际研发资本纳入同一模型进行系统研究，以对比分析各渠道国际研发资本对绿色技术创新效率的不同影响。第四，用 GMM 法研究二者之间的动态关系，能一定程度上克服内生性所带来的偏误问题。

二、研究设计

（一）模型设定

科和赫尔普曼是最早采用国际 R&D 溢出进行研究的学者，首先假定一个国家或区域的 TFP 既与国内研发资本存量相关，也与国外的研发资本存量也相关，在此基础上实证分析了不同渠道的国际研发资本存量和国内研发资本存量对该国 TFP 的贡献率。本文基于 Coe - Helpman 模型构建国际研发资本技术溢出的计量模型，将国际研发资本分成直接（跨国研发投入和跨国技术转移）和间接渠道（FDI、OFDI 和进口贸易）两类，则技术溢出模型可以表示为：

$$TFP = f(IDI, TIC, FDITS, OFDITS, TRTS, RD) \qquad (1)$$

TFP 为绿色技术创新效率，IDI 为跨国研发投入，TIC 为跨国技术转移，FDITS 为外商直接投资研发资本，OFDITS 为对外直接投资研发资本，TRTS 为进口贸易研发资本，RD 表征国内研发投入，所有变量均计算存量。对式（1）两边取对数，得出各渠道国际研发资本技术溢出对绿色技术创新效率影响的回归方程：

$$\ln TFP_{it} = \alpha_0 + \alpha_1 \ln IDI_{it} + \alpha_2 \ln TIC_{it} + \alpha_3 \ln FDITS_{it} + \alpha_4 \ln OFDITS_{it}$$
$$+ \alpha_5 \ln TRTS_{it} + \alpha_6 \ln RD_{it} + \varepsilon_{it} \qquad (2)$$

加上控制变量，可以将国际研发资本技术溢出对绿色技术创新效率影响的计量模型扩展为：

$$\ln TFP_{it} = \alpha_0 + \alpha_1 \ln IDI_{it} + \alpha_2 \ln TIC_{it} + \alpha_3 \ln FDITS_{it} + \alpha_4 \ln OFDITS_{it}$$
$$+ \alpha_5 \ln TRTS_{it} + \alpha_6 \ln RD_{it} + \alpha_x \ln X_{it} + \varepsilon_{it} \qquad (3)$$

将国际研发资本技术溢出对绿色技术创新的纯技术效率（TC）影响的模型设定为：

$$\ln TC_{it} = \beta_0 + \beta_1 \ln IDI_{it} + \beta_2 \ln TIC_{it} + \beta_3 \ln FDITS_{it} + \beta_4 \ln OFDITS_{it}$$
$$+ \beta_5 \ln TRTS_{it} + \beta_6 \ln RD_{it} + \beta_x \ln X_{it} + \delta_{it} \qquad (4)$$

将国际研发资本技术溢出对绿色技术创新的规模效率（EC）影响的模型设定为：

$$\ln EC_{it} = \gamma_0 + \gamma_1 \ln IDI_{it} + \gamma_2 \ln TIC_{it} + \gamma_3 \ln FDITS_{it} + \gamma_4 \ln OFDITS_{it}$$
$$+ \gamma_5 \ln TRTS_{it} + \gamma_6 \ln RD_{it} + \gamma_x \ln X_{it} + \sigma_{it} \qquad (5)$$

lnIDI，lnTIC，lnFDITS，lnOFDITS，lnTRTS 为主要解释变量，lnRD 为次要解释变量。lnX 是其他可能影响绿色技术创新的控制变量，本文主要选取经济发展水平（lnGDPP）和人力资本素质（lnHR）两个变量。其中 t 代表时间项，α_0、β_0、γ_0 代表截距项，ε_{it}、δ_{it}、σ_{it} 代表随机误差，α_i，β_i，γ_i 代表各渠道技术溢出的弹性系数。

（二）变量指标与数据处理

第一，绿色技术创新效率（TFP）的测算及分解。本文将企业绿色技术创新的过程分为开发和成果转化两个阶段，将环境和节能指标作为非期望产出纳入产出部分，重新构建了绿色技术创新效率评价指标，两个阶段指标以及处理如下：其一，绿色技术创新投入。选取 R&D 经费支出（X_1）、R&D 人员投入（X_2）、新产品开发经费支出（X_3）三个指标，分别用 R&D 经费内部支出、科研人员数量和经费支出来表示，均测算其存量。其二，中间产出。主要选取专利申请数（X_4）和发明专利（X_5）两个指标。其三，非研发投入。非研发投入（X_6）是指绿色技术创新成果转化阶段的追加投入，是消化吸收、技术改造、引进技术、购买国内技术费用等 4 种费用之和，也取存量。其四，期望产出。主要选取新产品销售收入（X_7）和工业增加值（X_8）2 个指标。其五，非期望产出。主要包括资源节约指标、环境保护指标两个方面。资源节约指标选取了单位工业增加值能源消费（X_9）。环境保护主要选取单位工业 GDP 二氧化硫排放量（X_{10}）、单位工业 GDP 废水排放量（X_{11}）、单位工业 GDP 烟（粉尘）排放量（X_{12}）、单位工业 GDP 工业废气排放量（X_{13}）、单位工业 GDP 一般工业固体废物产生量（X_{14}）、单位工业 GDP 总碳排放（X_{15}）六个指标。其中二氧化碳排放量根据 IPCC 公布的化石燃料二氧化碳排放计算公式计算。由于非期望产出指标与技术创新效率负相关，所以进行了正向化处理。同时，考虑到绿色技术创新中投入与产出存在一定的时间差，为了保证测算结果的科学性，并结合中国实际情况，将技术创新投入产出时间差确定为两年，所以数据选取为时间节点分别为：研发投入（1999 ~ 2011 年）、中间产出（2000 ~ 2012 年）以及成果转化（2001 ~ 2013 年）。数据主要选取中国 30 个省（市）（除西藏外）1999 ~ 2013 年各区域大中型工业企业数据，数据采集于各年《中国统计年鉴》《中国科技统计年鉴》和《中国环境统计年鉴》。为了消除数据的共线性，先用主成分法降维处理，计算分阶段效率，采用投入、产出结果用 DEA 法计算绿色技术创新效率，并分解为纯技术效率和规模效率（TC 和 EC）（限于篇幅，计算过程略）。

第二，考虑到各国 R&D 数据的可获得性，本文选取了 OECD 的 22 个国家为样本，研究样本选取 2001 ~ 2013 年除了西藏之外的 30 个省级面板数据。为了表达的清晰性，直接用表 1 展示。

表 1　　　　　　　　变量名称、含义、数据来源及处理方法

变量	变量含义	数据来源	处理方法
TFP	绿色技术创新效率	《中国统计年鉴》《中国科技统计年鉴》《中国环境统计年鉴》	主成分法和 DEA 方法测算
TC	绿色技术创新纯技术效率	由 TFP 分解而得	DEA 方法测算
EC	绿色技术创新规模效率	由 TFP 分解而得	DEA 方法测算
IDI	跨国研发投入：各省（市）接受其他国家的 R&D 投入	《中国科技统计年鉴》	永续盘存法
TIC	跨国技术转移：各省（市）国外引进技术合同	《中国科技统计年鉴》	永续盘存法

续表

变量	变量含义	数据来源	处理方法
FDITS	FDI 研发资本技术溢出	《中国统计年鉴》和 OECD 统计数据库	$\mathrm{FDITS}_{it} = \dfrac{\mathrm{FDI}_{it}}{\sum_{i=1}^{30}\mathrm{FDI}_{it}}\sum_{j=1}^{22}\dfrac{\mathrm{FDI}_{jt}}{\mathrm{FDI}_{jt-total}}S_{jt}^{D}$
OFDITS	OFDI 研发资本技术溢出：各省 OFDI 所带来的 R&D 资本溢出	《中国统计年鉴》和 OECD 统计数据库	$\mathrm{OFDITS}_{it} = \dfrac{\mathrm{OFDI}_{it}}{\sum_{i=1}^{30}\mathrm{OFDI}_{it}}\sum_{j=1}^{22}\dfrac{\mathrm{OFDI}_{jt}}{\mathrm{OFDI}_{jt-total}}S_{jt}^{D}$
TRTS	进口贸易研发资本技术溢出	《中国统计年鉴》和 OECD 统计数据库	$\mathrm{TRTS}_{it} = \dfrac{\mathrm{TR}_{it}}{\sum_{i=1}^{30}\mathrm{TR}_{it}}\sum_{j=1}^{22}\dfrac{\mathrm{TR}_{jt}}{\mathrm{TR}_{jt-total}}S_{jt}^{D}$
RD	国内研发资本：R&D 投入	《科技统计年鉴》	永续盘存法
GDPP	经济发展水平	《中国统计年鉴》	以 2001 年为标准，GDP 平减法消除价格影响
HR	人力资本素质：平均受教育程度	《中国人口年鉴》《中国统计年鉴》	大专及以上文化程度人口比重×16 年 + 高中文化程度人口比重×12 年 + 初中文化程度人口比重×9 年 + 小学文化程度人口比重×6 年 + 文盲半文盲文化程度人口比重×2年

注：S_{jt}^{D} 为 j 国 t 年国内 R&D 存量。FDI_{it}，OFDI_{it}，TR_{it} 分别为 t 年 i 省的 FDI、OFDI、进口贸易存量。$\sum_{i=1}^{30}\mathrm{FDI}_{it}$，$\sum_{i=1}^{30}\mathrm{OFDI}_{it}$，$\sum_{i=1}^{30}\mathrm{TR}_{it}$ 分别为中国 30 个省份 t 年的 FDI、OFDI，进口贸易存量总和。FDI_{jt}，OFDI_{jt}，TR_{jt} 分别为 j 国 t 年对中国的直接投资、中国对 j 国的 OFDI、j 国 t 年出口到中国的贸易存量。$\mathrm{FDI}_{jt-total}$，$\mathrm{OFDI}_{j-total}$，$\mathrm{TR}_{jt-total}$ 分别为 j 国 t 年对其他国家的直接投资、接受其他国家的 OFDI、出口贸易存量总和。

资料来源：《中国统计年鉴》和 OECD 统计数据库。

三、实证分析

（一）模型选择

由于广义矩估计法（GMM）能克服解释变量的内生性和遗漏问题，所以本文选择该方法进行检验。在分析之前，需要进行 Sargan 检验、随机扰动项自相关检验和 Wald 检验（见表 2 后 4 列）。Sargan 检验显示，工具变量不存在过度识别且有效。随机扰动项自相关检验表明，模型估计结果有效，因为模型随机扰动项存在一阶自相关而不存在二阶自相关。Wald 检验结果表明被估计模型整体上具有显著性。GMM 法包括系统广义矩（SYS - GMM）和差分广义矩（DIF - GMM）两种，可根据 OLS 估计和组内回归中被解释变量滞后一期的系数大小，判断选择哪一种广义矩估计法更加合理，如果 SYS - GMM 的被解释变量的滞后一期的系数大小位于混合效应和固定效应给出的两个模型的滞后一期的系数之间，则选择 SYS - GMM，反之则选择 DIF - GMM。根据混合效应和固定效应给出的两个模型被解释变量 TFP 滞后一期的系数判断，模型（3）、模型（4）应该使用 DIF - GMM 结果更加合理，而模型（5）使用 SYS - GMM 估计结果更好。阿雷拉诺和邦德（Arellano & Bond, 1991）指出，GMM 的两步法比一步法更有效，因此本文给出了两步法的估计结果，但模型（3）和（4）以 DIF - GMM 估计结果为依据进行分析，模型（5）以 SYS - GMM 估计结果为依据分析。

表2　　　国际研发资本技术溢出对绿色技术创新效率影响的动态面板估计

指标	式（3）DIF - GMM	式（3）SYS - GMM	式（4）DIF - GMM	式（4）SYS - GMM	式（5）DIF - GMM	式（5）SYS - GMM
lnTFP(-1)/lnTC(-1)/lnEC(-1)	0.1882 *** (5.27)	0.3294 *** (7.08)	0.2222 *** (8.73)	0.3783 *** (9.27)	0.3706 *** (2.75)	0.4273 *** (5.10)
lnIDI	0.0175 (1.51)	-0.0283 * (-1.73)	0.0090 (0.61)	-0.0097 (-0.60)	-0.0104 *** (-3.58)	-0.0058 *** (-2.86)
lnTIC	0.0379 *** (3.46)	0.0234 ** (1.97)	0.0398 *** (3.74)	0.0006 (0.07)	0.0059 (1.48)	0.0043 (1.47)
lnFDITS	0.0694 *** (5.19)	0.0493 *** (9.70)	0.0643 *** (7.89)	0.0411 *** (4.74)	-0.0082 *** (-3.50)	-0.0091 *** (-2.24)
lnOFDITS	-0.0139 *** (-6.96)	-0.0171 *** (4.56)	-0.0077 *** (-6.19)	-0.0077 *** (-7.25)	-0.0062 *** (-7.71)	-0.0060 *** (-4.48)
lnTRTS	0.0468 *** (3.04)	0.0176 (1.55)	0.02789 *** (1.72)	-0.0166 *** (-1.74)	-0.0072 *** (-1.80)	0.0218 *** (5.01)
lnRD	-0.0399 (-1.57)	-0.0149 (-0.46)	-0.0539 *** (-1.87)	-0.0571 *** (-2.11)	0.0271 *** (3.59)	0.0169 *** (4.43)
lnHR	0.1760 *** (3.49)	0.1016 (1.64)	0.0796 *** (2.24)	0.0557 *** (1.82)	0.1081 *** (6.44)	0.1526 *** (6.72)
lnGDPP	0.2076 *** (3.40)	0.4986 *** (4.96)	0.2160 *** (3.11)	0.4514 *** (5.05)	0.0937 *** (6.40)	0.0141 *** (3.61)

续表

指标	式（3）DIF – GMM	式（3）SYS – GMM	式（4）DIF – GMM	式（4）SYS – GMM	式（5）DIF – GMM	式（5）SYS – GMM
常数项	− 2.9298 *** (− 10.19)	− 2.8566 *** (− 8.27)	− 2.2979 *** (− 9.50)	− 2.1421 *** (− 9.66)	− 0.5250 (− 6.91)	− 0.7650 *** (− 7.97)
Wald 卡方值	1177.00 [0.0000]	608.33 [0.0000]	754.76 [0.0000]	581.97 [0.0000]	1643.29 [0.0000]	7552.04 [0.0000]
AR（1）	− 2.5584 [0.0105]	− 2.7115 [0.0067]	− 3.0608 [0.0022]	− 3.2743 [0.0011]	− 2.6016 [0.0093]	− 2.625 [0.0087]
AR（2）	0.34277 [0.7318]	0.52702 [0.5982]	0.71171 [0.4766]	0.98448 [0.3249]	0.14817 [0.8822]	0.48133 [0.6303]
Sagan 检验	25.85598 [0.9981]	27.68626 [1.000]	26.64943 [0.9973]	26.89775 [1.000]	25.06573 [0.9998]	24.07282 [0.9993]

注：***、**、*分别表示在1%、5%、10%的水平上显著，圆括号内为 t 值，方括号内为对应统计量 P 值。

（二）结果分析

1. 循环累积效应促进了技术创新效率的提升。滞后一期的技术创新效率对当年的效率有显著提升作用，前一年的绿色技术创新效率、纯技术效率、规模效率增加 1%，当年的绿色技术创新效率、纯技术效率和规模效率分别增加 0.1882%、0.2222% 和 0.4273%，均大于其他主要解释变量的回归系数，上一年的技术创新效率对当年的技术创新效率有显著促进作用，说明随着国际研发资本技术溢出效应的不断增强，对本土企业的影响不断增强，形成的循环累积效应对技术创新效率的提升有明显作用。

2. 跨国研发投入主要通过提升纯技术效率来促进绿色技术创新效率。跨国研发投入技术溢出对绿色技术创新效率和纯技术效率的影响系数分别为 0.0175 和 0.009，但没通过显著性检验，说明跨国企业的研发直接投资提升了中国绿色技术效率水平，但中国对跨国企业研发投资的产出市场化程度不够，没有充分利用中国庞大的消费市场，市场份额不够，导致地区技术市场成交额不够。

3. 跨国技术转移促进了绿色技术创新效率。跨国技术转移技术溢出对绿色技术创新效率、纯技术效率和规模效率的影响系数分别为 0.0379、0.0398 和 0.0043，说明跨国技术转移作为直接的技术注入方式，对中国绿色技术创新效率的作用明显。但是，规模效率小于纯技术效率，可能的原因是在经济全球化背景下，知识产权保护制度日益严格，获得先进技术必须支付许可费，技术引进合同市场的成交金额相对较小，这是导致技术引进规模效益小的主要原因。

4. FDI 研发资本技术溢出对绿色技术创新效率的提升最为显著，主要体现为提高了纯技术效率。影响系数在各种渠道中排名第 1，通过了 1% 的显著性检验，说明 FDI 研发资本技术溢出是中国绿色技术效率提升的重要渠道对纯技术效率的影响系数均为正，但对规模效率则产生了负向影响。可能的原因有两个：一是现阶段，外资企业效益好、待遇高，吸引了很多中国人才，人才流动产生的模仿效应有利于提升中国绿色技术创新效率。二是外资企业在中国的投资，出于竞争的考虑，大多采取了技术锁定的策略防止技术外溢，本地企业获得溢出相对较小，所以规模效率为负。

5. OFDI 研发资本技术溢出阻碍了绿色技术创新效率的提升。OFDI 研发资本技术溢出对绿色技术创新效率、纯技术效率、规模效率的影响均为负，说明 OFDI 研发资本技术溢出对中国的技术创新效率产生了阻碍作用。可能的原因有两个：一是中国对外投资结构中，技术含量较低的劳动密集型产业较多，技术型投资所占比例较小，绿色技术创新技术获取型投资所占比例更少。二是中国对外直接投资中，以技术获取为主要目的的投资项目占比较小，导致吸收东道国技术溢出的难度较吸收 FDI 技术溢出难度要大。

6. 进口贸易研发资本技术溢出促进了绿色技术创新效率。进口贸易研发资本技术溢出对绿色技术创新效率的回归系数为 0.0468，在所有渠道中排名第 2，且通过了 1% 置信度下显著性检验，对纯技术效率和规模效率的影响系数也均为正值，且通过了 1% 置信度下显著性检验。进口贸易研发资本可以通过以下两个作用对技术创新效率产生影响：一是促进作用，进口贸易给本土企业提供学习、了解、模仿、消化并进行二次创新的机会，最终能提高本国的技术创新效率。二是抑制作用，进口产品带来的竞争迅速占领了国内市场，使得本土企业的预期收益降低，企业创新的动力减少，技术进步步伐减缓。说明进口贸易研发资本技术溢出对技术创新效率影响的正面作用大于抑制作用。

7. 国内研发资本阻碍了绿色技术创新效率。国内研发资本对绿色技术创新效率的影响系数为 − 0.0399，对纯技术效率影响系数为 − 0.0539，对规模效率的影响系数为 0.0169。说明国内研发资本的投入没有转化成绿色技术的进步，尽管国内研发资本存量在数量上每年均在增加，但仅提升了规模效率，对纯技术效率的提升产生了阻碍作用。可能的原因有两个：一是国内研发资本投入资源配置不合理，要素投入低端化，没有转化为绿色技术创新效率的提升。二是国内工业企业更加关注投资期短、见效快的技术，对有利于环境发展、投资期长、见效慢的投资项目关注少，因此对中国绿色技术进步和技术创新的作用不明显。

四、主要结论与政策建议

本文结论如下：（1）滞后一期的绿色技术创新效率对当期的技术创新效率有显著提升作用，系数均大于其他主要解释变量，说明技术的循环累积效应对绿色技术创新效率的提升有明显作用。（2）国际研发资本技术溢出较国内研发资本更显著地促进了绿色技术创新效率，除了 OFDI 研发资本技术溢出没有提升绿色技术创新效率，其他渠道均促进了绿色技术创新效率，其中 FDI 研发资本技术溢出对绿色技术创新效率的提升最为显著，进口贸易研发资本次之。国内研发资本阻碍了绿色技术创新效率。主要体现为：第一，跨国研发投入主要通过提升纯技术效率来促进绿色技术创新效率的提升，说明技术锁定效益使本土企业获得的溢出效应相对较小，中国对跨国企业研发投资的产出市场化程度不够。第二，FDI 研发资本技术溢出对绿色技术创新效率的提升最为显著，主要体现为提高了纯技术效率，对规模效率的影响为负，可能的原因是外资企业的人才流动产生的模仿效应促进了绿色技术创新效率的提升，但由于技术锁定效应导致规模效率为负。第三，OFDI 研发资本技术溢出对中国的技术创新效率有阻碍作用，中国绿色技术获取型 OFDI 占比较低。第四，进口贸易研发资本技术溢出促进了绿色技术创新效率。说明进口贸易对技术创新效率的正面作用大于抑制作用，中国企业在进口贸易方面，比较注重选择研发资本较为丰富的国家和产品的进口。第五，国内研发资本阻碍了绿色技术创新效率。说明国内研发资本投入资源配置不合理，要素投入低端化，没有转化为绿色技术创新效率的提升。

本文基于以上结论提出以下建议：第一，重视绿色技术创新的循环累积效应。由于国际研发资本技术溢出具有很强的循环累积效应，所以未来发展要注重绿色技术创新效率的前期积累对后期创新的累积效应。第二，面对跨国技术转移的技术锁定效应，中国未来需要增强自主创新能力，重点研究具有自主知识产权的核心技术和关键技术。同时，加大跨国技术转移力度，提升市场化程度，促进要素自由流动和高效配置。第三，有效利用 FDI，优化技术引进的产业结构，提升研发人员技能，充分发挥 FDI 研发资本技术溢出的正效应。第四，提升对外直接投资层次，加大技术获取型 OFDI 的比例。第五，继续优化进口贸易结构，加大增加技术密集型贸易占比，增强进口贸易研发资本技术溢出效果。第六，完善经济增长与环境保护的双赢机制，提升中国绿色技术创新效率。

参考文献

[1] 何小钢：《绿色技术创新的最优规制结构研究——基于研发支持与环境规制的双重互

动效应》，载《经济管理》2014 年第 11 期。

［2］肖文、林高榜：《海外研发资本对中国技术进步的知识溢出》，载《世界经济》2011 年第 1 期。

［3］王俊：《跨国外包体系中的技术溢出与承接国技术创新》，载《中国社会科学》2013 年第 9 期。

［4］白洁：《R&D 两面性、国际研发资本溢出与中国全要素生产率变动》，载《中国软科学》2010 年第 S2 期。

［5］刘建丽：《FDI 技术溢出与自主创新导向的外资政策》，载《经济管理》2011 年第 10 期。

［6］毕克新、杨朝均：《FDI 溢出效应对我国工业碳排放强度的影响》，载《经济管理》2012 年第 8 期。

［7］高大伟：《国际研发资本、金融发展对碳生产率的影响研究》，载《经济经纬》2016 年第 1 期。

［8］钱丽、肖仁桥、陈忠卫：《我国工业企业绿色技术创新效率及其区域差异研究——基于共同前沿理论和 DEA 模型》，载《经济理论与经济管理》2015 年第 1 期。

［9］张江雪、朱磊：《基于绿色增长的我国各地区工业企业技术创新效率研究》，载《数量经济技术经济研究》2012 年第 2 期。

（与梁圣蓉合作，原载《科研管理》2019 年第 3 期）